dtv

Im vorliegenden dritten Band seiner ›Deutschen Geschichte‹ erzählt Herbert Rosendorfer vom ausgehenden Mittelalter und dem hoffnungsvollen Beginn einer neuen Zeit (1400 bis 1526). Er berichtet u. a. von den Hussitenkriegen, der klerikalen Borniertheit auf dem Konstanzer Konzil, von den Anfängen der Reformation, die sich in Windeseile ausbreitet, und von den Bauernkriegen mit ihren fatalen Folgen. Ihn interessieren nicht nur die historischen Ereignisse an sich, er stellt auch die vielschichtigen Hintergründe dar wie z. B. den aufkeimenden Nationalismus, das kleinkarierte Handeln von Herzögen und Fürsten, die mit sehr begrenztem Blick vor sich hin wursteln, oder die im geistigen Morast versinkende katholische Kirche. Nicht zu vergessen die Menschen, ihre Lebensbedingungen, ihre wissenschaftlichen Fortschritte und kulturellen Errungenschaften, ihr Modebewußtsein, das von einem Knopf revolutioniert wird, und ihr sich wandelndes Selbstverständnis. Ein kurzweiliges Lesevergnügen.

Herbert Rosendorfer, am 19. Februar 1934 in Bozen geboren, ist Jurist und Professor für bayerische Literatur. Er war Gerichtsassessor in Bayreuth, dann Staatsanwalt und ab 1967 Richter in München, von 1993 bis 1997 in Naumburg/Saale. Seit 1969 zahlreiche Veröffentlichungen, unter denen die ›Briefe in die chinesische Vergangenheit‹ am bekanntesten geworden sind.

Herbert Rosendorfer

Deutsche Geschichte
Ein Versuch

Vom Morgendämmern der Neuzeit
bis zu den Bauernkriegen

Mit 5 Übersichtskarten
und 6 Stammtafeln

Deutscher Taschenbuch Verlag

*Meinem Freund
Heinrich v. Mörl
gewidmet*

Ungekürzte, vom Autor neu durchgesehene Ausgabe
Dezember 2004
Deutscher Taschenbuch Verlag GmbH & Co. KG,
München
www.dtv.de
© 2002 nymphenburger in der
F. A. Herbig Verlagsbuchhandlung GmbH, München
Umschlagkonzept: Balk & Brumshagen
Umschlagbild: ›Deutscher Bauernkrieg 1524/25‹ (1955)
von Max Lingner (© akg-images)
Karten: Kartografie und Grafik Eckehard Radehose, Holzkirchen
Satz: Fotosatz Reinhard Amann, Aichstetten
Gesetzt aus der Garamond 10/12˙ (QuarkXPress)
Druck und Bindung: Druckerei C. H. Beck, Nördlingen
Gedruckt auf säurefreiem, chlorfrei gebleichtem Papier
Printed in Germany · ISBN 3-423-13282-5

> »Wahn! Wahn!
> Überall Wahn!
> Wohin ich forschend blick'
> in Stadt- und Weltchronik...«
> RICHARD WAGNER

> »Manche freilich müssen drunten sterben,
> wo die schweren Ruder der Schiffe streifen...«
> HUGO V. HOFMANNSTHAL

> »Warum ist denn alles so gekommen
> und nicht anders? Einfach, weil es so gekommen ist.«
> LEW N. TOLSTOJ

Inhalt

I. Teil

Erstes Kapitel 21

Im ersten Kapitel wird ein fauler König zweimal gefangengesetzt – ein Beichtvater stirbt unfreiwillig in der schönen Moldau – ein König wird abgesetzt und ein neuer gewählt – und der Erzbischof von Prag ärgert sich.

Zweites Kapitel 28

Im zweiten Kapitel kommt mit König Ruprecht ein tatkräftiger Landesherr, aber schwacher König auf den Thron – das Papsttum befindet sich in einem beschämenden Zustand – die klerikale Karriereleiter ermöglicht neue Emporkömmlinge – Jan Hus macht sich höheren kirchlichen Orts unbeliebt – die Curie erkennt eine Gefahr und handelt, wie fast immer, falsch.

Drittes Kapitel 37

Im dritten Kapitel gibt es plötzlich noch einen dritten Papst – es stellt sich die Frage der Doppelzüngigkeit des Vaticans – König Ruprecht weicht einem Bürgerkrieg durch politisches Taktieren aus – die Geschichtsschreibung wird einmal mehr revidiert.

Viertes Kapitel 43

Im vierten Kapitel kann Sigismund sich selbst zum König wählen – die Türken stehen vor den Pforten des Reiches – die Schlacht von Tannenberg dient Propagandazwecken – die Mark Brandenburg wird verschleudert – für König Sigismund ist Selbstbehauptung bereits ein rühmenswerter Erfolg.

Fünftes Kapitel 52

Im fünften Kapitel wird ein Pirat und Räuberhauptmann einstimmig zum Papst gewählt – das von König Sigismund einberufene Konstanzer Konzil wird zum Großereignis – die katholischen Großschamanen entledigen sich der zu vielen Päpste – die Lehren des Jan Hus wirken wie ein Donnerschlag – im Himmel sitzt er vielleicht zur Rechten Gottes, die Konzilväter nicht.

Sechstes Kapitel 58

Im sechsten Kapitel täuscht sich der wortbrüchige König Sigismund gewaltig – der Papst belfert eine Kreuzzugsbulle, die vor Geifer nur so trieft – Sigismunds Heere werden von den Hussiten wieder und wieder geschlagen – die geistige Wahrheit verhilft dabei zu ungeahnten Kräften.

Siebentes Kapitel 63

Im siebenten Kapitel ist die Lage auch fern der Hussitenkriege instabil – bairische Vettern vierteilen das Land – eine »Millionentochter« verhilft ihrem Gatten zu dem Beinamen »der Reiche« – die Bernauerin wird Auslöser amouröser Eskapaden – in gehobenen Kreisen verbreitet sich die Bastardenzeugung – die Bernauerin

*wird von poetischen Zutaten überkrustet – in den Habsburger
Landen wird ein Herzog seiner Länder verlustig erklärt –
aus dem Friedl mit der leeren Tasche wird ein
reicher Fürst.*

Achtes Kapitel 75

*Im achten Kapitel versammeln sich Fürsten an königlosen Tagen –
die Päpste halten die Hand schützend über die kirchliche
Unmoral – ein Cardinallegat bezieht Schläge – die Hussiten
erreichen auf dem Konzil zu Basel Erstaunliches –
Kaiser Sigismund stirbt, bevor sein gegebenes Wort
durchlöchert wird.*

II. Teil

Erstes Kapitel 83

*Im ersten Kapitel wird untersucht, ob sich das dunkle Mittelalter etwas erhellt hat – Oswald von Wolkenstein führt
ein abenteuerliches Leben, das er in Verse schmiedet –
Graf Hugo XII. von Montfort dichtet auf dem Pferde –
Kraftprotze lösen die edlen Helden ab – der »Faule« läßt
eine Bibel illustrieren – in der Baukunst kann man
Träume bestaunen.*

Zweites Kapitel 93

*Im zweiten Kapitel verwirrt Wilhelm von Ockham die Schubladendenker – ein Fischersohn aus Kues macht den Nonnen ihr
Badevergnügen streitig – im Heiligen Römischen Reich rauft
jeder mit jedem – Nikolaus Cusanus erweist sich als Lichtblick
in finsterer Zeit.*

Drittes Kapitel 99

Im dritten Kapitel wird gezeigt, daß die Wissenschaften dort blühen, wo sie nicht mit dogmatischen Schwierigkeiten konfrontiert werden – der Kaufmann Fibonacci stellt gewagte Rechenmodelle vor – Johannes de Lineriis rechnet weiter – Wien wird zu einem Zentrum der Naturwissenschaften.

Viertes Kapitel 102

Im vierten Kapitel steht der Heilsplan Gottes über der Medizin – der Papst konsultiert trotzdem infolge zu fetten Fressens einen jüdischen Leibarzt – den kleinen Leuten macht das Wetter zu schaffen – der Rhein trocknet aus, dafür wird der Wein süß – Heuschrecken fressen Schlesien kahl – eine Lizenz zum Betteln wird via Examen erteilt.

Fünftes Kapitel 108

Im fünften Kapitel herrscht das altdeutsche Gewohnheitsrecht – trotzdem stellt sich die Frage, was Recht und Gesetz miteinander zu tun haben – in den Städten keimt der Kern des gesetzten Rechts – die ersten Beamten treten auf den Plan.

Sechstes Kapitel 112

Im sechsten Kapitel erzeugt Geld in den Niederlanden noch mehr Geld – in Deutschland wird zum ersten Mal gestreikt – ein kleiner Knopf revolutioniert das Bewußtsein – erste Kochbücher bieten Raffiniertes – braungewandete Mönche entdecken das Starkbier als Fastenspeise – die Juden geraten zwischen die Mühlsteine – ein fremdartiges Volk hinterläßt wohlige Schauer bei frommen Bürgern.

III. Teil

Erstes Kapitel   125

Im ersten Kapitel fällt nach dem Aussterben der Luxemburger die Krone an die Habsburger – Albrecht II. setzt keinen Fuß in sein Reich – der geistliche und weltliche Stand steht nackt und bloß da, ohne alles Ebenmaß – der Reichstag von Nürnberg erlaubt den Herrschenden, so fortzuwursteln wie bisher – die Landkarte des Reichs ist gesprenkelt: Fortwurstler allenthalben.

Zweites Kapitel   132

Im zweiten Kapitel startet Friedrich IV. die erste Werbekampagne für Österreich – eine mutige Frau raubt die Stephanskrone und hält sie über das Haupt eines drei Monate alten Babys – die Kronen Böhmens und Ungarns streifen die Habsburger nur ephemer.

Drittes Kapitel   136

Im dritten Kapitel ärgert sich der Papst über das Basler Konzil zu Tode – endlich gibt es wieder zwei Päpste, und die Kirche hat den Schwarzen Peter – zwei Persönlichkeiten treten ins Licht der Geschichte – König Friedrichs intimster Wunsch geht in Erfüllung, auch wenn es für ihn als Geizkragen zunächst kostspielig wird – das Kaisertum wird als Antiquität entlarvt – die Renaissance findet romziehende Multiplikatoren – Konstantinopel fällt, und das Geheul ist groß.

Viertes Kapitel   147

*Im vierten Kapitel lenkt der tapfere Haudegen Albrecht Achilles
die Geschicke des Reiches – die Nürnberger füllen ihre Pfeffersäcke – Friedrich der Siegreiche macht seinem
Namen alle Ehre – die Habsburger verbünden sich mit
gelbäugigen Massenmördern – die Schweizer Eidgenossen
verteidigen ihre Freiheit und wenden sich dann wieder
der Käseproduktion zu – die Stadt Soest sagt sich von der
Pfaffenschaft los – Bischöfe, Fürsten und Grafen führen
Kriege, ohne daß der Kaiser einen
Finger rührt.*

Fünftes Kapitel   157

*Im fünften Kapitel versinkt die Kirche weiter im geistigen
Morast – König Matthias, ein Renaissance-Fürst nördlich der
Alpen, bekommt die ihm zustehende Krone – Friedrich III. muß
sich mit Familienbanden herumärgern – der Knochen eines
Krammetsvogels befreit den Kaiser von der brüderlichen Plage –
Georg Podiebrad muß sich seines Ex-Schwiegersohns erwehren –
das litauische Häuptlingsgeschlecht der Jagiellonen betritt den
Weltenplan – das Erz-Faultier Friedrich III. stirbt nach einer
Rekordzeit.*

IV. Teil

Erstes Kapitel   171

*Im ersten Kapitel kann man von einer Zeitwende sprechen –
Albrecht Dürer staunt nicht schlecht, als er Venedig betritt –
die Universitäten heben die Kultur aus den monopolischen
Händen der Geistlichkeit – die Inhaltsberechnung von
Weinfässern revolutioniert die Mathematik – auch Kirchenfürsten
ereilt Gottes Strafe für die Unmoral – ein Genie ermöglicht*

die Orgelbaukunst – nördlich der Alpen wird auch die Malerei verfeinert.

Zweites Kapitel 186

Im zweiten Kapitel erweist sich Erzherzog Maximilian als erster Weltmann – vom burgundischen Hof blickt man auf die übrigen Tölpel Europas herab – eine Niedere Vereinigung lehrt die Gewaltherrscher das Fürchten – der burgundische Herbst des Mittelalters erstickt im Schnee.

Drittes Kapitel 193

Im dritten Kapitel heiratet Maximilian die schönste Prinzessin des Abendlandes – der Grundstock zur habsburgischen Permanent-Finanznot wird gelegt – die dreijährige Margarete wird nach Brüssel abgeschoben – eine kluge Heirat macht aus Bretonen Franzosen.

Viertes Kapitel 200

Im vierten Kapitel blüht im Norden der Handel – der Sächsische Prinzenraub endet in einer kühnen Heldentat – ein Streit ums Bier sichert neue märkische Pfründen – die Wittelsbacher teilen das Geteilte – die Baiern einen das Geeinte.

Fünftes Kapitel 208

Im fünften Kapitel sorgen sich Fürsten ums Volk wie Bauern um Milchkühe – man versteht, daß Kaisern und Königen die Lust vergeht, aufmüpfige Fürstenhaufen zu regieren – der Seufzer eines Mauren macht Weltgeschichte – ein heiliger Schweinigel segnet einen größenwahnsinnigen Zwerg – die

*Schweizer passen nicht mehr unter den Daumen des Königs –
die Sonne fängt an in Habsburger Gefilden nicht
mehr unterzugehen.*

Sechstes Kapitel

*Im sechsten Kapitel stopft König Maximilian ein Loch mit einem
Loch – zwei Kanonen machen eine Floßfahrt – der Papst wagt
eine Fernkrönung – Geldmangel bestimmt den Handlungsspielraum in der Politik – Maximilian reist mit einer makabren
Schatzkiste durch die Lande.*

V. Teil

Erstes Kapitel

*Im ersten Kapitel bringen Hammerschläge in Wittenberg das Weltgefüge durcheinander – es wird die Frage aufgeworfen, ob Luther
nicht heiliggesprochen werden sollte – die Kritik an der Kirche
wird als Einladung verschickt – der Flügelschlag eines Schmetterlings verändert die Welt.*

Zweites Kapitel

*Im zweiten Kapitel bezeichnet sich der Menschensohn nicht
als gottähnlich – ein gewisser Paulus richtet durch seine
Frauenfeindlichkeit großen Schaden an – Jesus hätte gestaunt
über das, was aus ihm gemacht wurde – das hirnlose Befolgen
von Riten gilt als Frömmigkeit – die Fegefeuer-Sauna
wird zur unversiegbaren Geldquelle – ein besonders
widerwärtiger Ablaßkrämer bringt
das Faß zum Überlaufen.*

Drittes Kapitel 245

Im dritten Kapitel wird die Rolle von Gottes Sekretärin in Frage gestellt – Luthers Thesen verbreiten sich mit dem Wind – ein Augustiner-Eremit pfeift nicht laut genug.

Viertes Kapitel 248

Im vierten Kapitel überstürzen sich Taten und Untaten – der gelangweilte und unterbeschäftigte Franz von Sickingen drangsaliert die Mächtigen – Luther flüchtet zu einem Weisen, der Schweißfüße in Silbergefäßen aufbewahrt – Ulrich von Hutten schreibt wider die Tyrannen-Willkür – Dunkelmänner decken die sittenlosen Praktiken des Klerus auf.

Fünftes Kapitel 257

Im fünften Kapitel löst ein politischer Aberglaube Beunruhigung aus – ein welscher Königskandidat läßt den Nationalismus keimen – Friedrich der Weise lehnt eine Kopfdekoration ab – das aufkommende Nationalgefühl beschleunigt die Reformation – der schwäbische Streithahn von Eck disputiert mit dem sächsischen Streithahn.

Sechstes Kapitel 266

Im sechsten Kapitel wird gezeigt, daß das Alter den Fortschritt für die Menschheit mit sich bringt – das Herzogtum Württemberg kommt vom Regen in die Traufe – Herzog Ulrich ist derweil mit Weiberjagd beschäftigt – das Gras wächst nicht so schnell, wie Herzöge sich das wünschen – Luther wird als Ketzer verstoßen, was ihn nicht hindert, der Kirche eine zweite Ohrfeige zu verpassen.

Siebentes Kapitel 270

Im siebenten Kapitel wird im Reichstag zu Worms eine stolze Entscheidung kundgetan – der vogelfreie Luther wird zu seinem Wohle entführt – radikale Schwärmer schmarotzen sich hervor – der Papst bangt nicht zu Unrecht um die Einnahmen des Heiligen Stuhls – von anderweitig verpulvertem Geld kann kein Pulver gekauft werden – Kaiser Karl ist zwar jung, aber borniert.

Achtes Kapitel 276

Im achten Kapitel hat ein gebildeter rechtschaffener Mann keine Chance als Papst – vielerorts entledigt man sich schmarotzender Pfaffen – Sickingen verscherzt sich die Sympathie des Volkes – die Reichsritter verschwinden aus der Weltgeschichte – der Frontwechsel eines Connétable bringt dem Kaiser unverhoffte Vorteile – die Türken bleiben nicht stehen.

Neuntes Kapitel 281

Im neunten Kapitel entsteht einiger Tumult ums Abendmahl – König Franz wird in Madrid weichgekocht – die Bauern kündigen ihren Gehorsam auf – was die Reichsstände in Jahrzehnten nicht zustande brachten, schaffen die Bauern in einigen Tagen – wenn's ans Eingemachte geht, ist lutherisch so gut wie katholisch – Seine Gnaden Bischof Konrad erweisen sich als gnadenlos – Götz von Berlichingen beschönigt sein zwielichtiges Dasein – die Hochzeit von Mönch und Nonne ist ein gefundenes Fressen für die papistischen Propagandaagenturen.

NACHWORT *292*

STAMMTAFELN *295*

PERSONENREGISTER *303*

SACHREGISTER *312*

I. Teil

Die Hussitenkriege

Erstes Kapitel

Im ersten Kapitel wird ein fauler König zweimal gefangengesetzt – ein Beichtvater stirbt unfreiwillig in der schönen Moldau – ein König wird abgesetzt und ein neuer gewählt – und der Erzbischof von Prag ärgert sich.

Im Jahr 1373 kaufte Kaiser Karl IV. die Markgrafschaft Brandenburg vom Kurfürsten Otto, einem Wittelsbacher, und blieb einen erheblichen Teil des Kaufpreises schuldig – keine Zierde seines Hauses. Die Bewohner der Mark Brandenburg wurden nicht gefragt. Kaiser Karl IV. regierte in der Mark zunächst selbst, dann übertrug er sie testamentarisch seinem zweiten Sohn Sigismund, der sie von 1378 bis 1395 verwaltete. 1395 übertrug Sigismund die Mark – und die 1379 wieder mit ihr vereinigte Kurstimme – seinem Vetter Jodocus, der gleichzeitig Markgraf von Mähren war. Die Bewohner der Mark wurden nicht gefragt. Kurfürst Jodocus verkaufte 1402, weil er bankrott war, die »Neumark« (also das Land jenseits der Oder) für 63200 ungarische Gulden an den Deutschen Orden. Wieviel Geld das heute wäre, ist schwer zu sagen. Die Neumärker jedenfalls bekamen nichts davon, wurden auch nicht gefragt. Als Jodocus 1411 starb, zog Sigismund, inzwischen auch Deutscher König, Markgrafschaft und Kurfürstenhut wieder an sich, verkaufte sie allerdings am 30. April 1415 für 400000 Gulden an den Burggrafen von Nürnberg. Die Bewohner der Mark wurden nicht gefragt.

Dieses Beispiel, mit dem den zu erzählenden Ereignissen

vorausgegriffen wird, zeigt, wie stark die Kaiser, Könige, Päpste, Prälaten und Fürsten, die Großen und Herrschenden Land und Bewohner als ihr Privateigentum betrachteten, wie sie mit Privateigentum miteinander (und gegeneinander) schacherten, es kauften und verkauften, einander zu übervorteilen trachteten und, wenn es nicht anders mehr ging, darum rauften. Was Hab und Gut, Leben und Seele derer da unten anging, kümmerte sie nicht, darauf verschwendeten sie keinen Gedanken; ja, man hat den Eindruck, einer wie etwa König Wenzel wußte gar nicht, daß es die da unten gab.

Wenn man sich das vor Augen hält, wird einem klar, was die Befreiungsschläge bedeuteten, die die Eidgenossen in den Schlachten von Morgarten (1315), Sempach (1386) und anderen kleineren Gefechten gegen die Habsburger erfochten, und wie verschreckt die Herrschenden darüber waren, daß es da in den – aus ihrer Sicht: leider – so schwer zugänglichen Gebirgen welche gab, die sich erfrechten, ihr politisches Geschick in die eigenen Hände zu nehmen. Zum Glück waren die Großen zu sehr mit dem Kampf jedes gegen jeden, mit der Gier um den eigenen Vorteil und die eigene Macht, oft kurzsichtig mit dem Ringen um kleinliche Vorteile oder gar Eitelkeiten beschäftigt, um sich zusammenzutun und dieses Flämmchen an Freiheit und Menschlichkeit auszutreten – was ihrer vereinigten Übermacht sicher gelungen wäre.

Zugleich mit diesem Funken an Freiheit dämmerte in den Lehren Wyclifs und Hus' die für die Oberen, namentlich natürlich für die Päpste, gefährliche Einsicht herauf, daß die Dogmen der Kirche und die Herrschaft des Papstes über Gewissen, Geist und (eventuell) ewige Seligkeit auch nicht unbedingt das letzte Wort sein mußten.

Man ging einem erregenden Jahrhundert entgegen, dem 15.

(Nun, vielleicht hat es nie ein Jahrhundert gegeben, das nicht erregend war.)

*

Ob König Wenzel, dem die Geschichte nicht ganz zu Unrecht den Beinamen »der Faule« angehängt hat, dort in seiner Burg in Prag etwas von der heraufdämmernden Erregung spürte? Vielleicht war sie ein Grund für seinen Rückzug aus der Politik? Jedenfalls aus der des Reiches. Und der Grund für seine Faulheit? Sein Privatleben war turbulent genug. Und so ziehe ich diesen faulen Wenzel aus dem vorangegangenen Band noch einmal herauf, um seine elende Geschichte fertig zu erzählen, bevor wir in das Morgendämmern der Neuzeit eintreten.

Zweimal war – man bedenke die Ungeheuerlichkeit! – König Wenzel, der ohne Zweifel rechtmäßige Deutsche König, Gefangener seiner Untergebenen. Das erste Mal nahmen ihn, nachdem die Unbeherrschtheit, Zügellosigkeit und Grausamkeit des Königs jedes erträgliche Maß überschritten hatten, 1392 die böhmischen Barone gefangen. Wenzel pflegte mit der Reitpeitsche um sich zu schlagen und die großen Hunde, die ihn stets begleiteten, auf ihm unliebsame Leute zu hetzen. Der tiefere Grund für seine Gefangennahme war jedoch, daß er sich, um sich der feindlich gesinnten Barone zu erwehren, mit Leuten des niederen Adels oder gar des Bürgerstandes umgab.

Vier Monate blieb Wenzel gefangen – und es erstaunt, daß das Fehlen des Königs im Reich offenbar nicht auffiel. Wenzel hatte gezwungenermaßen seinen ehrgeizigen und ziemlich skrupellosen Bruder Sigismund und seinen Vetter Jodok von Mähren zu Reichsvikaren (also Stellvertretern des Königs) bestellt, die beide kräftig am Thron Wenzels sägten. Nach vier Monaten gelang Wenzel die Flucht, und zwar unter so grotesken Umständen, daß es unmöglich ist, sie nicht wiederzugeben. Er wurde von den Baronen buchstäblich in einem Loch festgehalten und verdreckte so, daß er schon fast nicht mehr zu erkennen war. Das rührte offensichtlich die verbliebenen Reste Menschlichkeit in den Wächtern, und man führte ihn, ganz nackt, zur Moldau, wo eine Magd ihn waschen sollte. Auch die Magd entkleidete sich völlig, bevor sie zu Wenzel ins Wasser stieg. Die Wächter dachten nicht daran, daß der König unter diesen Umständen fliehen werde, der jedoch sprang splitternackt unter Mitnahme der ebenfalls splitternackten Magd in ein Boot und ruderte rasch moldauabwärts, bis er zur Burg eines ihm ergebenen Vasallen kam, der erstaunt seinen entblößten König nebst Magd aus dem Fluß fischte.

Wenzel holte danach zu einem Donnerwetter gegen die Barone aus, griff aber in seiner Trägheit nicht so recht durch. Ein »Herrenbund« der Barone von 1393, unterstützt von Sigismund und Jodok sowie dem Herzog von Österreich, nahm Wenzel deshalb ein zweites Mal gefangen. Er wurde diesmal in den Gewahrsam des österreichischen Herzogs nach Wien gebracht, aber wieder gelang ihm die Flucht, diesmal mit Hilfe eines bestochenen Fischers, der dem König ein geflochtenes Seil aus Seide in den Turm schmuggelte, in dem Wenzel gefangensaß, so daß er sich nächtens abseilen konnte.

Erstaunlicherweise erfolgte wieder kein reinigendes Strafgericht. So hatte Wenzel im Reich durch all dies, wie man sich denken kann, jedweden Kredit verspielt. Man redete auch deutlich hörbar schon von seiner Absetzung.

Die von Wenzels Vater Karl IV. begonnene und von Wenzel fortgesetzte Politik der Unterstützung der Städte und namentlich der Freien Reichsstädte, die im »Schwäbischen« und dann im »Rheinischen Städtebund« ein kräftiges Gegengewicht gegen die Fürsten und Bischöfe bildeten, vor allem nach Vereinigung der beiden Bünde, scheiterte an der Uneinigkeit und am kleinlichen Krämerdenken einzelner Städte – leider, muß man sagen; denn damit ging ein Stück beginnender bürgerlicher Freiheit verloren. Der sogenannte »süddeutsche Städtekrieg« endete am 23. August 1388 mit der Niederlage des »Schwäbischen Bundes« gegen den Grafen von Württemberg in der Schlacht bei Döffingen und am 6. November des gleichen Jahres mit der Niederlage des »Rheinischen Bundes« gegen den Pfälzischen Kurfürsten bei Worms. Im »Egerer Landfrieden« von 1389 mußten die Städte klein beigeben und schieden so für lange Zeit als politische Faktoren aus. Auch für Wenzel, der auf seiten der Städte gestanden war, war das eine Schlappe.

Kurz nach seiner zweiten Flucht 1393 ereignete sich etwas, was sofort gegen Wenzel propagandistisch ausgeschlachtet wurde. Wenzel war seit 1370 mit der Prinzessin Johanna von Baiern-Straubing († 1386) und seit 1389 mit deren Cousine Sophie von Baiern-München verheiratet. Beide Ehen waren kinderlos. (War Wenzel auch in dieser Hinsicht faul?) Nach seiner Rückkehr aus der österreichischen Gefangenschaft beschlich den König, vielleicht nicht ganz zu Unrecht, der Verdacht, daß ihm die Königin (sie war siebzehn Jahre alt) nicht ganz treu geblieben war. Wenzel nahm sich den Beichtvater vor, dem er entpressen wollte, was die Königin an Untaten gebeichtet hatte.

Dieser Beichtvater war der ebenso gelehrte wie höchst intrigante Generalvikar Dr. Johannes von Pomuk (tschechisch »ne Pomuk«), der dem Erzbischof von Prag, Johannes von Jetzenstein, einem der Gegner Wenzels, nahestand. Ob die Sache mit dem Beichtgeheimnis wirklich der tiefere Grund für die Auseinandersetzung war oder nicht doch vielleicht gewisse königsfeindliche Machenschaften des Nepomuk um das Kloster Kladrau, ist nicht mehr aufzuklären. Jedenfalls ließ Wenzel den Nepomuk foltern und dann von der Karlsbrücke in die Moldau werfen. An und für sich war man zu damaliger Zeit um einen ersäuften Prälaten mehr oder weniger nicht bekümmert, in dem Fall nutzten die Wenzel feindlichen Kreise den Vorfall jedoch propagandistisch, bauschten ihn gehörig auf, entrüsteten sich – mit einigem Recht, muß man sagen – moralisch und erhoben den Ruf nach Absetzung noch lauter.

Wenzel geriet auch durch seine Mißwirtschaft und Verschwendungssucht in Geldnot, in ärgere als sonst bei Fürstlichkeiten jener Zeit üblich. In Mailand, der damals neben Venedig größten Stadt Oberitaliens, war die Familie Visconti zu Ansehen, Reichtum und endlich erblicher Macht gekommen, hatte internationale Verbindungen angeknüpft (eine der zahlreichen »Millionentöchter« der Bernabò Visconti hatte den Herzog Leopold IV. von Österreich geheiratet, eine andere den Herzog Stephan III. von Baiern, wieder eine andere den König Peter II. von Cypern) und schickte sich an, Herr von ganz Norditalien zu werden. Den so tüchtigen wie rücksichtslosen Gian Galeazzo Visconti, der mit einer Tochter des Königs von Frankreich verheiratet war, hatte König Wenzel schon zum Reichsvikar für Italien gemacht und verlieh ihm nun (1395) gegen eine große Geldsumme den erblichen Herzogstitel. Das hätte Wenzel, ohne auf einem Reichstag die Kurfürsten zu befragen, nicht tun dürfen, und daraus drehte man dann auch (unter anderem) den Strick der Absetzung. Am 20. (oder 21.) August 1400 wurde in Boppard von den vier rheinischen Kurfürsten Ruprecht von der Pfalz zum Deutschen König gewählt und damit Wenzel abgesetzt. Es war der erste und blieb der einzige Fall in der deutschen Geschichte, daß die Fürsten von ihrem Recht der Absetzung eines Königs Gebrauch machten. Die Absetzung und die neue Königswahl waren juristisch rechtens, auch wenn Ruprecht sich selbst gewählt hatte.

Wenzel wehrte sich kaum dagegen. Er zog sich noch mehr als bisher nach Böhmen zurück und zu dem, was er als Privatleben empfand, nämlich Wein, Weib und Gesang. Er beharrte zwar eigensinnig auf dem Titel eines Deutschen Königs, unterstützte dennoch als Kurfürst – das blieb er immerhin – nach Ruprechts Tod die Kandidatur seines Vetters Jodok und dann seines Bruders Sigismund und machte sogar ein paar zaghafte Versuche, die Macht im Reich zurückzugewinnen, die allerdings kläglich scheiterten.

Sympathisch berührt an Wenzel, daß er – wenngleich vielleicht nur, um den Papst zu ärgern – anfänglich Jan Hus und seine Bewegung unterstützte, zu deren Gunsten er 1409 das »Kuttenberger Dekret« erließ. Später wandte er sich jedoch von dieser ihm letzten Endes wohl gleichgültigen Erneuerungsbewegung ab und geriet in offene Feindschaft zu Hus. Alles in allem versickerte seine Regierung letztlich in zunehmende Resignation, und 1419 starb er, ohne eine Lücke im Weltgeschehen zu hinterlassen.

Zweites Kapitel

Im zweiten Kapitel kommt mit König Ruprecht ein tatkräftiger Landesherr, aber schwacher König auf den Thron – das Papsttum befindet sich in einem beschämenden Zustand – die klerikale Karriereleiter ermöglicht neue Emporkömmlinge – Jan Hus macht sich höheren kirchlichen Orts unbeliebt – die Curie erkennt eine Gefahr und handelt, wie fast immer, falsch.

König Ruprecht, der zweite (und vorletzte) Wittelsbacher auf dem deutschen Königsthron, Urgroßneffe Kaiser Ludwigs des Baiern, hat den traurigen Ruhm, der erste Deutsche König gewesen zu sein, der die Kosten der Reichsregierung nicht mehr durch die Einnahmen aus dem Reich decken konnte. Die enormen Wahlkapitulationen seiner Vorgänger, die Verschwendung von Reichsgut, namentlich durch Karl IV., haben es – für alle Zukunft – unmöglich gemacht, daß das Reich sich finanziell selbst trug. Ruprecht mußte aus dem Haushalt seines Erblandes, der Pfalz, zuschießen. Die Königskrone war damit zur reinen Privateitelkeit des jeweiligen Inhabers geworden.

Im Übrigen war aber Ruprecht, der schon als Kurfürst den Beinamen »Clem« (= Clemens, der Milde) bekam, eine weit erfreulichere Figur, als ihn seine Nachwelt lange Zeit dargestellt hat.

Ruprecht, der bei seiner Wahl zum König fast fünfzig Jahre alt war, also nach damaligem Ansehen ein Greis, war als dritter Sohn des Kurfürsten Ruprecht II. von der Pfalz geboren, erbte nach dem frühen Tod seiner Brüder 1398 das Kurfürstentum als Ruprecht III. und erwies sich sofort als tatkräftiger Landesherr. Im Gegensatz zum – im Großen und Ganzen unverschuldeten – Scheitern seiner Reichspolitik zeitigte seine Regierung des Erblandes sogar dauerhafte Früchte. Er verbesserte die Verwaltung, die Kanzleiarbeit, die Gerichtsbarkeit und sogar den Sprachstil; auf seine Initiative hin wurde das »Kurpräzipuum« eingeführt, das heißt die zwingende Erstgeburtserbfolge und Alleinerbfolge in der Kurwürde. Überdurchschnittlich interessiert an den Wissenschaften und Künsten, war er ein Förderer seiner Landes-Universität Heidelberg. Nicht vergessen sei auch sein, wenngleich vergebliches Bemühen, die Rechte der Juden sowohl im Reich als auch in seiner Pfalz zu verbessern.

Daß sich Ruprecht so wenig um Reichsangelegenheiten kümmern konnte, lag nicht nur an der Geldnot, sondern auch daran, daß er sich aufgerufen fühlte und sogar bei seiner Wahl ausdrücklich beauftragt worden war, die ruinösen Angelegenheiten der Kirche, das heißt des Papsttums, zu regeln. Was schon vor Ruprechts Zeit unmöglich schien, war eingetreten: Das verrottete, bis in die Knochen verderbte Papsttum war noch tiefer gesunken. Die Kirchenführung war nur noch ein einziger Sumpf und Schlamm. Es verwundert nicht, daß an manchen Stellen im Christentum Stimmen sich erhoben, die die Eiterbeule des Papsttums ausgebrannt sehen wollten: von Wyclif war schon die Rede, von Johannes Hus wird noch ausführlich die Rede sein müssen. Daß die Päpste und die nicht minder verrottete Curie über ihre kleinlichen Streitereien und ihre Geldgier die schottische und dann die hussitische Bewegung (zunächst) nicht ernst nahmen, war das wenigste. Die Hauptursache für den beschämenden Zustand des Papsttums und damit der ganzen Kirche war das »Große abendländische Schisma« und waren die daran beteiligten Päpste.

Es hatte damit angefangen – worauf im zweiten Band dieser Erzählungen schon kurz hingewiesen worden war –, daß 1378 nach dem Tod Gregors XI., der kurz vorher den Sitz des Papstes wieder von Avignon nach Rom zurückverlegt hatte, zunächst, nach langer Zeit, wieder ein Italiener zum Papst gewählt worden war, Bartolomeo Prignano, der den Namen Urban VI. annahm. Diese Papstwahl, die erste in Rom seit Jahrzehnten, war beispiellos turbulent. Der römische Pöbel hatte den Palast gestürmt, um zu verlangen, daß ja ein Italiener gewählt werde. Viele Cardinäle erklärten später eben damit diese Wahl, weil unter Druck erfolgt, für ungültig. Urban VI., ein niederträchtiger, jähzorniger, ordinärer Mensch, stieß in kurzer Zeit alle, Kaiser, Könige, Fürsten, seine Cardinäle und Bischöfe und das Volk, durch Grobheiten vor den Kopf. Ob seine Reformpläne ernst gemeint oder nur dafür gedacht waren, seine Umgebung zu ärgern, muß dahingestellt bleiben. Er wurde so halsstarrig und gleichzeitig wankelmütig (immerhin bemerkenswert in dieser Kombination), daß er in Verdacht geriet, geisteskrank zu sein. Wahrscheinlich war er es in der Tat.

Wenige Monate nach der Wahl erklärte eine Gruppe von Cardinälen, die sich vor der Wut Urbans auf neapolitanisches Gebiet zurückgezogen hatten, Urban für abgesetzt und wählten einen Verwandten des französischen Königs, den Grafen Robert von Genf, zum Papst, der den Namen Clemens VII. annahm. (Die offiziellen päpstlichen Annalen zählen ihn – zu Recht? – als Gegenpapst und versehen ihn mit einer Klammer: Clemens [VII.].) Clemens war nicht viel besser als sein Konkurrent. Es ist nicht der Ort, hier im Lauf einer deutschen Geschichte die zum Teil schon nur noch grotesken und komischen Einzelheiten dieses Curial-Hahnenkampfes zu schildern. Nur so viel sei gesagt: daß natürlich jeder Papst auf den anderen und dessen Anhänger den Bannfluch schleuderte und daß einmal zwei päpstliche Heere gegeneinander kämpften: 1379 in der Schlacht von Marino, wobei – diesmal – Clemens den Kürzeren zog. Im Übrigen ging es aber hin und her, und Europa war zerstritten, weil manche Fürsten Urban, manche Clemens anhingen.

Das änderte sich auch nicht, als Urban VI. 1389 starb (wahrscheinlich vergiftet), denn dessen Anhänger wählten in Rom sofort einen neuen Papst, Bonifatius IX. Clemens (VII.) war nach Avignon sozusagen zurückgekehrt. Die gegenseitigen Bannflüche wurden fröhlich erneuert, und als 1394 auch Clemens (VII.) starb und seine Anhänger und die von ihm ernannten Cardinäle Benedict (XIII.) wählten, wurde es nicht besser, auch wenn Benedict (XIII.), vorher Pedro de Luna, ein Spanier und gelehrt, von verhältnismäßig tadelfreiem Charakter, wenngleich starrsinnig und rechthaberisch war.

Diese Situation fand König Ruprecht vor, und dieses klebrige Netz sollte er zerreißen. Er, und nicht nur er, glaubte, das einzige Mittel zur dringend nötigen Reform der Kirche sei ein allgemeines Konzil, der Rücktritt beider Päpste und die Wahl eines würdigen, neuen Papstes. Was die Päpste davon hielten, läßt sich denken. Um seine Kirchenreformpläne durchzusetzen, unternahm König Ruprecht kurz nach seiner Wahl einen allerdings ziemlich kläglichen Italienzug (1401): Er mußte das Unternehmen aus seiner Pfälzer Landesschatulle finanzieren. Subsidien, unter anderem von der mächtigen und reichen Stadt Florenz, die wegen des Schismas kommerzielle Einbußen befürchtete, wurden nur versprochen, nicht bezahlt. 1402 mußte Ruprecht den Italienzug erfolglos abbrechen.

Etwa zur gleichen Zeit begann der damals etwa dreißigjährige, 1400 zum Priester geweihte Jan (oder Johannes) Hus in Prag zu predigen, und zwar in der Bethlehemskapelle, die für Predigten in tschechischer Sprache eingerichtet war. Seine Predigten zündeten und erreichten eine breite Zuhörerschaft im Volk, was hier tschechisches Volk bedeutete. Die Bewegung, die Jan Hus auslöste, war, wenngleich der innerste Grund für diesen gescheiten, belesenen und weit über seine Zeit hinausblickenden Mann aus dem Religiösen kam und aus dem Wunsch nach einer Reinigung der Kirche im Sinn urchristlicher Ideale, oder wurde eine *nationale* Angelegenheit, vielleicht die erste dezidierte solche im Lauf der Geschichte.

Die Nationalität, also die Volkszugehörigkeit (von dem später mißbrauchten Begriff Rasse ganz zu schweigen), spielte bis weit ins Mittelalter hinein nur eine unbedeutende Rolle. Sprache und Religionszugehörigkeit waren weit wichtiger. Das niedrige Volk (vielleicht sollte man schreiben: »erniedrigte« oder »niedergehaltene« Volk) bewegte sich im Wesentlichen im Kreis des engen Familienverbandes und des überschaubaren Gemeinwesens von umgebender Landschaft oder der eigenen Stadt. Der niedere Adel hielt seinen Blick durch die Standesdünkel begrenzt, der Hochadel dachte und handelte international. Die Gelehrtensprache und die des Klerus, auch die Amtssprache war Latein, die Volkssprache die deutschen Dialekte, die sich im Lauf der Jahrhunderte herausgebildet hatten. Nur in eben jenem einzigen Teil des Deutschen Reiches, in dem eine relativ geschlossene und auch relativ große Bevölkerungsschicht nicht deutsch war, nämlich im Königreich Böhmen und der Markgrafschaft Mähren, war die Volkssprache Tschechisch. Die Sprache des Adels und wohl auch des gehobenen Bürgertums war dennoch Deutsch; denn so wie sich im Westen Deutschlands ein Gefälle in westlicher Richtung herausgebildet hatte, zeigte sich ein ähnliches westwärts gerichtetes Gefälle im Westen des slawischen Siedlungsgebietes – allerdings immer nur in den Oberschichten. So ergab sich auch eine soziale Komponente in Böhmen und Mähren: die Ungebildeten, das Kroppzeug, der Bodensatz (so in den Augen der Oberen) sprach Tschechisch und nur Tschechisch. Wer auf sich hielt, wer vorwärtsgekommen war oder vorwärtskommen wollte, hielt sich ans Deutsche.

Daß das Ungerechtigkeiten mit sich brachte und berechtigten Unmut erzeugte, leuchtet ein. Einer der ersten, wenn nicht überhaupt der erste, der das erkannte, war jener Jan Hus, selbst ein Tscheche, der als Geistlicher der gehobenen Schicht angehörte und selbstverständlich auch Deutsch sprach, Latein als Geistlicher sowieso.

Einzuflechten ist hier, daß die geistliche Laufbahn die einzige Durchlässigkeit zwischen den Ständen von unten nach oben ermöglichte. Selbst ein Bauernsohn konnte, wenn er begabt und gefördert genug war, mittels der klerikalen Karriereleiter nach oben gelangen, und es gab Beispiele, in denen »niedrig« Geborene Abt oder Bischof und damit Fürst und gleichberechtigt mit den Herzögen und Grafen des Reiches werden konnten: Erzbischof Rudolf von Magdeburg (1194–1209) war bäuerlicher, zumindest niedriger, nichtadeliger Abkunft; Erzbischof Johannes III. von Salzburg (1482–1489) war Sohn eines Bürgers aus Breslau und ein ganz bedeutender Kirchenfürst und Gelehrter – von dem in anderem Zusammenhang noch die Rede sein muß –, Nikolaus Cusanus (oder von Kues), Bischof von Brixen und Cardinal, war der Sohn eines einfachen Moselfischers namens Henne Krebs aus Kues bei Trier.

Freilich konnte der erreichte höhere Stand nicht vererbt werden. In gewissem, kleinerem Umfang dürfte aber das Wort auch hier gegolten haben: »Wenn man den Papst zum Onkel hat, wird man leichter Cardinal.«

Auch Jan aus Husinec, der sich später Jan oder Johannes Hus (im Deutschen oft falsch »Huß« geschrieben) nannte, was auf tschechisch »Gans« heißt – womit später oft böser Witz gemacht wurde –, stammte aus dem bäuerlichen Stand und war, wie gesagt, Tscheche. Er wurde 1369 geboren, über seine Jugend ist fast nichts bekannt, aber es dürfte so gewesen sein (wie in vielen Fällen), daß die Intelligenz doch erkannt und gefördert wurde. Vielleicht ermöglichte ein reicher Grundherr oder ein höherer Prälat das Studium, das Hus mit dem Magistertitel in Prag 1396 abschloß. 1400 wurde er zum Priester geweiht. Schon vorher hatte er sich mit den kirchen- und religionskritischen Schriften des schottischen Denkers John Wyclif befaßt, stützte sich auch auf die Lehren des in Paris ausgebildeten, von der Amtskirche niedergehaltenen Reformators Matthias aus Janov in Böhmen (Matthias Parisiensis) und vor allem auf den im wahrsten Sinn des Wortes seltsamen Heiligen (was nicht ironisch oder pejorativ gemeint sein soll) Jan Milíc (Militsch) aus dem böhmischen Kremsier (ca. 1320 bis 1374). Er hatte es zu einer relativ hohen Position in der böhmischen Amtskirche gebracht, verzichtete dann aber plötzlich auf alle Ämter und Würden und verkündete als Wanderprediger urchristliche Ideale, auch das baldige Weltende und die Ankunft des Antichrist, die er aufs Jahr 1369 datierte, das Geburtsjahr Hus', den er aber selbstverständlich nicht meinte. Er hat Hus nicht mehr kennengelernt. Milíc meinte mit dem Antichrist den Kaiser, in dessen Gegenwart er sogar so frech war, diese Meinung zu äußern. Es schadete ihm merkwürdigerweise nur wenig, wahrscheinlich hielt man ihn zu der Zeit schon nur noch für einen harmlosen Narren, der er natürlich mitnichten war. Die weitere Geschichte dieses hochinteressanten Prä-Reformators, seine Mission unter den Prostituierten Prags, der Ketzerprozeß gegen ihn, seine Auftritte an den päpstlichen Höfen von Rom und Avignon darzustellen, würde hier zu weit führen. Da sein indirekter Einfluß auf Jan Hus groß war, mußte er jedoch hier wenigstens erwähnt werden.

Wie überall in ähnlichen historischen Konstellationen war das Verständnis derer, die mit ihrer materiellen und sozialen Lage unzufrieden waren, für den, der mit dem geistigen Hintergrund seiner Zeit unzufrieden war, größer als bei den satten Oberen. So ergab sich hier in Böhmen eine explosive Mischung, So fielen die Predigten des 1402 an die Prager Bethlehemskapelle berufenen Hus auf fruchtbaren Boden. Sein Zulauf unter der tschechischen Bevölkerung war enorm, und bald war der intelligente junge Feuerkopf die berühmteste Figur unter allen Geistlichen der Stadt und wohl auch darüber hinaus.

Hus erfreute sich zunächst sogar der Unterstützung des biederen Erzbischofs von Prag, Zbynek Zajíc von Hasenburg, der selbst Tscheche war, und, wie erwähnt, der Unterstützung König Wenzels, der nicht ungern sah, daß die ihm mißgesinnten, deutsch orientierten Adeligen eins auf den Deckel bekamen. Hus wurde Prediger der Diözesansynode, also quasi erzbischöflicher Hofprediger. 1405 wurde er mit der Untersuchung des angeblichen Blutwunders von Wilsnack betreut, eines ähnlichen Schwindels wie die Sache mit dem Blut des heiligen Januarius von Neapel. (Die in Neapel als Blut ausgegebene rötliche Substanz hat die chemische Eigenschaft, sich bei Erwärmung und etwas Bewegung zu verflüssigen.) Hus entlarvte das »Wunder« von Wilsnack, was ihm höheren kirchlichen Orts, wo man ja auf Wunder angewiesen ist, keine Pluspunkte eintrug.

Auch beugte er sich dem 1403 vom Erzbischof erlassenen Verbot der Verbreitung der Wyclifschen Lehre nicht, wodurch sich eine Kluft zur Amtskirche und zum bis dahin wohlgesinnten Bischof bildete. Außerdem verlangte Hus, auf den Wortlaut des Evangeliums gestützt, den »Laienkelch«.

Nach allen vier Evangelien aß *und trank* Jesus am Vorabend seines Todes, also beim »Letzten Abendmahl« mit seinen Jüngern, brach allen Jüngern das Brot, reichte es ihnen und auch den Kelch mit Wein reihum. Nach christlicher Lehre wird dies aufgrund der von Jesus bei dieser Gelegenheit gesprochenen Worte: »Tuet dies zu meinem Angedenken« als Einsetzung des Altarsakraments verstanden, des

Gedächtnismahles mit Brot *und* Wein. Ohne Zweifel wurde dies auch in der frühen Kirche und bis ins 12. Jahrhundert hinein so gefeiert. Warum die Kirche – festgeschrieben dann in den Beschlüssen der Konzilien von Konstanz und Trient – so hartnäckig nur die »communio sub una« für Laien gestattet, also das Abendmahl nur mit der Hostie ohne Wein, ist nicht einzusehen. Die Kirche kann weder wirklich stichhaltige theologische noch sonstige Gründe anführen. Die dogmatischen Gründe, die Karl Rahner im Artikel »Laienkelchsbewegung« des (offiziell von der katholischen Kirche anerkannten) ›Lexikons für Theologie und Kirche‹ anführt, sind fadenscheinig. Der wahre, uneingestandene Grund liegt in dem arrogant verteidigten Priestervorrecht, dem Zweiklassen-System der Kirche, das besagt, daß es zweitklassige Christen, nämlich die Laien, und erstklassige, nämlich die Priester, gibt. Zu den zweitklassigen Christen, auch das dürfte ein christ-katholischer Grund für die Sache sein, zählen *alle* Frauen. Selbst die frömmste Nonne ist nicht würdig, das Abendmahl in beiderlei Gestalt zu empfangen.

So traf diese utraquistische (von »communio sub utraque specie…«, also: in beiderlei Gestalt) Forderung Hus' einen so empfindlichen wie kleinlich und im Grunde genommen lächerlicherweise gehüteten Punkt der Amtskirche, und die Lawine war losgetreten. Im Gegensatz zur Reformation durch Luther hundert Jahre später erkannte die Curie die Gefahr rasch, dennoch zu spät und handelte, wie fast immer, falsch.

Drittes Kapitel

Im dritten Kapitel gibt es plötzlich noch einen dritten Papst – es stellt sich die Frage der Doppelzüngigkeit des Vaticans – König Ruprecht weicht einem Bürgerkrieg durch politisches Taktieren aus – die Geschichtsschreibung wird einmal mehr revidiert.

Die Geschichte der Kirchenspaltung, nämlich in die zwischen den Anhängern Papst Benedicts (XIII.), mit Klammern, und denen Gregors XII., ohne Klammern, nahm im ersten Jahrzehnt des 15. Jahrhunderts schon nicht mehr anders als unterhaltsam zu nennende Formen an und spielte auch mit unguten Folgen in die deutsche Geschichte hinein, wobei die Misere der Königsherrschaft Ruprechts von der Pfalz besonders augenscheinlich wurde.

Benedict (XIII.) war Papst oder, je nachdem wie man das sieht, Gegenpapst seit 1394. Sein Konkurrent, der von der Curie heute als rechtmäßig angesehene Bonifatius IX., starb 1404, worauf die römisch gesinnten Cardinäle den Juristen Cosimo de' Migliorati wählten, der den Namen Innozenz VII. annahm und in seiner kurzen Regierungszeit (er starb 1406) wenig bewirken konnte. Auf ihn folgte der Venezianer Angelo Correr unter dem Namen Gregor XII. Die Versuche wohlmeinender Kreise der Curie, das äußerst schädliche, das Ansehen der Kirche schädigende Schisma zu beseitigen, schlugen fehl. Die konkurrierenden Päpste verweigerten letztendlich ein Zusammentreffen, eine Diskussion und beharrten auf ihrem Standpunkt. Den offenbar wirklich frommen König Ruprecht bekümmerte die desolate Lage der Kirche, d. h. des Papsttums, zutiefst.

(Zur Ansicht, daß eine abendländisch-christliche Kirche auch ohne Papst denkbar sei, konnte er sich offenbar nicht durchringen.)

Eine nicht unbeträchtliche Anzahl von Cardinälen, etwa zwei Dutzend aus beiden Lagern, beschlossen nun, ein Konzil ohne Papst einzuberufen, und zwar nach Pisa unter dem Schutz der mächtigen Stadtrepublik Florenz. Der Gedanke eines allgemeinen Konzils schwebte ja schon lange in der Luft, und die Ansicht, daß ein solches allgemeines Konzil über dem Papst stehe, war nicht selten. Bisher hatte natürlich noch jeder Papst aufgejault, wenn er derlei hörte. Auch Benedict (XIII.) und Gregor XII. jaulten nun, der eine in Perpignan, wohin er letzthin geflohen war, der andere in Rom. Die Cardinäle, Erzbischöfe, Bischöfe, Äbte, Fürsten und Gesandte von Fürsten und Städten erklärten beide konkurrierende Päpste für abgesetzt und wählten einen neuen, einen Kreter (und also damals venezianischen Untertanen) namens Pietro oder Petros Philargi, der den Namen Alexander V. annahm.

Es kam, wie es kommen mußte: statt einer Lösung des Schismas hatte man nun drei Päpste, denn keiner der bisherigen Streithähne erkannte den Konzilsbeschluß und den dritten Papst an.

*

Kurzer Exkurs: ob Alexander V. als rechtmäßiger Papst oder als Gegenpapst anzusehen ist, ist unklar. An sich ist diese Frage natürlich namentlich heute völlig gleichgültig, man sieht an ihr und daran, wie sie gehandhabt wird, jedoch die ideologische Doppelzüngigkeit des Vaticans. Das päpstliche

Jahrbuch bezeichnet Alexander V. zwar als Gegenpapst, setzt seine Zahl allerdings nicht in Klammern, und die drei folgenden Alexander-Päpste werden im Jahrbuch auch ohne Klammern als Alexander VI. (Rodrigo Borgia 1492–1503), Alexander VII. (Fabio Chigi 1655–1667) und Alexander VIII. (Pietro Ottoboni 1689–1691) bezeichnet. Alexander V. ist also *ein bißchen* Gegenpapst gewesen...

*

Die Auswirkung dieses Schlamassels auf die deutsche Geschichte hängt mit einem territorialen Streit König Ruprechts mit Erzbischof Johann II. von Mainz zusammen. Dieser Streit hatte seine Wurzeln schon in der Zeit, als Ruprecht erst Kurfürst und Pfalzgraf war, und das Ganze war nichts anderes als fürstliches Nachbarschaftsgerangel, die Feindschaft über den Zaun hinweg. Der Erzbischof, ein Graf aus dem Haus Nassau und Urenkel König Adolfs (siehe Band II), war erstens bestrebt, die Macht und das Gebiet seines Fürstbistums auf Kosten der Rheinpfalz, also des Stammlandes Ruprechts, zu erweitern, und zweitens, die königliche Zentralgewalt, die ohnedies schon längst stark geschrumpft war, zugunsten der Landesfürsten zu schwächen – dies letztere in der zumindest behaupteten und vielleicht nicht ganz abwegigen Meinung, der König könne den Landfrieden im Reich aus eigener Kraft überhaupt nicht mehr aufrechterhalten. Er schloß zunächst mit dem Markgrafen von Baden und dem recht mächtig gewordenen Grafen von Württemberg am 14. September 1405 den »Marbacher Bund«, dem bald eine ganze Reihe von Reichsstädten beitrat. Einer offenen Konfrontation, d.h., im Grunde genommen, einem drohenden Bürgerkrieg, wich König Ruprecht durch recht geschicktes politisches Taktieren aus. Zu einer kriegerischen Auseinandersetzung mit dem Ziel der gewaltsamen Niederwerfung des nach den Bestimmungen der »Goldenen Bulle« zweifellos ungesetzlichen Fürstenvereins fehlten dem König die finanziellen und damit militärischen Mittel. Ruprecht brachte jedoch den mit dem Mainzer verfeindeten Landgrafen von Hessen auf seine Seite und nützte außerdem die sehr bald auftretenden Spannungen innerhalb des ihm feindlichen Bundes aus. Es gelang ihm, die gegnerische Allianz zu spalten. 1408 schloß er erst mit Baden, dann mit Württemberg Frieden, was allerdings wiederum eine Einbuße an königlicher Machtbefugnis bedeutete und außerdem nicht von Dauer war, denn der Erzbischof von Mainz schloß sich jetzt tückisch der Pisaner Obödienz an, d. h. er anerkannte den Dritt-Papst Alexander V., während König Ruprecht an dem sowohl von Benedict (XIII.) als auch von Gregor XII. vertretenen Standpunkt der Illegalität des Konzils von Pisa festhielt. Den nun doch drohenden Bürgerkrieg verhinderte der Tod König Ruprechts am 8. Mai 1410. Er starb auf seiner Burg Landskron bei Oppenheim in der Pfalz und wurde in Heidelberg begraben, der Stadt, der er, der ein Freund der Wissenschaften war, 1390 (noch als Kurfürst) eine Universität gestiftet hatte, die dritte deutsche nach Prag und Wien.

Die Universität Prag hatte sich zur Zeit König Ruprechts 1409 gespalten, weil König Wenzel der Faule im »Kuttenberger Dekret« den tschechischen Studenten und Magistern ein Vorrecht vor den anderen »Nationen« eingeräumt hatte. Unter »Nationen« verstand man landsmannschaftliche Verbände, und es gab deren vier: die »bairische«, die »sächsische« und die »polnische Nation« (die sich als die »deutschen Nationen« verstanden) und die »böhmische Nation«. Das »Kuttenberger Dekret« verfügte, daß bei Abstimmungen innerhalb der quasi-autonomen Selbstverwaltung die »böhmische Nation« drei Stimmen, die drei anderen Nationen mitsammen eine Stimme haben. Daraufhin verließen die Studenten und Lehrer der »deutschen Nationen« die Universität und gingen nach Leipzig, wo somit die vierte wissenschaftliche Hochschule auf dem Boden des Reiches entstand.

Daß Wenzel der Faule, der ja selbst als Luxemburger und Angehöriger der Oberschicht ein »Deutscher« war, die Tschechen in diesem Punkt bevorzugte, hängt auch mit dem Konzil von Pisa zusammen, denn auf diesem Konzil, das von König Ruprecht als illegal betrachtet wurde, regten sich Stimmen, die wiederum die Wahl Ruprechts als illegal betrachten wollten und somit die Absetzung Wenzels als nicht Rechtens, weshalb Wenzel eine Zeitlang seine neuerliche Anerkennung als Römischer Kaiser erhoffte, wobei er damit rechnete, daß die Stimme der Prager Universität, die er durch das »Kuttenberger Dekret« auf seiner Seite glaubte, auf dem Konzil zählte. Doch auch hier verrechnete er sich. Der Tod König Ruprechts und die darauffolgende Wahl des tatkräftigen Sigismund sowie das verläppernde Ende des Konzils machten Wenzels Bemühungen obsolet.

Jan Hus rühmte sich später der Urheberschaft an der Nationalisierung der Prager Universität, es ist jedoch nicht sicher, ob diese seine Behauptung stimmt. Entscheidenden Anteil am »Kuttenberger Dekret« scheint er nicht gehabt zu haben.

*

Von der Figur des Deutschen Königs Ruprecht hatte die Geschichtsschreibung lange keine gute und hohe Meinung. Das dürfte ungerecht sein. Allenfalls sind ihm zu großer Ehrgeiz und Überschätzung seiner Möglichkeiten vorzuwerfen. Er übernahm ein praktisch bankrottes Reich, das in vielerlei Hinsicht am Ausverkauf, förmlich der Verschleuderung von Königsgütern durch Karl IV. litt. Der verderbliche Streit mit dem Erzbischof von Mainz und dem »Marbacher Bund« band ihm die Hände und kostete ihn das Geld für Aktivitäten im Reich. Damit, daß er sich um die Papstquerelen wie um eine eigene Angelegenheit kümmerte, schuf er sich zusätzliche und unnötige Schwierigkeiten. Aber als Landesfürst war er durchaus erfolgreich. Er konsolidierte die Verwaltung und die Finanzen in seiner Rheinpfalz und schuf hier eine für damalige Verhältnisse relativ moderne, geschlossene Territorialherrschaft.

Ob die Tatsache, daß er mit dem »Zwanzigsten Pfennig«, nämlich einer Abgabe von fünf Prozent des Einkommens, eine der ersten allgemeinen direkten Steuern einführte, ein Verdienst oder aber eher eine Schandtat war, mag jeder für sich entscheiden. Eine Schandtat vielleicht, weil Steuer – ein Verdienst wäre es sicher gewesen, wenn der Einkommensteuersatz auch heute noch nur ein Zwanzigstel betrüge.

Viertes Kapitel

Im vierten Kapitel kann Sigismund sich selbst zum König wählen – die Türken stehen vor den Pforten des Reiches – die Schlacht von Tannenberg dient Propagandazwecken – die Mark Brandenburg wird verschleudert – für König Sigismund ist Selbstbehauptung bereits ein rühmenswerter Erfolg.

Mit dem – eigentlichen – Nachfolger König Ruprechts bewegte sich das Deutsche Königtum und das Römische Kaisertum gewissermaßen weg von Deutschland. »Eigentlicher« Nachfolger deswegen, weil nach Ruprechts Tod ein gänzlich unbedeutender und folgenloser Zwischenkönig die Krone trug, der nur deshalb erwähnenswert ist, weil sein Vorhandensein ein Schlaglicht auf die politische Situation wirft.

Der sehr tüchtige Sohn König Ruprechts, nunmehr als Ludwig III. (genannt »der Bärtige«) unangefochten Kurfürst von der Pfalz, hatte vernünftigerweise keine Ambitionen auf die Königswürde. Das Geschick seines Vaters war ihm, vermute ich, abschreckendes Beispiel genug. Er schwenkte ins luxemburgische Lager, hing außerdem, wie schon sein Vater, der »römischen Obödienz« an, d. h. vertrat die Rechtmäßigkeit Papst Gregors XII. Das spielte, weil das Schisma immer noch schwelte, eine Rolle. Der Feind seines Vaters, Johann II. von Mainz, fand sich nach dem glanzlosen Scheitern des »Marbacher Bundes« etwas in die politische Ecke gedrängt, er vertrat jedoch immer noch die »Pisaner Obödienz«, d. h. die Rechtmäßigkeit Papst Alexanders V. Der Kandidat des Pfälzers für die Nachfolge König Ruprechts war der aus dem Haus Luxemburg stammende König Sigismund von Ungarn, der Kandidat des Mainzers war dessen Vetter Jodocus (oder Jobst) von Brandenburg. Am 20. September 1410 wählten drei Kurfürsten Sigismund, am 1. Oktober die vier anderen Jodocus.

Dieser Jodocus, zweifellos rechtmäßig gewählter Deutscher König, war der Sohn eines jüngeren Bruders Kaiser Karls IV., also auch ein Luxemburger, hatte im Lauf eines politisch ziemlich wechselhaften Lebens alle möglichen Positionen innegehabt, war Markgraf von Mähren, auch Herzog des luxemburgischen Stammlandes, Landvogt des Elsaß, eine Zeitlang Reichsvogt in Italien gewesen, ständig im Streit mit seinen Brüdern und Vettern, wechselweise mit diesem oder jenem verbündet, hatte durch skrupelloses Ausquetschen seiner Untertanen ein riesiges Vermögen aufgehäuft, das er durch unzählige Kriege wieder verlor. Persönlich sei er, heißt es, ein kunstsinniger und gelehrter Mann gewesen. Nach seiner Wahl zeichnete sich eine Konfrontation mit seinem Mitbewerber und Vetter Sigismund ab, die jedoch durch den plötzlichen Tod Jodocus' ein Vierteljahr nach der Wahl (18. Januar 1411) vermieden wurde.

Die Mark Brandenburg und die Kurstimme fielen, da Jodocus ohne Leibeserben starb, quasi automatisch nun an Sigismund, der sich bei der Wahlversammlung am 21. Juli 1411 selbst wählte und dadurch, daß die übrigen Kurfürsten auf ihn einschwenkten, die einstimmige Mehrheit erzielte. (Interessant ist in dem Zusammenhang, daß der immer noch vor sich hinfaulenzende König Wenzel von Böhmen – und als solcher auch Kurfürst – seinen ungeliebten Bruder offenbar klaglos wählte.) Gekrönt wurde er erst 1414, Jodocus war überhaupt nicht gekrönt worden.

Sigismund (oder Sigmund, Siegmund) war zwar, wie gesagt, luxemburgischer, also deutscher Herkunft, Sohn eines Römisch-Deutschen Kaisers, aber kein Reichsfürst, jedenfalls so lange nicht, bis er die Mark Brandenburg erbte. Er war – damals knapp zwanzigjährig – König von Ungarn geworden, hatte dort mit ungeheuren innen- wie auch außenpolitischen Schwierigkeiten zu kämpfen, war sogar einmal von den ihm feindlichen ungarischen Magnaten in Gefangenschaft gehalten worden. Inzwischen waren auch die Türken weit auf dem Balkan vorgedrungen. Ein christliches Heer, das hauptsächlich aus Ungarn bestand, aber auch Aufgebote deutscher, französischer und italienischer Ritter umfaßte und so etwas wie ein letztes Kreuzfahrerheer war, war am 28. September 1396 von den sowohl zahlenmäßig überlegenen als auch – vor allem – besser organisierten und gedrillten Türken unter dem glänzenden Sultan Bajazet bei Nikopolis in Bulgarien vernichtend geschlagen worden. Seitdem standen die Türken vor den Pforten des Reiches, und von da an beherrschte die Türkengefahr dreihundert Jahre lang die Politik des Reiches gegen Südosten. (Konstantinopel, die oströmische Kaiserstadt, hatten die Türken noch nicht erobert, es war jedoch, isoliert am Bosporus, vom osmanisch gewordenen Herrschaftsbereich umgeben. Zwar nicht die Tage, aber die Jahre des bis auf eben die Kaiserstadt zusammengeschmolzenen Ost-Kaisertums waren gezählt.)

Die Schlacht von Nikopolis hatte, dies sei als skurrile Parenthese erzählt, ein bairischer Ritter namens Leonhard Reichartinger mitgemacht, der unter den vielen Gefallenen war, aber sein Knappe Johann Schiltberger überlebte (der Knappe war fünfzehn Jahre alt), kam in Gefangenschaft, rettete seinen Kopf dadurch, daß er in türkische Dienste trat (die Türken pflegten sonst christliche Gefangene, sofern für sie kein Lösegeld zu erwarten war, zu köpfen), kam in einer Schlacht der Türken gegen die Mongolen des Großkhans Timur in dessen Gefangenschaft, kämpfte dann in dessen Heer und später in dem des Khans der »Goldenen Horde«, es gelang ihm aber dann die Flucht ins (grad) noch christliche Konstantinopel, von wo aus er 1427 nach Baiern zurückkehrte. Er verfaßte mit seinem ›Reisbuch‹, seinen Lebenserinnerungen und Abenteuern, die ihn bis Ägypten, Indien und Sibirien geführt hatten, eine, wenngleich oft ungenaue, so doch farbige Schilderung der Welt des späten Mittelalters aus der Sicht von unten.

*

Sigismund, ohnedies in enormen Schwierigkeiten durch die immer noch nicht völlig beseitigte Opposition der Barone im Inneren Ungarns und vor allem durch die dringende Notwendigkeit der wenigstens notdürftigsten Sicherung der Südgrenze Ungarns (und damit Mitteleuropas) gegen die Türken, übernahm mit dem Deutschen Königtum ein so gut wie bankrottes Staatswesen. Wie es um die Finanzen stand, zeigt sich daran, daß Sigismund gezwungen war, ganze Länder zu verpfänden, so die brandenburgische Neumark an den Deutschen Orden (1402). Damals war er noch nicht Deutscher König, verwaltete jedoch das Vermögen des Hauses Luxemburg für seinen Bruder Wenzel den Faulen.

Der Deutsche Orden, der zunächst als karitative Einrichtung im »Heiligen Land« gewirkt hatte, bald zu einem militanten Ritterorden mit dem Ziel gewaltsamer Bekehrung der »Heiden« und der nicht rechtgläubigen Christen – also der Griechisch-Orthodoxen – geworden war und dann im allgemeinen Desaster der Kreuzfahrerstaaten kräftig eins aufs Haupt bekommen hatte, hatte sich nach Nordosten gewandt, wo er die sehr segensreiche Tätigkeit der Bekehrung der noch fröhlich »heidnischen« Pruzzen aufnahm, indem den Heiden mit vorgehaltener Waffe die Religion der Liebe eingebleut wurde. Die Pruzzen und andere kleinere Slawenvölker wohnten in einer staatsrechtlichen Grauzone nördlich des polnischen Königreichs, und dort – im später so genannten West- und Ostpreußen – errichteten die Ordensritter eine festungsgeschützte Zwangsherrschaft. Staatsrechtlich gesehen war dieser Ordensstaat selbständig, gehörte nicht zum Deutschen Reich. Die vielfachen Versuche des Deutschen Ordens, der im Übrigen auch im Reich zahlreichen verstreuten Grundbesitz hatte, weiter nach Livland und ins Baltikum auszugreifen, gehören nicht zur deutschen Geschichte, wohl aber die, wenn man die geographischen Gegebenheiten betrachtet, vorprogrammierten Konflikte des Ordens mit Polen. Gerade um jene Zeit, von der hier im Lauf der Erzählung die Rede ist, kulminierte dieser Konflikt und gipfelte in der Schlacht von Tannenberg (von den Polen »Schlacht bei Grunwald« genannt) vom 15. Juli 1410, in dem ein Ordensritterheer von einem Heer des polnischen Königs Wladislaw Jagiello vernichtend geschlagen wurde. Fast alle Ordensritter kamen um, aber infolge gewisser politischer Konstellationen konnte der polnische König die Unterwerfung des Ordenslandes nicht endgültig ausnützen, der Orden erholte sich und bekam so gut wie alles Land zurück, allerdings gegen eine überaus gigantische Geldzahlung, von der sich der Orden finanziell nie mehr erholte. Die Schlacht von Tannenberg oder Grunwald wurde bis ins 20. Jahrhundert hinein sowohl von deutscher als auch von polnischer Seite propagandistisch hochgespielt, polnischerseits etwa durch den dickleibigen Gewaltschinken ›Die Kreuzritter‹ (dt. 1902) des ›Quo vadis?‹-Verfassers und polnischen Nobelpreisträgers Henryk Sienkiewicz, in dem der Autor besonderen Wert auf die Darstellung der sittlich verderbten, tief korrupten Ordensritter legt, was den historischen Gegebenheiten ziemlich genau entsprechen dürfte.

Vom weiteren Geschick des Ordenslandes und wie es dazu

kam, daß ausgerechnet dieses außerhalb des Reiches liegende, nach den seinerzeit nahezu ausgerotteten Pruzzen »Preußen« benannte Land das Zentrum eines anderen Deutschen Reiches wurde, wird in ferneren Fortsetzungen dieser historischen Erzählung noch ausführlich die Rede sein müssen.

Zurück zu König Sigismund. Das Reichsland, von dem Sigismund die Neumark abzwackte, war eines der Sorgenkinder der luxemburgischen Hausmacht: die Mark Brandenburg, mit der, was sie wichtig und ihren jeweiligen Inhaber einflußreich machte, eine der sieben Kurwürden verbunden war.

Schon zu den Zeiten, als Kaiser Ludwig der Baier die Mark Brandenburg nacheinander zweien seiner Söhne überlassen hatte, kam es zu, gelinde gesagt, Unmutsäußerungen nicht der Bevölkerung, die hatte Maul zu halten und Steuern zu zahlen, sondern der landbesitzenden Barone, derer, die man später märkische oder preußische Junker nannte – sie trugen allerdings damals noch kein Monokel. Die Episode mit dem »falschen Waldemar«, bezeichnend für die gespannte Situation, wurde im zweiten Band dieser Erzählung bereits geschildert. Die Unruhen, die das Land in unglaublicher Weise verwüsteten, dauerten auch unter den luxemburgischen Markgrafen (und Ausbeutern, siehe Kurfürst Jodocus) an, und endlich waren auch die ganzen Quitzows und Bredows und Rochows und Itzenplitz' und Gans zu Putlitz' untereinander zerstritten, zerfleischten gegenseitig ihre Hintersassen, so daß das Land ruiniert war.

Kurz nach der Wahl Sigismunds zum Deutschen König 1411 baten ihn die kurbrandenburgischen Stände, einen fähigen Statthalter in der Mark einzusetzen, und Sigismund, nominell nun selbst Kurfürst von Brandenburg, ernannte den ihm verbündeten Burggrafen von Nürnberg Friedrich VI. zum »rechten Obristen und gemeinen Verweser und Hauptmann« in der Mark. Wenige Jahre später, 1415, verkaufte der König die Markgrafschaft einschließlich der Kurwürde für die sehr hohe Summe von 400 000 Goldgulden an diesen Statthalter, nunmehr also Kurfürst Friedrich I. aus dem Hause Hohenzollern, womit der unaufhaltsame Aufstieg dieses Herrscherhauses einherging – der bewundernswert mit einem fernen anderen Friedrich, König Friedrich II. von Preußen, der mit Recht »der Große« heißt, und abscheulich mit Kaiser Wilhelm II. gipfelt, den ich »Willy mit der Kopfprothese« nenne.

Mit den 400 000 Goldgulden bekam Sigismund die dringend benötigte frische finanzielle Luft, wenigstens auf einige Zeit. Im Übrigen zeigt der Vorgang, mit welcher Unbekümmertheit und Selbstverständlichkeit mit Land und Leuten geschachert wurde, wie mit Handelsware. Die Untertanen zu fragen fiel niemandem von den Oberen auch nur im Traum ein, und selbst die klügsten und gelehrtesten Köpfe, die es doch immerhin gab, fanden nichts dabei.

*

Nicht viel besser stand es mit Böhmen. Dort herrschte (oder besser gesagt: wurstelte) König Wenzel der Faule, auch nachdem er als Deutscher König abgesetzt worden war. Da erbenlos, schloß er schon 1394 mit seinem Bruder Sigismund einen Erbvertrag, und in der Zeit der selbstverschuldeten tiefsten Erniedrigung Wenzels verwaltete Sigismund das Königreich stellvertretend. Aber Wenzel bekam erstaunlicherweise wieder Oberwasser, und Sigismund hatte, außer der Erbanwartschaft in Böhmen, nichts mehr zu sagen. Die von Jan Hus hervorgerufene religiöse und nationale Bewegung dürfte er mit Sorge aus der Ferne beobachtet haben, schon deswegen, weil ein Übergreifen solcher Aufmüpfigkeit auf andere Länder ja nicht als ausgeschlossen zu betrachten war.

So war die Situation, als Sigismund zum Deutschen König

gekrönt wurde: König Wenzel lebte noch und herrschte in Böhmen, Brandenburg und die Kurwürde waren weg und verkauft, die einzige Machtbasis des neuen Königs lag außerhalb des Reiches in Ungarn, und das verderbliche Schisma, aus dem die Reichsfürsten, weil sie einmal diesem, einmal jenem der konkurrierenden Päpste den Gehorsam schworen, Honig sogen, dauerte unvermindert an. Wenigstens war im Westen Ruhe fürs Reich, denn dort klopften seit inzwischen fast hundert Jahren die Engländer und die Franzosen aufeinander ein. Es war, bald nach Sigismunds Krönung, die Zeit der Jeanne d'Arc – aber das gehört nicht zur deutschen Geschichte und ist ja oft genug, so oder so, dargestellt worden.

Sigismund mußte, um im Reich wenigstens einiges im Sinn seiner sicher wohlmeinenden Politik zu bewirken, sich auf wechselnde Koalitionen mit den Reichsfürsten stützen, mit der Pfalz, mit Kurköln, vor allem mit Habsburg, mit dessen derzeit Familienältestem, Herzog Albrecht IV. (dem Sohn des bei Sempach erschlagenen Albrechts III.), mit dem er ein enges Bündnis schloß und mit dessen Sohn, Herzog Albrecht V., er sein einziges Kind, seine Tochter Elisabeth, künftige Erbin der Kronen Ungarns und Böhmens, vermählte. Zeit seiner Herrschaft war Sigismund schon auf das, was die Geschichtsschreibung »Ersatzhausmacht« nennt, angewiesen, auf Paktieren also und Taktieren. Vier Jahre lang, von 1410 bis 1414, betrat er den Boden des Reiches nicht, Ludwig von der Pfalz und Friedrich von Brandenburg waren die stellvertretenden Könige. »So war«, schreibt Peter Moraw im Artikel »Deutschland« im ›Lexikon des Mittelalters‹, »sein Verhalten von Unstetigkeit und Inkonsequenz bedroht, am Ende war seine Selbstbehauptung schon ein rühmenswerter Erfolg.«

Persönlich war Sigismund liebenswürdig, ritterlich und freigebig, auch humanistisch erzogen, sprach sieben Sprachen (Deutsch, Tschechisch, Latein, Französisch, Serbokroatisch, Italienisch und Ungarisch), er war groß, gutaussehend und von einnehmender Gestalt, durchaus vielleicht ein Siegmund im Richard Wagnerschen Sinn, außerdem ein gewaltiger Weiberheld. Daß aus seinen beiden Ehen (die erste mit der Prinzessin Maria von Ungarn und Polen, † 1395, die zweite mit Barbara von Cilly) nur (aus zweiter Ehe) ein einziges Kind, die schon erwähnte Tochter Elisabeth, hervorging, scheint nicht an ihm gelegen zu haben.

Fünftes Kapitel

Im fünften Kapitel wird ein Pirat und Räuberhauptmann einstimmig zum Papst gewählt – das von König Sigismund einberufene Konstanzer Konzil wird zum Großereignis – die katholischen Großschamanen entledigen sich der zu vielen Päpste – die Lehren des Jan Hus wirken wie ein Donnerschlag – im Himmel sitzt er vielleicht zur Rechten Gottes, die Konzilväter nicht.

Das herausragendste Ereignis der ersten Hälfte der Herrschaft König Sigismunds war das Konzil von Konstanz. Nach dem erfolglosen Konzil von Pisa dauerte, wie erwähnt, das Schisma an. Überall in Europa trieben sich Päpste herum: Benedict (XIII.) »residierte« unter dem Schutz des französischen Königs in Perpignan, Gregor XII. war nach dem Ende des Konzils zunächst nach Gaeta in den Machtbereich des ihn anerkennenden Königs Ladislaus von Neapel geflohen, wurde dann jedoch von Ladislaus, als der aus politischen Rücksichten anderen Sinnes geworden war, ausgewiesen und floh weiter nach Rimini, wo dessen Kleindespot Carlo Malatesta noch zu ihm hielt. Alexander V. hatte es mit Hilfe eines Söldnerhaufens unter Herzog Ludwig von Anjou und einem ehemaligen Piraten, notorischen Totschläger und Weiberschänder namens Baldassare Cossa, der aus einer heruntergekommenen neapolitanischen Adelsfamilie stammte, verstanden, die bis dahin von König Ladislaus von Neapel besetzte Stadt Rom zurückerobern zu lassen, wagte es aber doch nicht, dort Residenz zu nehmen, blieb lieber im friedlicheren Bologna, wo er 1410 überraschend starb. Nach alten Berichten erscheint es nicht unwahrscheinlich, daß jener Cossa den Papst vergiftet hatte.

Bei der Aufzählung der Würden des Cossa, Pirat, Räuberhauptmann, Glücksritter, Totschläger, ist eine vergessen: Er war auch Cardinal, wozu ihn der (nach kanonischer Ansicht rechtmäßige) Papst Bonifatius IX. ernannt hatte, weil er diesem in ziemlich zwielichtiger Weise Geld zu beschaffen half. Und eben diesen Cardinal und Ex-Piraten Cossa wählten die Alexander-Cardinäle wenige Tage nach dem Tod Alexanders sogar einstimmig zum Papst. Er nahm den Namen Johannes an und wird, diesmal wohl mit Recht in Klammern, als Johannes (XXIII.) gezählt. Er hatte unter den Fürsten des Abendlandes weitaus den größten Anhang, denn die Könige von England und von Frankreich, ein Teil der deutschen Reichsfürsten und viele italienische Stadtrepubliken erkannten ihn an. Johannes (XXIII.) zog jetzt sogar nach Rom, und ausgerechnet er, der nicht anders denn als Erzschwein auf dem Papstthron zu bezeichnen ist, verurteilte und exkommunizierte Johann Hus. Ein Konzil, das der Ferkel-Papst nach Rom einberief, war so schlecht besucht, daß es ohne Folgen blieb. Und so schrieb König Sigismund, dem wie manchem denkenden Menschen die ekelerregende Lage der Kirche zuwider war, ein Konzil aus, das allgemein und gültig sein sollte, und er wählte als Ort dafür – gegen den Willen der drei Päpste – die deutsche Stadt Konstanz.

Das Konzil trat tatsächlich 1415 zusammen und war glänzend besucht. Zahlreiche Cardinäle (jeder Obödienz) waren anwesend, hunderte Bischöfe und sonstige Prälaten, sehr viele Gelehrte und Doktoren der verschiedensten italienischen, französischen und deutschen Universitäten, weltliche Fürsten, zeitweilig König Sigismund selbst und auch Kurfürst Ludwig »im Bart«, der so etwas wie weltlicher Schirmherr des Konzils war. Die Menge der Bettler, Taschendiebe und Huren, die durch das Konzil angezogen wurden, war nicht mehr zu zählen. Unter den Tagedieben war allerdings auch kein Geringerer als Papst Johannes (XXIII.).

Am 6. April 1415 erließ das Konzil das bemerkenswerte Dekret »Haec sancta«, das nicht weniger festsetzte, als daß der Papst den Weisungen eines allgemeinen Konzils zu folgen habe, daß das Konzil die oberste Instanz für Glaubensfragen sei und, vor allem, einen Papst absetzen könne, was es denn auch wenig später tat. Es setzte zunächst Johannes (XXIII.) ab, der sich scheinheilig dem Spruch beugte, aber in der Nacht von 20. auf 21. Mai 1415, als Pferdeknecht verkleidet, aus Konstanz floh und sofort alles widerrief, allerdings bald doch wieder dingfest gemacht und nach Konstanz zurückgebracht wurde. Nun mußte er noch kleiner beigeben, räumte seine Flucht als schwere Verfehlung ein und gab alle gegen ihn erhobenen – vermutlich völlig zutreffenden – Vorwürfe zu: Korruption, Meineid und ein »verabscheuungswürdiges Leben«. Johannes (XXIII.), nunmehr nur noch Signor Cossa, wurde dem Kurfürsten Ludwig von der Pfalz übergeben, der ihn drei Jahre lang gefangenhielt, dann kaufte sich Cossa (wo hatte er das Geld her? auch ein ungelöstes Rätsel) frei und wurde, siehe da, von Papst Martin V. in Gnaden aufgenommen und wieder zum Cardinal ernannt. Ein schönes Beispiel für den Grundsatz, daß ein wiedergefundenes Schaf wertvoller ist als neunundneunzig nie verlorene? Cossa starb 1419 und wurde in Florenz unter einem kunsthistorisch höchst wertvollen Epitaph von der Hand Donatellos beigesetzt.

Einen Papst war man also los. Gregor XIII. verzichtete nach einigem formalen Hin und Her im Juli 1415 freiwillig. Benedict (XIII.) war der hartnäckigste. Er floh in seine Heimat nach Spanien, wo er sich in der Festung Peniscola verschanzte, eigensinnig und zunehmend verknöchert seine angebliche Rechtmäßigkeit verteidigend, nicht ganz ohne Erfolg, denn obwohl ihn das Konzil 1417 absetzte und aus der Kirche ausstieß, verfügte er in Spanien über eine beträchtliche Zahl von Anhängern und wird heute noch dort als »Papa Luna« verehrt. Immerhin war nach seiner förmlichen Absetzung endlich der Weg frei für die nun von allen Seiten gebilligte Neuwahl, aus der Cardinal Oddo Colonna aus der alten römischen Familie als Papst hervorging und den Namen Martin V. annahm. (Das verhinderte aber nicht, daß fünf Jahre später die unzufriedenen Anhänger Benedicts (XIII.) hintereinander zwei weitere Gegenpäpste wählten, die allerdings nur ephemere Rollen spielten.)

Somit war das eine der Probleme, deren Lösung Ziel des Konzils war, gelöst. Daß eine grundlegende Reform der Kirche »an Haupt und Gliedern« zu erwarten war, glaubte wohl schon bald niemand mehr, und kaum jemand hätte an dieser Reform weniger Interesse gehabt als die Konzilsväter. Ihr Interesse galt der Beseitigung des »Ketzers« Hus, dessen Thesen die Grundfesten des in all den Jahrhunderten versteinerten christkatholischen Glaubens und Aberglaubens erschütterten und, vor allem, das Wohlleben und das Machtstreben der Geistlichkeit, namentlich der hohen, angriffen.

Diese Thesen waren sehr einfach. Wir kennen sie aus einer Schrift des Sigismund Meisterlin, der, obwohl Benedictiner-Mönch, Hus (besser gesagt: seinem Andenken) gegenüber relativ sachlich war. Von den vierundzwanzig hussitischen Artikeln ist der dreizehnte der zentrale: »Es sei genug, daß ein jeglicher Mensch in seinem Herzen Gott bekenne.« Das besagt nichts anderes als die alleinige Rechtfertigung durch den Glauben, wie sie später, mit mehr Erfolg, Luther vertrat. Daß – in guter Konsequenz zu dieser These – Hus den Unfug der Heiligen-, insbesondere der Marienanbetung, die fetischistische Weihwasserverehrung, die Ohrenbeichte und dergleichen faulen Zauber ablehnte, störte die Amtskirche zwar auch, am härtesten aber traf Hus' Lehre, daß Priester dem christlichen Ideal der Armut folgen müssen und daß die Wirksamkeit priesterlicher Handlungen (also Taufe, Gebete, Sündenvergebung usf.) in erster Linie von der sittlichen Integrität des Priesters abhängt. Hätte diese Forderung Hus' für die ganze katholische Kirche Geltung erlangt, wären in Anbetracht der pfründenfetten Pfaffen, der machtgeilen Prälaten, der sittenlosen Klerikalwüstlinge vermutlich neunzig Prozent aller religiösen Handlungen ungültig gewesen. (Heutzutage, muß man einräumen, wären es wahrscheinlich nur noch dreißig Prozent.)

So versteht es sich, daß Hus' Lehren bei der Bevölkerung ein offenes Ohr fanden und bei den katholischen Großschamanen wie ein Donnerschlag wirkten. Die einhellige Meinung war: Hus muß weg.

Er wurde vors Konzil geladen. Er kam nur, weil ihm König Sigismund freies Geleit zusicherte, und zwar sogar schriftlich. Zunächst konnte sich Hus relativ frei bewegen, konnte, allerdings mit Einschränkungen, seine Lehre vor den Konzilsvätern verteidigen – es half ihm nichts. Wir haben verschiedene zeitgenössische Berichte von diesem »Prozeß« gegen Hus (z.B. Ulrich von Richental mit gegen Hus böswilliger, Peter von Wladoniowitz mit freundlicher Tendenz); aus allen geht hervor, daß das nur ein Scheinprozeß war. Hus war schon verurteilt, weil man ihn um jeden Preis verurteilen wollte. Da aber selbst den konziliaren Betonköpfen klar war, daß Hus, im Grunde genommen und gemessen an den Aussagen des Evangeliums, recht hatte, daß genau genommen nicht *er* Ketzer, sondern sie, die Amtskirche, ketzerisch und häretisch war, wurden Hus Behauptungen untergeschoben, die er gar nie gemacht hatte, zum Beispiel, daß er aus der Dreifaltigkeit eine Vierfaltigkeit habe machen wollen. Die verzweifelt hinausgeschriene Frage Hus', man solle ihm doch die Stelle zeigen, wo er das geschrieben habe, wurde nicht beantwortet.

Vergeblich pochte Hus auch auf das ihm feierlich zugesicherte freie Geleit. Der wortbrüchige König Sigismund argumentierte feig: Da Hus Ketzer sei, gelte ein ihm gegebenes Versprechen nicht. Am 6. Juli 1415 wurde Johannes Hus bei lebendigem Leib verbrannt. Er starb wahrhaft christlich und aufrecht, betete trotz allen unvorstellbaren Qualen bis zuletzt und vergab ausdrücklich seinen Peinigern.

Wenn es einen Himmel gibt, sitzt Jan Hus als Gerechter dort zur Rechten Gottes – und die Konzilsväter von Konstanz samt Sigismund dem Wortbrüchigen nicht.

Sechstes Kapitel

Im sechsten Kapitel täuscht sich der wortbrüchige König Sigismund gewaltig – der Papst belfert eine Kreuzzugsbulle, die vor Geifer nur so trieft – Sigismunds Heere werden von den Hussiten wieder und wieder geschlagen – die geistige Wahrheit verhilft dabei zu ungeahnten Kräften.

Wenn sich König Sigismund, der Wortbrüchige, eingebildet haben sollte, daß mit der Verbrennung des Jan Hus und seines Freundes, des Magisters Hieronymus von Prag, im Jahr darauf die hussitische Bewegung unterdrückt wäre, hatte er sich gewaltig getäuscht. Mit Hus' Tod ging es erst richtig los.

Schon 1415 hatten 452 böhmische Barone und Ritter ein Schreiben an das Konzil gerichtet, in dem sie sich gegen den Vorwurf der Ketzerei verwahrten. Das Schreiben blieb natürlich unbeachtet. Es zeigt aber, daß inzwischen die von Jan Hus ausgelöste Bewegung nicht nur auf die niedrigen Volksschichten beschränkt blieb. Einer dieser Barone, der Ritter Ziska von Trocnow, wurde bald einer der Führer der Hussiten und lehrte König und Papst das bleiche Fürchten. Auch wenn sich die hussitische Bewegung, die eigentlich eine Reformation war, in mehrere Richtungen aufspaltete, ergriff sie bald nach Hus' Tod ganz Böhmen und Mähren. Die beiden Hauptrichtungen waren die »Prager« oder »Calixtiner«, die relativ gemäßigt waren und sich auf vier Forderungen beschränkten: Predigt des Evangeliums in tschechischer Sprache, Abendmahl in beiderlei Gestalt auch für Laien, Herstellung der Kirchenzucht der Priester und Abschaffung von deren weltlichen Besitztümern. Dagegen erhoben die weit strengeren, republikanisch und zeitweise förmlich idealkommunistisch gestimmten »Taboriten« viel weiter gehende Forderungen: Abschaffung des Heiligenkultes, des Priesteramtes, der Feiertage, völlige Reinigung des Kultes bis hin zum urchristlichen Ideal. Es sei nicht verschwiegen, daß es – wie wohl immer – fundamentalistisch-groteske Auswüchse gab wie etwa die »Adamiten«, die den Gottesdienst in »paradiesischer Nacktheit« feierten. Sie waren dermaßen sektiererisch, daß sie von ihren eigenen Glaubensgenossen, den Calixtinern, massakriert und ausgerottet wurden.

Noch unter König Wenzel verbreitete sich, trotz und gerade wegen des Martyriums des Jan Hus, die hussitische Reformation über ganz Böhmen und Mähren. Katholische Priester wurden davongejagt und durch hussitische ersetzt, an die fünfhundert Kirchen und Klöster zerstört. Wenzel stand dem, wie schon erwähnt, nicht feindlich gegenüber. Ich vermute allerdings, daß »dem Faulen« die religiöse Frage ziemlich gleichgültig war, und der politische Aspekt freute ihn, weil das die anderen, namentlich seinen Bruder Sigismund, ärgerte. Kurz vor Wenzels Tod im August 1419 erreichte die hussitische Bewegung ihren ersten Höhepunkt. Am 30. Juli 1419 stürmten die Hussiten unter Ritter Ziska das Prager Rathaus und warfen dreizehn katholische Räte und einen Richter aus dem Fenster. Im Gegensatz zum zweiten »Prager Fenstersturz« (zweihundert Jahre später) überlebten die hier »Defenestrierten« die Prozedur nicht, denn sie stürzten in die unten hochgehaltenen Spieße der Menge.

Nach Wenzels Tod wollte König Sigismund sein Erbe antreten und mit der von Böhmen nun seine dritte Königskrone einsammeln. Doch die Hussiten hatten seinen Wortbruch Jan Hus gegenüber nicht vergessen. Sigismund konnte sich überhaupt nicht bis Prag vorwagen und mußte die etwas kläglich ausgefallene »Huldigung der Stände« im (noch) ruhigeren Brünn entgegennehmen. Dann marschierte er um Böhmen herum und begann in Breslau ein Heer zum Kampf gegen die Hussiten aufzustellen. Das hatte allerhöchsten päpstlichen Segen, denn Martin V. belferte am 1. März 1420 eine Kreuzzugsbulle, die vor Geifer nur so triefte, gegen die so abscheulichen, dem urchristlichen Glauben huldigenden Ketzer. Der Haß der geballten Unmoral unter der Tiara war so groß, daß man zu vermuten geneigt ist: päpstlicherseits wußte man sehr gut, wie recht die Hussiten hatten.

Der päpstliche Kreuzzugssegen half nichts, auch nicht, daß Sigismund, nunmehr völlig wild und halsstarrig geworden, als ihm die böhmische Krone zu entgleiten drohte, zum allgemeinen Kreuzzug aufrief. Das Echo war spärlich. Die meisten Fürsten und Städte scherten sich wenig um Sigismunds böhmische Angelegenheiten, und so mußte der König allein mit seinem Heer gegen die Hussiten ziehen. Er steckte Niederlage auf Niederlage ein, die schlimmsten Schläge bekam er in der Schlacht am Berge Vitkov im Januar 1421. Zuvor schon hatte Sigismund versucht, mit den gemäßigten Hussiten, den Calixtinern, zu verhandeln, aber die berserkerhafte Wut der päpstlichen Curie schmiedete die verschiedenen Richtungen der Hussiten zum Abwehrkampf zusammen, und sie bildeten, jedenfalls zumeist, eine geschlossene Front gegen den König, der letzten Endes sogar Prag preisgeben mußte.

Die Erfolge der Hussiten beruhten zum einen auf der eher desolaten Führung und der Disziplinlosigkeit des königlichen Söldnerheeres, zum anderen selbstverständlich auf dem Umstand, daß die Hussiten wußten, wofür sie kämpften, und von ihrer Sache überzeugt waren, dann auch auf dem überlegenen Feldherrntalent des Ziska von Trocnow und des Generals der Taboriten Niklas von Hussinetz.

Sigismunds Heere wurden wieder und wieder geschlagen.

Auf die Niederlage von Deutsch-Brod 1422 folgte die Niederlage des österreichischen Hilfsheeres in Mähren 1424 (Herzog Albrecht V. von Österreich war einer der wenigen Fürsten, der dem Aufruf Sigismunds folgte; freilich, er war als einer der unmittelbaren Nachbarn besonders gefährdet.) Im gleichen Jahr 1424 starb Ziska, was einen schweren Verlust für die Hussiten bedeutete, der jedoch bald dadurch ausgeglichen wurde, daß in Prokop »dem Kahlen«, einem hussitischen Adeligen, ein neuer, womöglich noch fähigerer, glühender Führer erwuchs. (Jan Ziska oder Zizka wurde bald nach seinem Tod die Galionsfigur des tschechischen Nationalismus. Er hatte alles, was eine solche Figur an Charisma brauchte, so etwa war er seit 1421 auf beiden Augen erblindet und führte dennoch seine straff geordneten und geübten Hussitenscharen von Sieg zu Sieg.)

1426 endlich traf die königlichen Truppen der vorerst entscheidende Schlag bei Aussig, und Sigismund mußte erkennen, daß den Hussiten, denen inzwischen der Ruf der Unbesiegbarkeit vorauseilte und in fremden Heeren lähmenden Schrecken verbreitete, mit militärischen Mitteln nicht Herr zu werden war. Verhandlungen und Kompromisse mit den gemäßigten Calixtinern, zu denen Sigismund nun bereit gewesen wäre, wurden von der päpstlichen Curie kreischend verboten. Leider hielt sich Sigismund daran.

Ab 1426 regierten die Hussiten in Böhmen, und ab 1427 begannen sie, religiöse Propaganda zu betreiben, verfaßten Flugschriften und verschickten Abhandlungen über ihren inzwischen auch ideologisch gefestigten Glauben an alle Universitäten. Die hussitische Bewegung griff – zum Teil im Geheimen – auf die Slovakei, auf Ungarn, Polen und Deutschland über. Dabei waren die Hussiten untereinander alles andere als – bis auf den Widerstand nach außen – einig. Die Unterschiede zwischen Calixtinern und Taboriten hatten sich verschärft, von der Ausrottung der extremen Adamiten war schon die Rede. Kämpfe zwischen rivalisierenden Hussiten waren oft blutiger und grausamer als die gegen die königlichen Heere. Nur noch raubende und mordende Hussitenbanden durchstreiften sächsische und fränkische Gebiete und hinterließen Leichenberge und verbrannte Erde – entgegen der gemäßigten Politik der Calixtiner, die durchaus einen Ausgleich mit dem König und der katholischen Kirche, als deren Mitglieder sie sich immer noch fühlten, anstrebten.

Man wundert sich, daß eine in sich so zerstrittene, sich blutig befehdende Bewegung nach außen hin dennoch solche Erfolge erzielen konnte. Es spricht das für ihre Stärke, und es kam wohl daher, weil sie – vielleicht, nein: gewiß zu Recht – die geistige Wahrheit auf ihrer Seite wußte.

Siebentes Kapitel

Im siebenten Kapitel ist die Lage auch fern der Hussitenkriege instabil – bairische Vettern vierteilen das Land – eine »Millionentochter« verhilft ihrem Gatten zu dem Beinamen »der Reiche« – die Bernauerin wird Auslöser amouröser Eskapaden – in gehobenen Kreisen verbreitet sich die Bastardenzeugung – die Bernauerin wird von poetischen Zutaten überkrustet – in den Habsburger Landen wird ein Herzog seiner Länder verlustig erklärt – aus dem Friedl mit der leeren Tasche wird ein reicher Fürst.

Die Hussitenbewegung und – noch nicht im gleichen Maß – die Türkengefahr überschatten im Rückblick (und überschatteten auch damals) die Ereignisse, die sich sonst im Reich zutrugen, obwohl einiges davon von weiter reichender Bedeutung war. Von der Übertragung der Mark Brandenburg und dem Verkauf der Kurwürde an die Hohenzollern war schon die Rede. Friedrich, nun Kurfürst Friedrich I., konnte sich aber im Grunde genommen gegen die Opposition der märkischen Junker nicht durchsetzen. Er zog sich in seine fränkischen Stammlande zurück, betrieb als Freund und Verbündeter König Sigismunds in dessen Sinn ein wenig Reichspolitik, sein Traum, dereinst zum Nachfolger Sigismunds gewählt zu werden, erfüllte sich nicht. Seinem Sohn Friedrich II., ungleich tüchtiger als sein Vater, gelang es, die Macht der Junker und der Geistlichen in der Mark zurückzudrängen und seine Dynastie endgültig dort festzusetzen.

Günstiger standen die Dinge für einen anderen Friedrich. 1423 starb mit Kurfürst und Herzog Albrecht III. von Sachsen, der in Wittenberg residiert hatte, die sächsische Linie der Askanier aus. Es gab zwar noch die anhaltinische Linie des Hauses, die Anspruch auf das Erbe erhob, ihn jedoch nicht durchsetzen konnte. König Sigismund betrachtete das Herzogtum Sachsen als erledigtes Lehen und verlieh es an Friedrich von Wettin, Markgraf von Meißen, der durch glückliche Erbumstände im Lauf weniger Jahre alle wettinischen Lande (im heutigen Sachsen, Sachsen-Anhalt und Thüringen) eingesammelt hatte, ein beträchtliches Territorium, und nun diesen Besitz durch Sachsen-Wittenberg abrundete. Außerdem wurde er, nun Kurfürst Friedrich I. von Sachsen, einer der einflußreichsten Reichsfürsten. Im Gegensatz zu seinem Namensvetter in Brandenburg gelang es ihm, trotz der Instabilitäten durch die Hussitenkriege, sofort eine dauerhafte Regierung in seinem neuen Länderkonglomerat zu errichten. König Sigismund hatte mit dieser Belehnung den Umstand belohnt, daß der Wettiner als einer der wenigen Reichsfürsten dem »Kreuzzugsaufruf« gegen die Hussiten gefolgt war, freilich so glücklos wie alle anderen auch. Sein sächsisches Ritterheer wurde 1426 bei Aussig von den Hussiten ausradiert.

Der intrigante und über das sonst bei Kirchenfürsten übliche Maß machtgierige Kurfürst und Erzbischof Johann II. von Mainz war zwar 1419 – endlich – abgekratzt (so wird wohl Kurfürst Ludwig III. von der Pfalz heimlich gesagt haben), aber die Querelen, mehr oder wenig offen, selbstredend immer auf dem Rücken der Kleinen ausgetragen, dauerten an und machten die politische Situation auch im Südwesten des Reiches, fern der »Hussitenplage«, instabil.

Die bairischen Vettern der Pfälzer Wittelsbacher hatten ihr Land vielfach geteilt, zur Zeit König Sigismunds gab es vier Linien: zu Ingolstadt, zu Landshut, zu München und zu

Straubing. Die Straubinger Linie starb 1425 mit Herzog Johann aus, der gleichzeitig Graf von Holland und Bischof von Lüttich gewesen war. Das Erbe wurde unter den anderen Linien aufgeteilt, die bedeutende Stadt Straubing fiel an die Linie München und erhielt den dortigen Erbfolger Herzog Albrecht III. zum Statthalter. Seine Bedeutung ist politisch gleich null, dennoch erregte er – lang nach seinem Tod – kulturhistorische Turbulenzen, die, weil in verschiedener Hinsicht beispielhaft, weiter unten erwähnt werden sollen; das Stichwort heißt: *Bernauerin*.

Eigentlicher Senior der Münchner Linie war Herzog Ernst. Die seinerzeit von Herzog Heinrich dem Löwen gegründete, zunächst unbedeutende Ansiedlung München (der heutige Stadtteil Pasing war größer und bedeutender) war dadurch, daß Kaiser Ludwig der Baier hier Residenz nahm und sie dann zum Mittelpunkt einer der Linien der bairischen Wittelsbacher wurde, die nach und nach alle anderen Linien beerbte, langsam zu einem der wichtigsten Handels- und Geldplätze Süddeutschlands geworden. Im 15. Jahrhundert war München mit ca. fünfzehntausend Einwohnern eine sehr volkreiche Stadt, am damaligen Maß gemessen. Freilich war es jedoch noch nicht so weit, daß sie als wittelsbachische Hauptstadt zählte. In Ingolstadt regierte Herzog Ludwig VII. der Bärtige, ein kriegerischer und abenteuerlicher Herr, französisch erzogen und geprägt (seine Schwester Elisabeth war als »Isabelle« oder Reine Isabeau die Gemahlin König Karls VI. von Frankreich und spielte in der dortigen Geschichte und im literarischen Nachleben im Zusammenhang mit Jeanne d'Arc eine große Rolle). Er lag mit seinen Vettern ständig im Krieg, verursachte einen der nicht seltenen Bairischen Erbfolgekriege (1420/22 – um eben jenes Straubinger Erbe), führte sich dermaßen berserkerhaft auf, daß er sowohl von kirchlicher Seite in den Bann und sogar in den verschärften Bann und von König Sigismund in die Reichsacht getan wurde. (Die Tatsache des Kirchenbannes spricht in meinen Augen allerdings eher wieder *für* ihn.) Er starb, seiner Herrschaft entkleidet, in der Haft.

Etwas friedlicher ging es in Landshut zu, einer damals sehr reichen und glänzenden Stadt, nicht viel kleiner als München, der Residenz des Herzogs Heinrich XVI. (nach anderer Zählung IV.), dessen Mutter eine der »Millionentöchter« des Bernabò Visconti, Herr von Mailand, war, wegen ihrer überaus enormen Mitgift so genannt. Nicht ohne Grund hieß Herzog Heinrich unter anderem wegen dieses Erbes »der Reiche«. Als – später – die Ingolstädter Linie ausstarb, brachte er deren ganzes Teilgebiet an sich und herrschte damit über zwei Drittel des wittelsbachischen Baiern. Noch sein Sohn Ludwig und sein Enkel Georg hießen, wohl mit Recht, jeweils »der Reiche«. Dieser Georg heiratete eine polnische Königstochter, und die legendär prachtvolle Hochzeit ist den Landshutern heute noch in Erinnerung und wird alle vier Jahre historisch (möglichst) getreu nachgestellt und gefeiert.

Herzog Albrecht III. von Baiern-München, 1401 in München geboren, wie erwähnt zu Lebzeiten seines Vaters Ernst, des Chefs der Linie, Statthalter von Straubing und finanziell durch das Erbe seiner Mutter, auch einer der »Millionentöchter« des Bernabò Visconti, unabhängig, war das, was man heute einen Playboy nennen würde. Ritterspiele, Vergnügungen, Damenbeglückung und der Weinkonsum waren seine Hauptbeschäftigungen. Bei einem Turnier in Augsburg lernte er eine, wie man damals sagte, »niedere Person« kennen, die Tochter eines Mannes namens Bernauer, der, so die Legende, Bader in Augsburg war und eine der so beliebten wie in verruchtem Leumund stehenden Badstuben (mit, so ist zu vermuten, angeschlossenem Bordell) betrieb. Allerdings ist kein Bader Bernauer in Augsburg um die Zeit nachweisbar, vielleicht war Bernauer nur Baderknecht, nicht der

Bordellwirt. Jedenfalls aber half seine schöne Tochter im Betrieb aus. Sie hieß der später entstandenen, gloriolenumkränzten Legende nach Agnes, in den wenigen, sehr dürftigen Quellen heißt sie auch Anna oder »Engel«, Angelica. Herzog Albrecht verliebte sich in die Bernauerin, im Jahr 1432 oder 1433. Das war nicht ungewöhnlich. Bemerkenswerter war es dann, daß Albrecht die »Badhur«, wie mißgünstige Quellen sie nannten, mit nach München und Straubing nahm und sie sogar heiratete. Das ist allerdings schon fast wieder Legende, denn einen handfesten Quellennachweis für die Eheschließung gibt es nicht, wohl aber für eine Tochter, die dieser Verbindung entsproß.

Nun waren solche amourösen Eskapaden unter Fürstlichkeiten nicht nur nicht selten, sondern sogar die Regel. Der einzige König unter den Königen von Frankreich, der keine Mätressen und keine unehelichen Kinder hatte, Ludwig IX. (1226–1270), galt allein schon deswegen als Heiliger (1296 kanonisiert: Saint Louis). Die Kebsweiber der Fürsten, Bischöfe, Päpste und Kaiser und Könige wurden in Gold und Edelsteinen gehalten, von den legitimen Erben meist aber nach dem Tod des Alten in die Wüste geschickt, den Bastarden eröffneten die Väter nicht ungern eine geistliche Karriere. Manche Bastarde begründeten illegitime Nebenlinien ohne Thronfolgerecht, jedoch mit reichen Apanagen. Berühmt war der »Bastard von Orléans«, Jean Graf von Dunois (ca. 1402–1468), illegitimer Sohn des Herzogs Ludwig von Orléans, der bedeutendste Heerführer Frankreichs in der letzten Phase des Hundertjährigen Krieges, einer der Kampfgenossen der Jeanne d'Arc, der »Jungfrau von Orléans«. Noch in Schillers Drama (das seltsamer-, vielleicht bezeichnenderweise »Eine romantische Tragödie« heißt) kommt dieser »Bâtard d'Orléans« vor. Mit den Worten: »Mein Herz erkor sie, da sie niedrig war…« wirbt er um die Jungfrau – was allerdings nicht historisch fundiert ist. Wie weit verbreitet die fröhliche Bastardenzeugung in gehobenen Kreisen war, zeigt das von Isenburg/Freytag-Loringhoven begründete Monumentalwerk ›Europäische Stammtafeln‹: vier dicke Bände sind den Genealogien »Nichtstandesgemäßer und illegitimer Nachkommen der regierenden Häuser Europas« gewidmet.

Gegen Bastarde hätte Herzog Ernst also wohl nichts einzuwenden gehabt – hatte selbst mindestens drei von seiner außerehelichen Gespielin Anna Kräzl: Mattheis, Hans und (was das für ein Name ist, ist mir unklar) Osann, alle drei um 1435 geboren, also Drillinge, das war um die Zeit der Affaire seines legitimen Sohnes Albrecht mit der Bernauerin. Albrecht hatte übrigens vorher schon eine uneheliche Tochter: Sybilla Newfarnerin, die er 1444 mit seinem (und anderer Fürstlichkeiten) Leibarzt Dr. Johannes Hartlieb verheiratete, der einer der fortschrittlichsten Mediziner seiner Zeit war und auch Schriftsteller nicht nur von damals bedeutenden Fachschriften, sondern auch von belletristischer Literatur.

Daß ein Fürst sein »Kebsweib« geheiratet hat, war bis auf die Zeit, von der hier die Rede ist, relativ selten. Ein Fall war der König Lothars II., Urenkel Karls des Großen und Herrscher über das (nach ihm) Lothringen genannte Teilreich. Er verstieß seine rechtmäßige Gemahlin Teutberga und heiratete eine aus bürgerlichem Stand stammende Waldrade. (Dieser Fall war deshalb verschärft, weil nicht nur unebenbürtige Ehe, sondern außerdem Bigamie vorlag.) Die Kinder aus Lothars Ehe mit Waldrade wurden von der Erbfolge ausgeschlossen, was mit dazu führte, daß Lothringen für tausend Jahre der Zankapfel zwischen Deutschland und Frankreich wurde. Ein anderer Fall spielte vierhundert Jahre später: König Philipp II. »Augustus«, der berühmte Kreuzfahrer, heiratete in dritter Ehe Agnes, die »nur« Gräfin von Meran und damit nicht ebenbürtig war. Der Versuch des Königs, den Sohn aus dieser Ehe, den Grafen Philipp von Clermont, als ebenbürtig und erbberechtigt anzuerkennen, führte fast zu einem Bürgerkrieg.

Wie die Dinge damals in Baiern gelaufen sind, läßt sich aus den dürftigen Quellen nur schwer ermitteln. Jedenfalls scheint sich die ehemalige Badershelferin in München schon ziemlich großspurig aufgeführt und damit (auch bei den Bürgern) recht unbeliebt gemacht zu haben. Ob nun der offenbar immer noch stockverliebte, strohdumme und der Bernauerin blind hörige Herzog Albrecht sie tatsächlich schon geheiratet hatte oder dies, vielleicht auf Drängen der Bernauerin hin, nur erst beabsichtigte und in die Wege leitete – jedenfalls sah der alte Herzog Ernst verderbliche Auseinandersetzungen für die Zukunft heraufdrohen, zumal Agnes (oder Anna oder Engel), scheint's, noch weiteren Ehrgeiz entwickelte, nämlich *Herzogin* zu werden, also als legitime und ebenbürtige Ehefrau anerkannt zu werden.

Die Rechnung Herzog Ernsts war klar: Zwar konnte die Erbfolge Albrechts von niemandem angefochten werden, auch wenn er nicht standesgemäß verheiratet gewesen wäre. Aber wenn er, was Herzog Ernst wohl bei dem verblendeten Starrsinn seines Sohnes befürchtete, eventuellen Söhnen der Bernauerin den Herzogstitel dereinst vermacht hätte (was er rechtlich gar nicht gekonnt hätte), wäre das unzweifelhaft von den Ingolstädter und Landshuter Vettern nicht anerkannt worden, die dann das Münchner Erbe geltend gemacht hätten, und es wäre wieder einmal zwar nicht zum Bruder-, aber zum Vetternkrieg gekommen. Schön ist es freilich nicht, was Herzog Ernst getan hat: in geschickt eingefädelter Abwesenheit Albrechts die Bernauerin beim Kopf packen und – ohne jedes Gerichtsverfahren – in der Donau ertränken...

Herzog Albrecht beruhigte und versöhnte sich mit seinem Vater sehr bald. Sie errichteten gemeinsam eine schöne Sühnekapelle, die heute noch steht; allerdings ist das Bildnis der

Bernauerin in der Kapelle nicht zeitgenössisch, sondern aus späterer Zeit. Die Bernauerin war am 12. Oktober 1435 ertränkt worden, schon im Januar 1437 heiratete Herzog Albrecht standesgemäß eine Prinzessin aus dem Hause Braunschweig, zeugte mit ihr zehn Kinder, und mit einer namentlich nicht bekannten Dame einen Sohn, Albertus de Curia, später Dr. iur. und Domherr zu Freising, sowie mit einer Bürgerstochter aus der Münchner Patrizierfamilie Ligsalz einen Johannes Neuhauser oder Neunhauser, der später Domdechant von Regensburg und sogar Kanzler in München und Mitglied der vormundschaftlichen Regierung als illegitimer Onkel für seinen Neffen Wilhelm V. wurde.

Hat Herzog Ernst einen Mord begangen (juristisch gesprochen: in mittelbarer Täterschaft) und damit einen Bürgerkrieg und zahlreiche Morde verhindert?

Die Legende sieht es anders. Das Geschick der Bernauerin wurde bald Gegenstand von Balladen und Liedern, romantisch umrankt; je länger die Sache dann zurücklag, desto schöner wurde sie, desto bösartiger Herzog Ernst. Als die ernsthafte Geschichtsschreibung sich mit der Angelegenheit befaßte (mit J. Trittheims ›Annales Hirsaugienses‹ und Werlichins' ›Chronica der Stadt Augspurg‹ 1514 bzw. 1515), war sie längst von poetischen Zutaten überkrustet. Von Hofmannswaldau im 17. Jahrhundert bis Otto Ludwig im 19. Jahrhundert zog die tragische Liebesgeschichte immer wieder die Dichter an, wobei die so rasche Versöhnung des glühenden Liebhabers Albrecht mit seinem teuflischen Vater Ernst naturgemäß große Schwierigkeiten bereitete und entweder umgedeutet, zurechtgebogen oder schlichtweg als dramatisch unpassend weggelassen wurde – wie bei den großen Adaptionen des Stoffes bei Friedrich Hebbel und Carl Orff. Und der Versuch bei Hebbel und Orff, aus der schönen Baderstochter eine tragische Volksheldin zu machen, entbehrt schon jeder historischen Grundlage.

Ich habe diesen Exkurs aus der bairischen Geschichte des ausgehenden Mittelalters, die für den großen Gang der deutschen Geschichte oder gar der Weltgeschichte keine Bedeutung hat, nicht eingeschoben, um Herzog Ernst reinzuwaschen oder eine nun tatsächlich, sei es so oder so gewesen, unglückliche und bedauernswürdige junge Frau, die Opfer eines Staats-Mordes war, schlechtzumachen, sondern um erstens zu zeigen, welche Lebensvorstellungen trotz aller christlichen Moral in fröhlicher Verlogenheit vorherrschten, namentlich in »höheren« Kreisen, und zweitens, um ein Beispiel anzuführen, wie wenig historisch Faßbares übrigbleibt, wenn man an Legenden zu kratzen beginnt.

(Wie wenig Historisches, das heißt Wahres, bleibt an der Legende, die Jesus Christus heißt, übrig, deren Grundtatsachen noch eineinhalb Jahrtausende weiter zurückliegen?)

Zurück zum Gang der deutschen Geschichte. Neben den schon erwähnten Kurhäusern Brandenburg und Sachsen, deren Herrschaftswechsel erwähnt wurde, neben Kurpfalz und Baiern war das Herzogtum Österreich, wenngleich durch viele geistlich-territoriale Einsprengsel (Brixen, Gurk, Seckau, auch Regensburg, Passau, Freising u. a.) beeinträchtigt, ein weiteres großes, einigermaßen zusammenhängendes Land im mehr und mehr durch kleine und winzige Landesherrlichkeiten aufgesplitterten Deutschen Reich.

Auch der habsburgische Herrschaftsbereich war geteilt: im eigentlichen Österreich mit der Residenz Wien regierte seit 1404 Albrecht V., der Schwiegersohn König Sigismunds und dessen designierter Erbe – von ihm wird noch die Rede sein müssen. Die anderen habsburgischen Länder vererbte der bei Sempach erschlagene Herzog Leopold III. an seine Söhne, von denen zwei überlebten und das Erbe wiederum teilten. In der Steiermark und in Kärnten regierte, mit der Residenz Graz, Herzog Ernst »der Eiserne«, so genannt wegen seiner eisernen Muskelkraft, der erste österreichische Herzog, der sich *Erzherzog* nannte; Tirol und die »österreichischen Vorlande«, nämlich Vorarlberg und die Besitzungen, die dem Haus Habsburg im Breisgau und in der Schweiz verblieben waren, verwaltete seit 1404 Herzog Friedrich IV., der, wie es manchmal in alten Chroniken heißt, »ein unruhiger Herr« war.

Er gehörte in der Zeit des Schismas zu den Anhängern Johannes' (XXIII.) – warum? Vielleicht machte er sich keine großen Gedanken darüber. Ein Papst ist so gut und so schlecht wie der andere. Aber Johannes (XXIII.) begab sich in Konstanz ausdrücklich in den Schutz Friedrichs, der ihm sogar zur Flucht verhalf, und zwar so, daß der Herzog vor den Toren ein Turnier veranstaltete, in dessen Tumult es dem Papst gelang, als Pferdeknecht verkleidet zu entkommen. König Sigismund war so erzürnt, daß er den Herzog sofort in die Acht tat und seiner Länder verlustig erklärte.

Der Hintergrund des königlichen Zorns wird klar, wenn man erfährt, daß Sigismund sofort große Teile der schweizerischen Besitzungen Friedrichs, namentlich im Aargau, an die Eidgenossen verkaufte, was der werdenden Schweiz zu günstiger Abrundung, dem König zu finanziellem Atemholen verhalf. Herzog Friedrich floh nach Tirol, wo er bei der Bevölkerung sehr beliebt war, mußte sich allerdings verstecken, weil er nicht weniger als vierhundert Fehdebriefe zugeschickt bekam. Die »Fehde« war ein altgermanisches Rechts- oder besser gesagt Unrechtsinstrument, das sich auch in seiner Verfeinerung und Milderung im Lauf des Mittelalters nicht stark vom Faustrecht unterschied. Ein Fehdebrief war nichts anderes als eine private Kriegserklärung und in bestimmten Fällen, so etwa bei Acht und Bann des Befehdeten, rechtlich zulässig. Im Falle Friedrichs hieß das, daß vierhundert Adelige und Ritter (andere, Bauern und Bürger etwa, auch Geistliche durften keine Fehde führen, auch Frauen und Juden nicht, wohl aber Städte als solche), die die

Sache eigentlich gar nichts anging, nur darauf warteten, ihn straflos zu erschlagen, wenn er ihnen begegnete. Einen Geächteten ohne vorherigen Fehdebrief zu erschlagen, war strafbar... doch immerhin ein schöner Zug des lichter werdenden Mittelalters.

Herzog Friedrich, der von diesem Wellental seines Erdenlebens den Beinamen »mit der leeren Tasche« in die geschichtliche Überlieferung mitnahm, zog es nun vor, beim König um Gnade zu bitten, die ihm nach einigem Murren auch gewährt wurde. Die Schweizer Besitzungen bekam er freilich nicht zurück, wohl aber die Grafschaft Tirol, die unterdessen sein Bruder Ernst an sich gerissen hatte.

In Tirol stützte Friedrich seine Herrschaft auf die Bauern, denen er große Freiheiten einräumte, sie sogar in die »Landstandschaft« aufnahm, d. h. in die das Volk vertretenden Stände. Der Bauernstand war damit in Tirol so frei wie nirgendwo sonst im Reich, außer in der Eidgenossenschaft. Den Tiroler Baronen und Junkern, denen von Rottenburg, von Stackenburg, von Wolkenstein, denen das natürlich nicht paßte, zeigte Friedrich erfolgreich die Faust, und zwar endgültig und auf Dauer auch für spätere Zeiten. (Von einem der Wolkensteiner wird im nächsten Teil der Erzählung in ganz anderem Zusammenhang zu reden sein.)

Durch die zielstrebige Förderung des Silberbergbaus in Gossensass und in Schwaz steigerte Friedrich sein Einkommen und das des Landes (was nach damaliger Ansicht so ziemlich dasselbe war) so beträchtlich, daß er, seinem historischen Spitznamen hohnsprechend, einer der reichsten Fürsten seiner Zeit wurde und bei seinem Tod 1439 seinem Sohn Sigismund eine Million Goldgulden hinterließ. Dieser Erzherzog Sigismund (Erzherzog nun also auch) hieß deshalb »der Münzreiche« – und verpulverte alles binnen weniger Jahre.

Herzog Friedrich, der sich auch gern als tirolischer

»Harun-al-Raschid« betätigte und unerkannt unters Volk mischte, um dessen wahre Meinung zu erfahren, ist als »Friedl mit der leeren Tasche« heute noch eine Symbolfigur tirolischen Selbstverständnisses und nicht die unsympathischste.

ACHTES KAPITEL

Im achten Kapitel versammeln sich Fürsten an königlosen Tagen – die Päpste halten die Hand schützend über die kirchliche Unmoral – ein Cardinallegat bezieht Schläge – die Hussiten erreichen auf dem Konzil zu Basel Erstaunliches – Kaiser Sigismund stirbt, bevor sein gegebenes Wort durchlöchert wird.

Die zweite Hälfte der Regierungszeit König Sigismunds glänzte hauptsächlich durch dessen Abwesenheit vom Reich. Von 1426 bis 1430 hielt er sich in Ungarn auf, das von außen von den Türken und im Inneren noch immer vom Nachgrollen der Magnatenrevolten der vergangenen Jahrzehnte bedroht war. Sicher war seine Anwesenheit dort notwendig, aber die Tatsache, daß er sich um die Angelegenheiten des Reiches, das ja schließlich sein Königreich war, nicht kümmerte, zeigt, wie stark inzwischen – und es sollte noch stärker werden – die Tendenz der Deutschen Könige dahin ging, auf Kosten des Wohles des Reiches ihre Aufmerksamkeit ihrem Hausgut und ihrer Hausmacht zuzuwenden, selbst (und vielleicht gerade dann), wenn dieses außerhalb des Reiches lag, wie hier das »luxemburgische« Ungarn. Doch auch nach 1430 kehrte Sigismund nicht nach Deutschland zurück, sondern unternahm von 1431 bis 1433 einen Italienzug, der ihm die längst nur noch Dekoration gewordene langobardische »Eiserne Krone« und am 31. Mai 1433 die Kaiserkrone einbrachte, womit es –

nach über fünfzig Jahren – wieder einen Römischen Kaiser gab.

In der Abwesenheit des Königs (und dann Kaisers) ereignete sich im Reich Bemerkenswertes, was beinahe zu einer Art deutschen Fürstenrepublik ohne König geführt hätte. Die äußerst komplizierten Vorgänge hier im Einzelnen zu erzählen würde zu weit führen und vielleicht ermüden. Die Fürsten versammelten sich auf »königlosen Tagen« im Sinn von »Tagungen«, d. h. auf Reichsversammlungen, denen eigentlich der König präsidieren sollte, aber eben nicht präsidierte, und beschlossen – so auf einem solchen königlosen Tag in Frankfurt am 2. Dezember 1427 – sogenannte Matrikeln, das waren freiwillige Verpflichtungen militärischer und finanzieller Art; sie regelten auch eine Art staatsrechtlicher Fixierung der Reichszugehörigkeit der einzelnen Länder und deren Stellung zur zentralen Reichsgewalt, selbst wenn sie nicht oder im Augenblick nicht vom König und Kaiser ausging. Es wurde sogar eine einheitliche Besteuerung festgesetzt und deren kontrollierte Eintreibung. Offenbar war dieser Anlauf zu etwas, was fast eine Frühdämmerung einer Demokratisierung hätte werden können, jedoch zu früh und versickerte nach 1433, als Kaiser Sigismund zurückkehrte und die Zügel der Regierung wieder selbst in die Hand nahm.

Die wenigen Jahre, die Sigismund verblieben, waren angefüllt mit den weiteren Hussitenkriegen und den Querelen des Basler Konzils, wobei eins mit dem anderen zusammenhing. 1431 wurde – noch in Abwesenheit des Königs auf einem jener erwähnten königlosen Tage – ein neuer Reichskrieg gegen die Hussiten beschlossen, der mit der vernichtenden Niederlage des Reichsheeres am 14. August 1431 bei Taus kläglich endete. Spätestens zu diesem Zeitpunkt war klar, daß der mächtig und mächtiger gewordenen, vom Feuer des Willens zu religiöser, politischer Freiheit und in gewissem Maß sogar sozialer Gerechtigkeit getragenen Bewegung mit Gewalt nicht Herr zu werden war. Die Hussiten beherrschten, daran war nicht zu rütteln, Böhmen und Mähren.

*

Auch die ungemein komplizierte Geschichte des Basler Konzils zu erzählen, das 1431 begann und im Lauf der späten dreißiger Jahre glanzlos verdämmerte, würde den Rahmen der hier versuchten Darstellung sprengen. Die auf diesem Konzil verhandelten Fragen und gefaßten Beschlüsse betrafen auch zumeist innerkirchliche Angelegenheiten, d. h., es waren Versuche, die päpstliche Amtsgewalt zurückzudrängen, der Sittenlosigkeit und Korruption der Geistlichkeit entgegenzuwirken und die Liturgie zu reformieren – fast alles vergebliche Bemühungen. Die Päpste – Martin V. bis zu seinem Tod 1431, dann sein Nachfolger Eugen IV. – behielten die Oberhand und hielten diese schützend über die kirchliche Unmoral und Fäulnis.

Der von Martin V. schon nur widerwillig ernannte Cardinallegat Cesarini, der anstelle des Papstes, dem das eigentlich zugekommen wäre, das Konzil eröffnen sollte, stürzte sich aber gleich einmal vorweg in das Abenteuer, den obenerwähnten Reichskrieg gegen die Hussiten, den er selbstverständlich als Kreuzzug verstand, anzuführen, wobei er in der erwähnten Schlacht von Taus vielleicht sogar körperliche Schläge bezog und wohl aus eigener Anschauung die Überzeugung mitnahm, daß *so* dieser »Häresie« nicht beizukommen war. Cesarini wandelte sich zu einem vernünftigeren Prälaten, und seiner Führung des vielfach unterbrochenen, verlegten, dann doch wieder aufgenommenen Konzils war es zu danken, daß den Hussiten Verhandlungen angeboten und daß deren Gesandtschaft im Januar 1433 (sie blieb bis April des Jahres in Basel) dann schon ganz grundlegend anders behandelt wurde als Jan Hus auf dem Konzil von Konstanz.

Man diskutierte von gleich zu gleich mit den Führern der böhmisch-hussitischen Gesandtschaft, deren Wortführer Johann Rokytzau, der General Prokop (»der Große Prokop«) und der Bischof Nikolaus von Pilgram waren. Man erinnere sich, daß sich die hussitische Bewegung in die gemäßigten, sich durchaus noch als katholisch empfindenden Calixtiner und die fundamentalistischen, radikalen Taboriten gespalten hatte. Rokytzau war Calixtiner, Prokop und Nikolaus waren Taboriten. Es kam zu keiner Einigung oder Verständigung der Hussiten mit den Konzilsvätern, wie auch nicht anders zu erwarten, aber immerhin zu einer Annäherung der katholischen und der gemäßigten calixtinisch-hussitischen Ansichten.

Die Hussiten reisten – diesmal unbehelligt – ab, und das Konzil schickte nun seinerseits eine Gesandtschaft nach Prag, wo ein gesamttschechischer (d. h. böhmischer und mährischer) Landtag die auch vom Konzil akzeptierten »Prager Kompaktaten« beschloß: den Hussiten wurde das Abendmahl in beiderlei Gestalt zugestanden, ihren Priestern die freie Verkündigung auch in tschechischer Sprache, die freie Verwaltung des Kirchengutes usw. Dafür erklärten sich die Hussiten als Glieder der katholischen Kirche römischer Obödienz.

Das war nun allerdings den Taboriten nicht genug. Es kam zum – letzten Endes, wenngleich erst lang danach – verderblichen Kampf der Taboriten gegen die Calixtiner, der zu einem Bürgerkrieg führte. Die äußerst tapfere, wenngleich auch grausame und gnadenlose Kriegsführung der Taboriten, namentlich unter ihren Generälen »Prokop dem Großen« und »Prokop dem Kleinen«, half nichts, die Taboriten waren in der Minderzahl. In der Entscheidungsschlacht von Lipau und Hrib (am 30. Mai 1434) schlug der calixtinische General Borek von Milutin die Taboriten; ihre beiden Anführer, die beiden Prokope, fanden in der Schlacht den Tod.

Damit war die Macht der Taboriten bis auf wenige unbedeutende und einflußlose Reste gebrochen, der Weg für den inneren Frieden auf der Basis der »Prager Kompaktaten« frei. Allerdings verlangten nun die Hussiten, eingedenk der bekannten und nie vergessenen Wortbrüchigkeit Kaiser Sigismunds, eine ausdrückliche kaiserliche Anerkennung der Kompaktaten, die dieser dann auch in einem »Manifest« vom 20. Juli 1436 zugleich mit einer Amnestie für die (calixtinischen) Hussiten beschwor.

Erst dann konnte Kaiser Sigismund endlich in Prag als König von Böhmen einziehen. Er erfreute sich der Wenzelskrone nicht lange, nur wenig mehr als ein Jahr, und diese Zeit benutzte er, um zwar nicht gerade den Hussiten gegenüber wortbrüchig zu werden, wohl aber durch kleinliche Bevorzugung romtreuer Hussitengegner bei der Ämterbesetzung sein gegebenes Wort zu durchlöchern. Es brodelte daher schon wieder unter den hussitisch gesinnten Baronen; der Landtag vom September 1437 sammelte eine große Anzahl von Beschwerden gegen den Kaiser – einer Verurteilung kam er durch seinen Tod am 9. Dezember 1437 zuvor.

Und damit endete die mit Unterbrechung über hundert Jahre währende luxemburgische Periode der deutschen Geschichte.

II. Teil

Besitzverhältnisse im späten Mittelalter

Erstes Kapitel

*Im ersten Kapitel wird untersucht, ob sich das
dunkle Mittelalter etwas erhellt hat – Oswald von Wolkenstein führt ein abenteuerliches Leben, das er in Verse
schmiedet – Graf Hugo XII. von Montfort dichtet
auf dem Pferde – Kraftprotze lösen die edlen Helden ab –
der »Faule« läßt eine Bibel illustrieren – in der Baukunst
kann man Träume bestaunen.*

Alles das, was nicht zur politischen Geschichte gehört und was bekanntlich für den Gang der Dinge genauso wichtig und manchmal wichtiger ist als die Taten und (meist) Untaten der Kaiser, Päpste und Herren, wurde im zweiten Band dieser Erzählung bis zum 14. Jahrhundert und etwas darüber hinaus fortgeschrieben. Ob sich danach das, wie man gesehen hat, mit einigem Recht als dunkel bezeichnete Mittelalter etwas erhellt hat, soll hier nun untersucht werden.

*

Unter den vielen mehr oder weniger hoch stehenden Herrschaften, in der bunten Menge der Prälaten, Ritter, Vagabunden, Mönche, Dirnen, Gaukler, Fürsten und Stallknechte, die das Konzil von Konstanz bevölkerten, befand sich auch ein einäugiger Herr aus Tirol, der mit seinen Gedichten und Liedern (was damals das gleiche war) die Mitmenschen erfreute oder ihnen vielleicht auch auf die Nerven ging, jedenfalls aber heute als einer der bedeutendsten Repräsentanten der deutschen Musik und Literatur gilt: Oswald von Wolkenstein, der letzte Minnesänger – vor allem aber der erste biographisch wirklich faßbare Dichter und Komponist der deutschen Kulturgeschichte. Er wurde ca. 1376 geboren und starb 1445 und war eine wahrhaft abenteuerliche Gestalt, deren Leben ein praller spätmittelalterlicher Roman ist (der auch von Dieter Kühn geschrieben wurde: ›Ich, Wolkenstein‹, erschienen 1977). In jungen Jahren trat er, als jüngerer Sohn ohne Besitz, Macht und Aufgaben, wie alle, die nicht den geistlichen Stand wählten, in Kriegsdienste, wobei er ein Auge verlor und viel Erfahrung gewann, die er in seinen bemerkenswert autobiographischen Liedern verwertete. Seine Kriegsdienste und sonstigen Abenteuer und Irrfahrten führten ihn ins »heidnische« Preußen, nach Frankreich, Italien, Spanien, ins Heilige Land, sogar bis Armenien und Persien. Von einem Schiffbruch, bei dem er sich durch den feuchten Ritt auf einem Faß rettete, berichtet eins seiner Lieder.

Dazwischen führte er kleinere und größere Fehden mit dem Bischof von Brixen, mit seinem Vetter und einem eifersüchtigen Burghauptmann, beteiligte sich vor allem an den Auseinandersetzungen zwischen dem obengenannten Herzog Friedrich »mit der leeren Tasche« und dessen Bruder Herzog Ernst, wobei er, da letzten Endes Friedrich die Oberhand behielt, aufs falsche, nämlich Ernsts Pferd gesetzt hatte. Oswald wurde geehrt, Mitglied hoher Ritterorden, stürzte aber mehrfach ab, war zweimal im Gefängnis, ritt hochtrabend im Land herum, mußte gelegentlich bei Fürsten zu Kreuze kriechen, war frommer Freund der Augustinerchorherren von Neustift und raumgreifender Weiberheld, trieb sich überall herum, wo ein blauer Rauch aufging: auf dem Konzil von Konstanz und Basel, auf dem »königlosen« Tag von Nürnberg 1431, und gelegentlich focht er im Hussitenkrieg mit – und überall schrieb und sang er seine Lieder. 126 Gedichte und die dazugehörigen

Melodien sind überliefert.«... höchste Qualität von Dichtung und Musik, darunter zahlreiche mehrstimmige Kompositionen, viele davon Bearbeitungen aus dem Französischen und Italienischen; einzigartige Vielfalt von Themen und Formen...« (Ulrich Müller) sind die künstlerischen Charakteristiken Wolkensteins, wenngleich die Authentizität mancher Arbeiten nicht unumstritten ist.

Bearbeitung französischer und italienischer Vorbilder, die sogenannte Kontrafaktur, also die Ersetzung des fremden Textes durch einen deutschen und damit verbundene musikalische Anpassung ist das Charakteristikum der deutschen Musik in der Zeit nach der Blüte des Minnegesangs. Die Entwicklung der deutschen Musikkultur des 14. und beginnenden 15. Jahrhunderts blieb immer noch hinter der italienischen und namentlich der französischen zurück, wo schon zweihundert Jahre vorher die Musik der Schule von Notre-Dame, mit der der Name des großen Perotin verknüpft ist, artifiziellste Höhe erreichte und wo mit Guillaume de Machaut (ca. 1300–1377) eine der ersten persönlich faßbaren Musikergestalten wirkte, der – auch als Diplomat tätig und zeitweilig Sekretär König Johanns des Blinden von Böhmen – vielleicht sogar gelegentlich in Prag weilte und wirkte und damit die deutsche Musikentwicklung beeinflußte.

Eine andere, nicht so exakt umreißbare, fast schon eher ins Legendendunkel zurücktretende Figur in der deutschen Musikgeschichte um 1400 ist der »Mönch von Salzburg«, ein Benedictiner oder nach anderen Quellen Dominicaner, der zur Zeit des Erzbischofs Pilgrim II. († 1397) lebte, eines politischen Abenteurers auf dem Bischofsstuhl. Vom »Mönch von Salzburg«, für den gelegentlich der Name »Herman«, aber auch »Johanns« oder »Hans« steht, sind 49 geistliche und 57 weltliche Lieder überliefert, die eine schon eigenständige Entwicklung zeigen.

Von der Musik, die im »Volk« gesungen und gespielt

wurde, ist so gut wie nichts bekannt. Daß eine bedeutende Musikkultur in bürgerlichen und bäuerlichen Schichten vorhanden war, scheint mir unter den Umständen, in denen diese Schichten lebten, fraglich. Lediglich im städtischen Bereich, und auch das auf den süddeutschen Raum beschränkt, begann sich im 14. Jahrhundert der Meistergesang zu entwickeln, von dem in späterem Zusammenhang noch die Rede sein wird.

Daß im höfischen Bereich nicht alles, was die Musik betrifft, öd und leer war, daß durchaus ein gewisser Standard der Musikausübung im 14. Jahrhundert erreicht war, wenngleich längst nicht der Glanz des französischen oder gar des damals hochaufblühenden burgundischen Hofes, zeigt – hier beispielhaft aufgeführt – der Hof des kunst- und wissenschaftsfreundlichen Herzogs Rudolf IV., des Stifters in Wien. Schon früher sind Hoftrompeter nachweisbar sowie eine »Hofkapelle« unter Leitung eines Geistlichen. Herzog Rudolf vergrößerte die Kapelle auf vierundzwanzig Sänger, die täglich drei Mal »mit lauter und hoher Stim« in der Messe zu singen hatten. Außerdem gab es einen Cantor und eine Orgel. Eine eigenständige Entwicklung der Orgelkunst trat aber erst ab der Mitte des 15. Jahrhunderts ein.

*

Zwar deckten sich im 14. und beginnenden 15. Jahrhundert, also in der Zeit, von der in diesem Abschnitt der historischen Erzählung die Rede ist, die Ausprägungen der Lyrik und des Liedes, also der Musik im Wesentlichen noch, so daß man etwa Oswald von Wolkenstein so gut zur Musik- wie zur Literaturgeschichte zählen kann. Das gilt auch von dem anderen großen Lyriker dieser Zeit, Hugo von Montfort. War Oswald, obwohl gern als solcher bezeichnet, eher der erste Sänger einer kommenden Zeit als »der letzte Minnesänger«, so trifft dies besser auf Hugo zu. Graf Hugo XII. von Montfort (1357–1423) war Nachkomme eines zu seiner Zeit politisch schon etwas herabgesunkenen Dynastengeschlechts, das im heutigen Vorarlberg und in der Ostschweiz begütert war. (Er hatte nichts mit dem französischen Adelsgeschlecht der Montfort zu tun.) Hugo führte ein nicht ganz so abenteuerliches Leben wie sein Zeitgenosse Oswald, den er ohne Zweifel kannte, denn wie jener nahm er am habsburgischen Preußenfeldzug teil, trieb sich auch auf dem Konzil von Konstanz herum und war Mitglied der gleichen Ritterorden. Die Funktion als habsburgischer Landeshauptmann der Steiermark gestattete ihm ein etwas ruhigeres Dasein als Oswald, dennoch schreibt er – ihre stilistische Flüchtigkeit entschuldigend –, er habe manche seiner Lieder »auf dem Pferd« geschrieben.

Hugo war, im Gegensatz zu Oswald, nur Dichter, nicht Musiker. Die Melodien zu seinen Liedern schrieb ein Hintersasse Hugos, Burkart Mangold, der damit einer der ersten deutschen Komponisten ist, den man mit Namen kennt.

Wie hoch Hugo seine Werke einschätzte, zeigt die vermutlich von ihm selbst in Auftrag gegebene, von Heinrich Aurhaym reich »illuminierte«, d. h. mit Bildern versehene Sammlung von achtunddreißig Liedern, die erhalten und heute ein kostbarer Teil der Universitätsbibliothek Heidelberg ist. Hugos Werke zeigen noch deutliche Anklänge an die Minnesänger-Lyrik, weisen jedoch auch schon die aufklärerischen, didaktischen (und auch weltschmerzlich-moralisierenden) Züge auf, die für das langsam sterbende Mittelalter charakteristisch sind.

Damit hängt zusammen, daß die das Hohe Mittelalter eines Gottfried von Straßburg und eines Wolfram von Eschenbach prägende Kunst des großen Epos so gut wie verschwand und der Prosaerzählung wich. Der Niedergang des ritterlichen und höfischen Lebens als Idealvorstellung, die

Ernüchterung des Zeitalters vertrieben die Kunst der *Hohen Minne* der fahrenden Sänger des 12. und 13. Jahrhunderts. An ihre Stelle und auch an die Stelle des edlen Helden der alten Epen traten handgreiflichere Gestalten, realistischere Figuren, nicht selten derb und rüpelhaft wie der reich mit Muskelkraft und männlicher Potenz begabte Kraftprotz »Huge Scheppel« in einem Roman der Gräfin Elisabeth von Nassau-Saarbrücken (ca. 1395–1456), der sich vom unehelichen Metzgersproß durch Raufereien und Bettgeschichten zum König von Frankreich aufschwingt. (Nur ganz von ferne hat sich die Gräfin-Autorin an das historische Vorbild des Hugo Capet gehalten, der im 10. Jahrhundert die Herrschaft der Karolinger in Frankreich beendete und die capetingische Dynastie begründete, die bis 1848 regierte.)

Diese Romane, die oft Übersetzungen oder Nachdichtungen der in Frankreich schon länger in Schwung gekommenen *chansons de geste* waren, erfreuten sich großer Beliebtheit und Verbreitung, was auch darauf zurückzuführen war, daß inzwischen die Fähigkeit, Geschriebenes lesen zu können, zugenommen hatte. Man schätzt, daß bis etwa 1500 bis zu zwanzig Prozent der deutschen Bevölkerung des Lesens kundig waren, vor 1300 dürften es vielleicht ein bis zwei Prozent gewesen sein, nämlich die Kleriker. Die zunehmende Notwendigkeit des Schriftverkehrs im Fernhandel, der ja an Bedeutung und Umfang gewann, und überhaupt eine kultivierte Neugier innerhalb des Bürgertums, d. h. der Kaufmann- und Handwerkerschaft, ließ die Alphabetisierung zunehmen. Doch auch der früher bildungsfeindliche Adel – den noch Wolfram deswegen verspottete – neigte sich langsam dem Lesen zu, wobei es nachweislich gerade die Frauen waren, unter denen die Kunst des Lesens verbreitet war. Lesen und Schreiben gingen übrigens seltsamerweise nicht in eins: es wurde an Schulen getrennt gelehrt, und wer lesen konnte, konnte noch lang nicht schreiben.

Die schon erwähnte Tendenz zum Didaktischen, Belehrenden brachte bald eine Fülle von dem hervor, was wir heute als Fach- oder Sachbuch bezeichnen würden. Solche gab es freilich schon früher, allerdings in Latein geschrieben – nun in Deutsch, so etwa das ›Buch der Natur‹ von Konrad von Megenberg (1309–1374), der darin als früher Enzyklopädist das Wissen seiner Zeit zusammenzufassen versuchte.

Einen starken Aufschwung nahm daneben die frühe dramatische Dichtung, die nun auch vom Lateinischen ins Deutsche überwechselte und eine unübersehbare Fülle meist anonym gedichteter Weihnachts-, Passions- und Heiligenlegendenspiele hervorbrachte. Als bemerkenswert gilt darunter ein in Tirol entstandenes Himmelfahrtsspiel. Solche Spiele wurden in oft mehrere Tage währenden Darbietungen aufgeführt, von Laien selbstredend, d. h., man spielte für sich selbst und die Angehörigen des Gemeinwesens. Die Tradition hat sich in Ausläufern bis heute (Oberammergau) erhalten.

*

Im Zusammenhang mit Hugo von Montfort wurde oben der Buchmaler Heinrich Aurhaym erwähnt, womit auf die nun aufblühende, auf ältere, karolingische und ottonische Traditionen aufbauende Buchmalerei hingewiesen ist. Die kunstsinnigen Höfe von Prag und Wien, besonders der Hof Kaiser Karls IV. und selbst der offenbar als Mäzen nicht faule König Wenzel förderten diese Kunst. In Prag – es wird hier von einer böhmischen Schule der Buchmaler gesprochen – entstand die ›Wenzelsbibel‹ für den »Faulen« und ein Missale für den Erzbischof Sbinko von Hasenberg. Berühmte Beispiele verfeinerter deutscher Buchmalerei sind die Illuminationen der ›Welt-Chronik‹ von Rudolf von Ems (um 1370), heute in der Bayerischen Staatsbibliothek, und die Perle der Buchmalerei, die Manessische oder Große Heidelberger Liederhandschrift (1420/1430 in Zürich entstanden), deren leider unbekannter Meister einen bis dahin unerhörten Grad der malerischen Delikatesse, der psychologischen Deutung der Figuren und der meisterlichen Dekoration erreichte. Die schon abgehoben verfeinerten, beinahe renaissancehaften Miniaturen, die an den französischen und burgundischen Höfen entstanden, etwa das Stundenbuch des Herzogs von Berry, erreichte man in Deutschland noch nicht, so wie auch die Kunst der Öl- und Tafelmalerei, die in Burgund mit den Werken der Brüder van Eyck einen Höhepunkt der Weltkunst bezeichnet, erst mit Verzögerung von einem halben bis ganzen Jahrhundert nach Osten drang. Dennoch ist ein gewisser Aufschwung auch in der Malerei des großen Formats zu erkennen, und es sind nun sogar schon einige Namen bekannt. Auch hier war der Hof zu Prag führend: Kaiser Karl IV. ließ von einem französischen Baumeister – die Burg Karlstein bei Prag bauen (1348/56) und mit Wandmalereien ausstatten, die zum Besten ihrer Zeit gehören. Auch die Wandmalereien im Dom zu Braunschweig, im Ulmer Münster u. a., die Werke der Schule von Köln, deren Hauptrepräsentant Meister Wilhelm (ca. um 1380 wirkend) ist, zeichnen sich durch neuen Ausdruck, durchgearbeitete Formen, subtile Linien aus. Daß neunzig Prozent der Kunsthervorbringungen geistlichen und kirchlichen Zwecken dienten, gilt auch noch für die Zeit, von der hier die Rede ist, namentlich selbstverständlich für die die Kirchen schmückende und (leider nur im physischen Sinn) erleuchtende Glasmalerei. Auch hier zeigen sich Tendenzen zur Verfeinerung, zu einer realistischeren Darstellung der Figuren, einem elaborierten Faltenwurf der Kleider, einer delikateren floralen Dekoration u. a. Als Beispiel seien die Fenster der Bessererkapelle im Ulmer Münster genannt (ca. 1430).

*

Etwas weniger bemerkenswert war die Entfaltung der Bildhauerkunst, wenn auch in den Arbeiten der Künstlerfamilie Parler, allen voran Peter Parler (ca. 1330–1399), hochrangige Skulpturen entstehen. Parler arbeitete im Auftrag Kaiser Karls IV. auch als Baumeister. Er errichtete die Allerheiligenkapelle auf dem Hradschin und stattete sie aus (nach dem Vorbild der Sainte-Chapelle in Paris) und erbaute die steinerne Moldau(»Karls«)-Brücke.

Vom Stephansdom zu Wien und vom Dom zu Prag war schon beiläufig im Zusammenhang mit der politischen Geschichte die Rede, beide Dome wurden im 14. Jahrhundert begonnen, der zu Prag sogar vollendet (1385), sie gehören zu den architektonischen Meisterleistungen der hohen Gotik und des Übergangs zur Spätgotik, so auch das Münster zu Ulm (Baubeginn 1377), die kleine aber kostbare Kirche von Weißenburg, die drei großen Kirchen einer der damals volkreichsten Städte des Reiches Nürnberg: die Frauenkirche (1355–61), die Lorenzkirche und der Chor von St. Sebald (1361–77). Am Dom von Köln, der 1248 begonnen wurde, wurde unentwegt weitergebaut – er wurde, wie viele Kirchen jener Zeit, erst im 19. Jahrhundert nach alten Plänen fertiggestellt. Die hochragenden, figurengeschmückten, maßwerküberzogenen Dome der Hochgotik waren nicht so sehr Ausdruck des erstarkenden Bürgerwillens, sondern vor allem Idealvorstellungen, und meistens fehlte das Geld zur Vollendung, und nicht selten dürfte das Feuer der anfänglichen Begeisterung mit der Zeit verglimmt sein. Wenn wir heute vor dem Kölner Dom oder vor dem Ulmer Münster stehen, müssen wir uns vergegenwärtigen, daß es sich hier um verspätete Realisierungen schöner, alter Träume handelt und nicht um ganz echte Zeugnisse der Kunst jener Zeit – aber es wäre doch schade, wenn es nur Träume geblieben wären.

Neben der quantitativ bedeutenderen sakralen Bautätigkeit entstanden nun zunehmend auch künstlerisch gestaltete

Profanbauten sowohl im höfischen (wie die erwähnte Karlsburg bei Prag) als auch im bürgerlichen Bereich, wo namentlich die Rathäuser der Städte als Ausdruck des gestiegenen Patrizierbewußtseins reich und prächtig errichtet und mit getäfelten Ratsstuben, Arkaden, kostbaren Öfen u. a., gelegentlich sogar mit Türmen (so in Köln, 1407/14) ausgestattet wurden. Daß Städte sich der Bauform des Turmes, eines dezidiert kirchlichen und adeligen Repräsentationszeichens, bemächtigten, zeigt einen Wandel sozialen Selbstverständnisses, der in eine neue Zeit führen sollte.

Zweites Kapitel

Im zweiten Kapitel verwirrt Wilhelm von Ockham die Schubladendenker – ein Fischersohn aus Kues macht den Nonnen ihr Badevergnügen streitig – im Heiligen Römischen Reich rauft jeder mit jedem – Nikolaus Cusanus erweist sich als Lichtblick in finsterer Zeit.

Die Geistesgeschichte des luxemburgischen Jahrhunderts in Deutschland ist, wie auch im übrigen Europa mehr oder weniger, vom langsam aufkeimenden Interesse an den Naturwissenschaften, d. h. an dem Verständnis der Kenntnisse physikalischer Vorgänge als Gegenstand des Wissens, und – damit wohl stärker zusammenhängend als nach außen sichtbar – von den Zweifeln an den Grundfesten der kirchlichen, d. h. katholischen Glaubenssätze geprägt. Über das letztere wurde oben in Verbindung mit der von Jan Hus ausgelösten Bewegung referiert.

Die gesamte Wissenschaft, ob – nach heutigen Kategorien – Geistes- oder Naturwissenschaften, die zudem zum Teil mit den Künsten zusammengewürfelt wurden, sofern diese nicht im Selbstverständnis als reines Handwerk verharrten, war zu damaligen Zeiten so verwirrend wie erfrischend einheitlich und, trotz der morastigen Wege aller Infrastruktur, erstaunlich international, wozu selbstredend die gemeinsame Wissenschaftssprache, das Latein, beitrug. Einer der größten Geister des 14. Jahrhunderts, bezeichnenderweise von der Kirche als Ketzer und Häretiker (auch heute noch) betrachtet, Wilhelm von Ockham (ca. 1285/90–1348?), war ein zuletzt in München im Schutz des Hofes Kaiser Ludwigs des Baiern lebender Engländer, der sich mit Philosophie, Theologie, Physik befaßte und politische und juristische Abhandlungen schrieb. Sein scharfer und unbeugsamer Verstand trug ihm die Beinamen »doctor invincibilis« oder »doctor singularis« ein. Die Frage, ob Wilhelm ein englischer oder deutscher Gelehrter sei, hätte er vermutlich überhaupt nicht verstanden. Er diskutierte, wie alle anderen Gelehrten seiner Zeit, über räumliche und zeitliche Grenzen hinweg.

Wie immer war auch die Philosophie des Spätmittelalters und so auch die Wilhelms weitgehend spekulativ, d. h., man könnte sich sagen: »Eure Sorgen möchte ich haben.« Wilhelm ging es, sehr stark verkürzt und vergröbert ausgedrückt, um Sprache und Text. Waren die Denker vor ihm – etwa Thomas von Aquin – von der als axiomatisch, also selbstverständlich und undiskutierbar richtig angenommenen Grundlage der Texte der antiken Philosophen (soweit bekannt), der Kirchenväter und vor allem der Bibel ausgegangen, versuchte Wilhelm diese Texte kritisch nach den hinter den Wörtern stehenden Begriffen und deren Wesen zu befragen. Der Streit der »Nominalisten« und der »Realisten« war heftig, und wie kompliziert die Dinge lagen, zeigt, daß die heutigen Philosophiehistoriker darüber streiten, ob Wilhelm zu den Nominalisten zu zählen sei oder nicht. In Wilhelms Philosophie und Theologie sind Vorformen der späteren Rechtfertigungslehre Luthers zu erkennen – meine zumindest ich.

Das Zeitalter, dessen Geschichte in diesem Abschnitt erzählt werden soll, gilt in der Philosophiegeschichte als Übergang von der Überwindung der Scholastik zum Humanismus. Am Anfang dieses Überganges steht Wilhelm von Ockham, am Ende, ihm sozusagen korrespondierend, die in mehrfacher Hinsicht eigenartige Gestalt des ebenso imponierenden, wenngleich völlig andersgearteten Nikolaus Cusanus (oder von Kues, auch Treverensis genannt), der oben schon kurz erwähnte Fischersohn aus Kues an der Mosel, der es zum Bischof und Cardinal gebracht hat (1401- 1464). Seine professorale und klerikale Karriere führte ihn weit in Europa herum, auf die Konzile von Konstanz und Basel, nach Paris und Rom, sogar nach Byzanz, von wo er eine byzantinisch-kaiserliche Delegation, die über die Vereinigung der griechisch-orthodoxen mit der römisch- katholischen Kirche verhandeln sollte, nach Italien begleitete. Er wurde Cardinal von S. Pietro in Vincoli (in welcher Kirche Michelangelos Moses erst hundert Jahre später zu stehen kam) und für einige Jahre Bischof von Brixen und damit Reichsfürst. Nunmehr auch als Landesherr verwickelte er sich in kleinkarierte Händel mit dem Herzog Sigismund von Tirol und der Äbtissin von Sonnenburg. Diese Äbtissin hieß Verena von Stuben und stand dem reichen Kloster vor, das hauptsächlich von adeligen Nonnen bewohnt war, die ein mehr als nur lockeres Leben führten. Cusanus, der in seiner ganzen Diözese Zucht und Ordnung in die Klöster bringen wollte und sich dabei, wie man sich ausmalen kann, beim Klerus nicht beliebt machte, stellte bei der Visitation fest, daß – unter anderem – die Nonnen öffentliche Bäder besuchten – splitternackt, wie damals üblich, ungetrennt nach Geschlechtern. (Nun ja – sollte man den oft zwangsweise ins Kloster gesteckten Nönnlein nicht das Vergnügen gönnen?) Ein anderer Visitationsauftrag des Bischofs betraf übrigens eine statistische Erhebung: wie viele Kinder die einzelnen Geistlichen der Diözese hatten.

Die Äbtissin Verena wollte sich ihr und ihrer Nonnen Badevergnügen nicht nehmen lassen, und es kam buchstäblich zum Krieg. Cusanus belagerte das am Eingang des Pustertales bei St. Lorenzen gelegene und festungsartig ausgebaute Kloster, wollte es aushungern lassen, doch die Äbtissin wagte mit ihren Söldnern einen Ausfall, es kam zu einem Gefecht zwischen den Truppen des Bischofs und denen der Äbtissin am 5. April 1458, etwa fünfzig Landsknechte des Klosters fielen, die Äbtissin war geschlagen und mußte abdanken. Doch Cusanus konnte sich dennoch in Brixen nicht halten, der Papst – es war Pius II. – berief ihn ab. Wahrscheinlich befürchtete der Papst, daß der Reformeifer des Cusanus das Augenmerk allzu stark auf die innere Fäulnis der Kirche lenken könnte. Wenn einer einmal den Deckel lüftet... Cusanus wurde für den Rest seines Lebens an die Curie berufen und mit diplomatischen Aufgaben betraut.

Diese Ereignisse der Lebensgeschichte des Cusanus wurden deswegen in etwas ausgreifenderer Weise erzählt, weil sie einesteils ein Schlaglicht auf die Verkommenheit der katholischen Kirche werfen, anderseits darlegen sollen, mit welch einem sozusagen dreidimensionalen Netz von Streitigkeiten, die von Sticheleien und Querelen bis zu regelrechten Kriegen führten, das armselige und angeblich so glänzende Heilige Römische Reich Deutscher Nation überzogen war. Ritter und Äbte rauften ganz unten, die Grafen und Bischöfe führten Kleinkriege, die großen Landesherren zogen mit Heerscharen gegeneinander – dies die sozusagen horizontale Ebene, und dann nahmen die großen Herren die Grafen und die Bischöfe die kleinen Barone oder umgekehrt beim Schopf, von oben nach unten – vertikal, so ergab sich dieses Netz von Krieg und Streit und Blut und Leid, in dem, selbstverständlich, vor allem die kleinen Leute hängenblieben, die sich nicht wehren konnten. Die Geschichte der Menschheit ist ein großes Wunder, nämlich das, daß sie sich selbst nicht schon längst ausgerottet hat. Die Lösung dieser Aufgabe steht wahrscheinlich noch bevor.

Nun aber hat dies alles wenig mit der geistesgeschichtlichen Bedeutung des Nikolaus Cusanus zu tun, höchstens, daß es einen auch wundert, daß er neben den Querelen noch

Zeit hatte, ein ausgefeiltes philosophisches System zu entwickeln und in mehreren Büchern darzulegen.

Dieses philosophische System beruhte einesteils auf dem Grundprinzip der »coincidentia oppositorum«, dem Zusammengehen der Gegensätze. Cusanus sieht alles Existierende als Kreuzungspunkt der äußersten Gegensätze. Cusanus' Gottesbild ergibt sich daher aus der Ansicht, daß Gott sowohl das absolute Maximum (als allmächtig, allwissend, ewig usw.) als auch das absolute Minimum (weil er in allen Dingen enthalten) ist. Das andere Grundprinzip Cusanus' ist die »docta ignorantia«, d.h. das gelehrte Nichtwissen, denn der menschliche Verstand kann keine Wahrheit mit Sicherheit feststellen, er kann nur (und muß und soll auch dies mit Gewissenhaftigkeit) *mutmaßen* – man nennt das, seit Cusanus, konjekturales Philosophieren.

Egon Friedell schreibt in seiner nicht genug zu lobenden ›Kulturgeschichte der Neuzeit‹, in der er Cusanus bezeichnenderweise mit an den Anfang stellt, über den Gelehrten: »... eine coincidentia oppositorum ist schließlich der Cusaner selbst, der Religion und Naturwissenschaft, Patristik und Mystik miteinander versöhnt hat, ein bedächtiger Bewahrer des Alten und feuriger Verkünder des Neuen, Weltmann und Gottsucher, Ketzer und Kardinal, der letzte Scholastiker und der erste Moderne.«

Es empfiehlt sich im Übrigen, will man sich, ohne sich die schon sisyphoshafte Mühe zu machen, die in Latein geschriebenen Werke des Cusanus zu studieren, über seine Lehre genauer informieren, den entsprechenden Absatz in der erwähnten ›Kulturgeschichte‹ Friedells zu lesen, wie überhaupt Friedell die Kunst verstand, die schwierigsten Sätze der Philosophen in brauchbare Kondensate zu fassen, ohne sie zu verfälschen. Ich stehe nicht an zu behaupten, daß Kants ›Kritiken‹ auf den paar Seiten von Friedell oder Schopenhauers ›Die Welt als Wille und Vorstellung‹ ebenso besser zu verstehen sind als in den entsprechenden Werken, wobei sofort die, wie ich meine einigermaßen berechtigte Frage auftaucht, warum jene überhaupt ihre dicken Wälzer geschrieben haben, wenn es sich auch auf ein paar Seiten ausdrücken läßt. Nun will ich Kant und Schopenhauer nicht zunahe treten, doch ich habe Werke zeitgenössischer Philosophen gelesen, deren Hunderte Seiten sich auf einen einzigen Kern zusammenfassen lassen, und der ist oft eine Banalität.

Daß dennoch Cusanus' ›Ketzer und Kardinal‹, wie zutreffend Friedell schreibt, dem üblichen Schicksal von Häretikern entgangen ist, nämlich verbrannt zu werden, verdankt er seiner geschickten Technik, seine Gedanken doch immer mit kirchenfrommen Äußerungen zu garnieren, und außerdem wohl der Tatsache, daß die Ketzerverfolger seine Werke nicht gelesen oder, wenn doch, nicht verstanden haben.

Cusanus hat sich auch mit Astronomie befaßt und hat nicht weniger als die Kugelform der Erde, die Mehrheit der Welten, die Bewegung der Erde um die Sonne behauptet – freilich ohne astronomische Beweise, die ihm mangels technischer Hilfsmittel gar nicht möglich gewesen wären. (Um so bemerkenswerter seine wissenschaftliche Phantasie.) Nicht minder verdienstvoll ist, daß er als erster die Echtheit der »Konstantinischen Schenkung«, also indirekt die weltliche Herrschaft des Papstes, angezweifelt hat. Kurzum: ein Lichtblick in finsterer Zeit. Wobei ich meinen Verdacht wiederhole, daß es eigentlich nur finstere Zeiten gegeben hat und gibt. Zu untersuchen, wie selten Lichtblicke darin sind, ist der tiefste Sinn der Geschichtswissenschaft.

DRITTES KAPITEL

Im dritten Kapitel wird gezeigt, daß die Wissenschaften dort blühen, wo sie nicht mit dogmatischen Schwierigkeiten konfrontiert werden – der Kaufmann Fibonacci stellt gewagte Rechenmodelle vor – Johannes de Lineriis rechnet weiter – Wien wird zu einem Zentrum der Naturwissenschaften.

Wie erwähnt, kannte man im Mittelalter kaum eine Trennung der Wissenschaften. Entscheidend für den denkenden Menschen der damaligen Zeit war das Wissen an sich, die Erkenntnis, wodurch selbstverständlich immer eine religiöse Komponente in die Überlegungen einfloß. Ob dies hinderlich war, ist so einfach nicht festzustellen. Festzustellen aber ist, daß die exakten (oder soll man doch sagen: sogenannten exakten?) Wissenschaften vor allem dort blühten, vorwärtsgebracht und dann von dort übernommen wurden, wo die religiöse Anbindung nicht so stark oder überhaupt nicht vorhanden war: in der islamischen Welt. Der, milde gesagt, sehr einfach strukturierte Glaube nach dem Koran machte der Wissenschaft keine dogmatischen Schwierigkeiten, und so kam es, daß die antiken und byzantinischen Traditionen namentlich in der Astronomie und der Mathematik über die arabische Welt in den Westen, in erster Linie in das räumlich näher liegende Italien kamen und dort weiterentwickelt werden konnten. Was Leonardo Fibonacci schon in der ersten Hälfte des 13. Jahrhunderts erarbeitete, ist nicht weniger als die Grundlage aller späteren Anwendung der euklidischen Mathematik. Zwar war der Anlaß, der Fibonacci (so wurde er erst in späteren Jahrhunderten bezeichnet, in Wirklichkeit hieß er Bigollo Pisano) zu seinen mathematischen Überlegungen bewog, denkbar banal: Fibonacci war Kaufmann in Pisa und unzufrieden mit den bisherigen primitiven Rechenmethoden. Er ging jedoch weit über den praktischen Zweck seines Rechnens hinaus und befaßte sich sogar mit Gleichungen 2. und 3. Grades. Die auf ihn zurückgehenden »Fibonacci-Zahlen«, nämlich die Reihe, die entsteht, wenn man zur einen Zahl jeweils die vorhergehende dazuzählt ($\underline{1}$; 1+0=$\underline{1}$; 1+1=$\underline{2}$; 2+1=$\underline{3}$; 3+2=$\underline{5}$; 5+3=$\underline{8}$; 8+5=$\underline{13}$; 13+8=$\underline{21}$ usw.), spielten viele Jahrhunderte später, nämlich in unserer Zeit, eine Rolle bei den Problemen der neuen Zahlen-, der Chaos-Theorie usw.

Die Erkenntnisse des italienischen Mathematikers gelangten im Lauf der nächsten Jahrzehnte auch nach Frankreich, wo sich Gelehrte an der Sorbonne nunmehr zweckfrei damit befaßten. Johannes de Lineriis, der erste wirklich bedeutende Mathematiker in Paris, ein Franzose aus Lignère (daher der Name), bearbeitete etwa ein Jahrhundert nach Fibonacci die sogenannten Alfonsinischen Tafeln, nämlich die Anhänge zu der – im zweiten Band dieser Erzählung erwähnten – Sammlung des Wissens, die der spanische und dem Namen nach auch Deutsche König Alfons X. herausgegeben hatte. Sie waren allerdings so dürftig, daß die Bearbeitung durch Johannes de Lineriis eigentlich erst als brauchbare Entwicklung dieser »Tafeln« zu gelten hat. Unter »Tafeln« verstand man Planetentafeln mit mathematisch-astronomischen Almanachen und kalendarischen Berechnungen.

Johannes de Lineriis hatte u. a. zwei deutsche Schüler, – direkt – einen Johannes de Saxonia und – indirekt – einen gewissen Johannes von Gmunden (ca. 1380–1442), der der erste Lehrstuhlinhaber für Mathematik und Astronomie an der

Universität Wien war. Seine Lehr- und Forschungstätigkeit bewirkte, daß Wien zu einem Zentrum der Naturwissenschaft im deutschen Raum wurde. Johannes von Gmunden bemühte sich auch um die Entwicklung und Verbesserung von astronomischen Instrumenten: Astrolabien, Sonnenuhren, Quadranten usw., freilich nicht Fernrohre – soweit war man noch nicht.

Im gewissen Sinn sein Nachfolger war Georg Aunbetz (oder Aunpeck), genannt Georg von Peuerbach (Peurbach), weil er in diesem Ort in Oberösterreich 1421 (oder 1423) geboren wurde. Er studierte an dem eben erwähnten Lehrstuhl in Wien und dann in Italien, wo er vermutlich Nikolaus von Kues kennenlernte, auch mit den italienischen Gelehrten in Verbindung trat. Er befaßte sich u. a. mit Planetentheorien und den Theorien über Kometen und konstruierte Himmelsgloben. Seine letzten beiden Jahre, er starb 1461, lehrte er in Wien, und durch seinen hochbedeutenden Schüler Hans Müller, der sich humanistischer Weise Johannes Regiomontanus nannte (er stammte aus dem Dorf Königsberg in Unterfranken) wirkte er bedeutend in die nächsten Generationen fort. Von Regiomontanus wird noch die Rede sein, hier nur soviel, daß Columbus die Ephemeridenberechnungen des Regiomontanus und also indirekt Peuerbachs auf seinen großen, das neue Zeitalter einläutenden Entdeckungsfahrten benutzte.

Aunpeck-Peurbach war übrigens auch – würde man heute sagen – Altphilologe. Er hielt Vorlesungen über antike römische Dichtung, und er war außerdem einer der ersten Gelehrten, der *kein* Geistlicher war. Noch sein Lehrer Johannes von Gmunden war Kanoniker gewesen.

Viertes Kapitel

Im vierten Kapitel steht der Heilsplan Gottes über der Medizin – der Papst konsultiert trotzdem infolge zu fetten Fressens einen jüdischen Leibarzt – den kleinen Leuten macht das Wetter zu schaffen – der Rhein trocknet aus, dafür wird der Wein süß – Heuschrecken fressen Schlesien kahl – eine Lizenz zum Betteln wird via Examen erteilt.

Noch mehr als die anderen zart keimenden Naturwissenschaften war die Medizin durch die Dogmen und Lehren der katholischen Kirche behindert. Die Kirche war der Ansicht, daß die Heilung von Krankheiten im Grunde genommen ein unzulässiger Eingriff in den göttlichen Heilsplan sei. Krankheiten sind ja, so die Päpste und Kirchenväter und ähnliches Theologengelichter, Prüfungen oder aber Folgen von sündigen Gedanken, und hier einzugreifen bedeutet somit unter Umständen, berechtigte Sündenstrafen zu verhindern. Nur im Gebete (besser: Gebethe mit th) ist Heil, und statt auf Hygiene vertraue man auf Gnade, Reliquien und den kirchlichen Ablaß. Der Dreck, sozusagen, ist gottgewollt. Man erinnere sich an die Apologie des Stinkens seitens des heute noch hochangesehenen heiligen Bernhard von Clairvaux, die im zweiten Band dieser Erzählung erwähnt wurde.

Es wundert somit also nicht, daß die Medizin und ihr Fortschritt im außerchristlichen Bereich beheimatet war: wiederum in der arabischen Welt und durch deren Begegnung im islamischen Spanien bei den Juden. Vielfach war »Arzt« und »Jude« im Mittelalter gleichbedeutend. Wenn der Papst infolge zu fetten Fressens vor Gichtschmerzen stöhnte, rief er dann doch, Heilsplan hin, Heilsplan her, seinen jüdischen Leibarzt, und die Erzbischöfe und Bischöfe und Könige und Fürsten taten das gleiche und ließen sich behandeln. Was sie dann nicht daran hinderte, wenn sie wieder gesund waren (was sie wohl dann aber vornehmlich doch der Berührung mit, sagen wir, der heiligen Vorhaut Jesu zuschrieben), die Glaubensgenossen ihres Arztes mit Mord und Brand gottgefällig zu verfolgen.

Ein kleiner Exkurs: die Vorhaut oder das Praeputium ist jene, die Eichel oder Penisspitze umschließende, doppelte Hautfalte, die bei der rituellen Beschneidung im jüdischen (und später islamischen) Kulturkreis beim männlichen Neugeborenen nach acht Tagen abgetrennt wird. So war es denn auch beim Baby Jesus, und – ich bedaure, daß ich die Quelle nicht angeben kann, wo ich das gelesen habe – es gibt also dieses winzige Knabenzipfelchen-Hautteil als hochverehrte Reliquie... und das nicht nur einmal. Es gibt in verschiedenen Kirchen und Kathedralen insgesamt vierzehn *kirchlich anerkannte echte* Vorhäute Jesu, wie viele kirchlich *nicht* anerkannte, auch echte es gibt, ist unbekannt. Daß das Gebet und gar die Berührung mit dieser Reliquie besonders bei Prostataleiden hilfreich ist, versteht sich von selbst.

Aber um der ganzen Wahrheit die Ehre zu geben, muß das oben Gesagte etwas korrigiert werden. Nicht immer und überall betrachtete die Kirche die medizinische Wissenschaft feindlich. Die berühmte Schule von Montpellier, neben Salerno die bedeutendste Ausbildungsstätte für Ärzte in damaliger Zeit, ging auf Initiative Papst Nikolaus' IV. zurück; der spätere Papst Johannes XXI., vorher Petrus Hispanus, war selbst Mediziner, und manche Klöster waren Pflanzstätten der Medizin und der Pharmazie, so etwa St. Gallen. Überhaupt bildete sich im Spätmittelalter nicht nur die Trennung von Medizin und Pharmazie heraus, sondern auch die Aufspaltung der medizinischen Kunst in einzelne Sektoren, in »Medicina theorica« und »Medicina practica«, zu welcher die immer bedeutender werdende Chirurgie zählte. Chirurgische Eingriffe vorzunehmen war übrigens Mönchen, die sich ärztlich betätigten, kirchlicherseits untersagt.

Bei allen Vorbehalten muß gesagt werden, daß die ärztliche Kunst in Italien und Frankreich und im islamischen Spanien eine die Antike bereits weit überholende Stufe erreicht hatte, von bedeutenden deutschen Arztpersönlichkeiten oder medizinischen Schulen kann für die damalige Zeit allerdings leider nicht die Rede sein. Die großen Pestepidemien des 14. Jahrhunderts, von denen im zweiten Band erzählt wurde und die sich, wenngleich minder stark, in der ersten Hälfte des 15. Jahrhunderts wiederholten, also in der Zeit, von der hier die Rede ist, brachten erstaunlicherweise keinen gesteigerten Eifer zur medizinischen Forschung mit sich. In gewisser Weise wurden aber – hauptsächlich von den naturgemäß besonders gefährdeten Hafenstädten – vorsorgliche Maßnahmen, die Hygiene betreffend, eingeführt: Kadaverbeseitigung, teilweise Straßenpflasterung (in Nürnberg 1368, in Basel 1387 – die Konzilsväter von 1431 wateten nicht mehr bis zum Knie im Kot), Wasserversorgung und Abwasserbeseitigung. Man ließ es also doch nicht so ganz beim Beten bewenden.

*

Die Pestepidemien im 14. und 15. Jahrhundert bewirkten, je nach Landstrich, einen Bevölkerungsschwund von 25 bis 50 Prozent, was vor allem die ländliche Bevölkerung betraf. Von ca. 11,6 Millionen Einwohnern für das Deutsche Reich und das (dünn besiedelte) Skandinavien im Jahr 1340 sank die Zahl auf 7,5 Millionen im Jahr 1440 (J. C. Dussell). Auslöser war noch vor der Pest eine durch Mißernten u. a. ausgebrochene Hungersnot der Jahre 1315 bis 1317, wodurch ein durch die nachfolgende Pest verstärkter Arbeitskräftemangel eintrat, so daß unzählige Höfe, ja ganze Dörfer verlassen wurden, die Grundstückspreise ins Uferlose sanken, weite Flächen unbewirtschaftet blieben und von Busch und Wald überwuchert wurden, wodurch wieder der Gesamtertrag zurückging, was wiederum zu Hungersnöten führte und so fort – ein circulus vitiosus, der erst im späten 15. Jahrhundert nachließ. Die zwar verbesserte Infrastruktur half nicht viel für den Güterausgleich, denn das verheerende Phänomen trat europaweit auf, lediglich das reiche Flandern blieb verschont oder jedenfalls nicht so stark betroffen. Weniger betroffen auch waren die Städte, die durch die Landflucht an Einwohnerzahlen gewannen, und in stadtnahen Gebieten war die landwirtschaftliche Lage oft etwas besser. Manche Städte blühten dadurch sogar auf. Die Verarmung des kleinen Landadels führte zur mehr als nur lästigen Zunahme des Strauchrittertums, was, wie man sich denken kann, nicht gerade zur Sicherheit der Straßen und daher der Infrastrukturen beitrug.

Die Hungersnöte und die schlechte Ernährungslage beeinträchtigten nicht nur die Bevölkerungszahl allgemein, sondern auch das einzelne Individuum: die durchschnittliche Lebenserwartung sank auf zwanzig bis einundzwanzig Jahre bei Männern und sogar nur siebzehn bis achtzehn Jahre bei Frauen.

Die Ursache für den Ertragsrückgang landwirtschaftlicher Produkte um 1300 – und damit für die geschilderten Folgen – war eine langsame, die Bevölkerung naturgemäß unvorbereitet treffende Klimaveränderung. Es gab zwar in der von der Klimaforschung – einem neuen, wie ich meine, wichtigen Zweig der historischen Wissenschaft – so genannten »Übergangsphase« nach dem »Mittelalterlichen Wärmeoptimum« (kurz vor 1300) zur »Kleinen Eiszeit« (um 1700) immer noch warme und sogar heiße Sommer und milde Winter, aber insgesamt sanken die Temperaturen, was zu Hochwassern führte, die, bei der oft sorglosen Besiedlungsweise, nicht selten in Katastrophen ausarteten. Für das Jahr 1342 spricht die Klimaforschung von einem »hydrologischen ›GAU‹«. Ich zitiere dazu R. Glaser, ›Klimageschichte Mitteleuropas‹: »Nach einem eher durchschnittlichen Winter trat ein erstes, eher unbedeutendes Hochwasser bereits Anfang Februar durch die Schneeschmelze auf. Das zweite... wurde durch mehrtägige, heftige Niederschläge Ende Juli und Anfang August ausgelöst. Es war die Überschwemmungskatastrophe in Mitteleuropa, die eine Flutwelle entfachte, wie sie in Höhe und Ausmaß seither nicht wieder zu beobachten war.« Glaser führt als Beispiel die ›Chronica de episcopus Magnutinus‹ an, in der es heißt: »... breitete sich [die Überschwemmung] übermäßig stark aus, sodaß... besonders in den Rhein- und Maingegenden und andernwärts es alles an Feld- und Baumfrüchten, Heu, Gebäuden, Vieh und leider zahlreichen Menschen vielfältig und elendiglich vernichtete.« Mangelnde landwirtschaftlich-technische Methoden bewirkten natürlich, daß sich die Zustände von den Elementar-Verwüstungen nur langsam erholten. Stürme, die zunehmend auftraten, extreme Klimaschwankungen in kürzeren Abständen taten das Ihrige dazu: so war der Sommer 1351 so heiß, daß der Rhein praktisch austrocknete, bei Mainz konnte man ihn zu Fuß durchwaten. Das brachte den Schiffsverkehr zum Erliegen und damit den eigentlich so dringend notwendigen Warenaustausch. Außerdem konnten die Mühlen mangels Wasser nicht mahlen, das ohnedies spärlicher geerntete Getreide verfaulte ungemahlen. 1391 war es im Fränkischen so heiß, daß Brunnen und Bäche versiegten, und »an etlichen Orten das Wasser umbs geld verkauft worden«. Aber der Wein wurde sehr süß – ein schwacher Trost, zumal auf diesen verrückten Sommer ein früher, bitterkalter Winter folgte. Als weiteres mit dem Klima verwandtes Katastrophenkuriosum sei vermerkt, daß 1338 eine Heuschreckenplage auftrat. Die Schwärme kamen von Osten, fraßen am 25. Juli Schlesien kahl, erreichten am 10. August Nürnberg und am 14. August Frankfurt. Man war machtlos – ein in diesem Fall glücklicher, sehr früher Wintereinbruch Mitte Oktober erledigte die Tiere.

Es gab keine staatliche Hilfe, allenfalls Almosen, die Not wurde hingenommen, ein soziales Netz existierte nicht. Jeder mußte sehen, wo er blieb ... zuletzt das Betteln. Das Bettlerwesen (oder -unwesen) nahm zu, Zahlen sind nicht bekannt, aber der Anteil der Bettler an der Bevölkerung dürfte erschreckend gewesen sein; das zeigt sich auch daran, daß zahlreiche Bettlerordnungen der Städte aus jener Zeit überliefert sind: aus Nürnberg 1387, Köln 1403 usw. Diese Ordnungen verfügten strenge Restriktionen: Strafandrohungen für aggressives Betteln, Begrenzung der Plätze, auf denen gebettelt werden durfte, es gab sogar Bettlerexamen – wer es bestand, bekam eine Lizenz. Sinnigerweise wurden in manchen Städten die Bettler der Aufsicht des Henkers unterstellt. Insgesamt waren die Bettelordnungen der Städte allerdings beseelt von der Absicht, die Bettler möglichst aus der Stadt abzuschieben, damit sie woanders bettelten, nach dem Grundsatz: »Heiliger Florian, kreuzbraver Mann / verschon' unsre Häuser, zünd' andere an.«

FÜNFTES KAPITEL

Im fünften Kapitel herrscht das altdeutsche Gewohnheitsrecht – trotzdem stellt sich die Frage, was Recht und Gesetz miteinander zu tun haben – in den Städten keimt der Kern des gesetzten Rechts – die ersten Beamten treten auf den Plan.

Die – wie man heute sagen würde – Rechtsgrundlage für das Vorgehen gegen die Unglücklichsten der Unglücklichen waren die jeweiligen, voneinander oft völlig verschiedenen Erlasse der städtischen Behörden und Gewalten. Die Städte waren es, von denen die Entwicklung eines Rechts im modernen Sinn ausging, denn so etwas wie ein allgemeingültiges deutsches Reichsgesetz, ein Königsrecht oder desgleichen gab es nicht. Das erste für ein Deutsches Reich (dem zu der betreffenden Zeit Österreich und die Schweiz längst nicht mehr angehörten) allseits gültige Zivilgesetzbuch, das ›BGB‹, trat am 1. Januar 1900 in Kraft.

Ein Gesetzbuch gab es also nicht, wie schon im Zusammenhang mit dem ›Sachsenspiegel‹ (im zweiten Band dieser Erzählung) dargelegt wurde. Das Fürsten- und Königsrecht, das verstärkt seit der Stauferzeit eine Art, wenn auch verstreute Kodifikation erfuhr – die berühmteste: die »Goldene Bulle« –, galt nur für staats- und lehensrechtliche Belange und berührte in der Regel das rechtliche Leben des Volkes nicht. Dasselbe gilt vom kirchlichen Recht, das aufgrund seiner Tradition und Herkunft aus dem römischen Recht besser entwickelt und geordnet war, aber eben nur für Kleriker und im klerikalen Bereich galt, wenngleich sich nicht selten Laien an diese Instanzen wandten, was häufig in räumlicher Nähe der großen Klöster der Fall war, die immer auch Wirtschaftszentren waren.

Die Rechtslage, und zwar sowohl des zivilen als auch des strafrechtlichen Bereichs – was systematisch längst noch nicht streng getrennt war –, wurde durch das altdeutsche Gewohnheitsrecht beherrscht. Man muß sich das als eine althergebrachte, schon leicht ins Mystische hineinschillernde, altehrwürdige, ethisch fundierte Rechtsverbindlichkeit vorstellen, die sich vererbte und die von Autoritäten, die wußten, was Recht, d. h. richtig ist, was immer Recht und richtig war, immer schon »so« gemacht wurde, praktiziert und weitergegeben wurde. Es gab das *Recht*, es gab *keine* Gesetzgebung. Das galt auch im 13./14. Jahrhundert. Die – wie es heute die Rechtsgeschichte nennt – Verwissenschaftlichung des Rechts, das heißt (auch), daß die Rechtswissenschaft vom rein kirchlichen Recht ins weltliche herübergezogen wurde, setzte mit der Gründung der Universitäten in Italien ein und griff allmählich mit den entsprechenden Gründungen nach Deutschland über. Damit drangen Motive des alten römischen Rechts auch ins deutsche Rechtsleben. Das war ein langsamer, unmerklicher Vorgang und steckte in dem Zeitraum, von dem hier die Rede ist, noch in den Anfängen.

Um überhaupt die Rechtsgeschichte und speziell die deutsche zu verstehen, muß man sich den grundlegenden Unterschied zwischen Recht und Gesetz vergegenwärtigen. Die Gedanken darüber, die sich die Rechtsphilosophie gemacht hat, füllen ganze Bibliotheken, weshalb hier nur ganz vergröbert darauf hingewiesen werden kann. *Recht* ist das, was eine Gesellschaft, vielleicht sogar die Menschheit, a priori und sozusagen axiomatisch für die sozialen Beziehungen als richtig, gerecht, moralisch tragfähig erachtet. Ob es ein allgemeinmenschliches, dem Menschen also per se innewohnendes Recht gibt, ist die Frage, mit der sich die Überlegungen zum sogenannten »Naturrecht« befassen; eine selbstverständlich ungelöste Frage, eine Frage, die sich zu stellen den Juristen des Mittelalters nicht im Traum eingefallen wäre. Das fing erst eigentlich im 17. Jahrhundert an.

Gesetz dagegen ist, was von einer (mehr oder weniger) anerkannten Instanz, einem gesetzgebenden Gremium und dergleichen als richtig und allein zulässig verordnetes, also *gesetztes* Rechtsverhalten ist. Daß Gesetze dem Recht, also der Gerechtigkeit, jenem erwähnten Naturrecht entsprechen sollten, ist klar – ob sie es tun und was passiert, wenn nicht, ist wieder eine andere Frage, die zu ventilieren hier zu weit führte.

Der Unterschied zwischen sozusagen natürlichem und dem gesetzten Recht wird an dem Beispiel klar: daß man einen anderen nicht umbringen darf, entspricht dem Empfinden nach dem Naturrecht; daß man bei *Grün* an der Ampel fahren darf, bei *Rot* halten muß, ist Gesetz. Daß man den Schaden ersetzen soll, den man angerichtet hat, ist naturrechtlicher Gedanke, daß der Anspruch der Geschädigten in dreißig Jahren verjährt (und nicht in einunddreißig oder neunundzwanzig), ist *gesetzte* Norm.

Für den relativ einfachen Rechtsverkehr in dem immer noch dünn besiedelten, fast ausschließlich bäuerlich strukturierten Deutschland, in dem die Naturalienwirtschaft vorherrschte, genügte das herkömmliche, überkommene Gewohnheitsrecht, um Reibungen zu vermeiden und Störungen zu beseitigen. Nicht so – nicht mehr so – in den Städten, namentlich in den Handel treibenden Hansestädten. Hier ergab sich die Notwendigkeit, Gesetze zu erlassen, nicht nur, um das Bettelwesen oder -unwesen zu steuern, sondern vor allem, um den zwangsläufig auftretenden rechtlichen Problemen des Waren- und Geldverkehrs gerecht zu werden. Zahlungsfristen, Gewährleistungen, Gefahrenklauseln und dergleichen konnten nicht mehr nur mit Hilfe des Gewohnheitsrechts geregelt werden. So entstand im hohen Mittelalter, gegen sein Ende hin, in den Städten und in den großräumigen Handelsgemeinschaften der Kern des gesetzten Rechts. Eine ähnliche, wenngleich nicht so starke Ausprägung des gesetzten Rechtes tauchte durch die notwendig gewordene Verwaltung in den Ländern des Reiches auf – nicht im Reich selbst. Es entstand die Beamtenschaft, rekrutiert nicht oder jedenfalls nicht nur aus dem geistlichen Stand, keineswegs aus dem meist bildungsfeindlichen Adel, sondern aus dem Bürgerstand: es waren dies die an den Höfen und in anderen Verwaltungszentren tätigen Schreiber, Räte und Richter. Dabei muß man sich vergegenwärtigen, daß von einer Gewaltenteilung, also von Trennung von Gesetzgebung, Verwaltung und Rechtsprechung, noch längst keine Rede war.

Sechstes Kapitel

Im sechsten Kapitel erzeugt Geld in den Niederlanden noch mehr Geld – in Deutschland wird zum ersten Mal gestreikt – ein kleiner Knopf revolutioniert das Bewußtsein – erste Kochbücher bieten Raffiniertes – braungewandete Mönche entdecken das Starkbier als Fastenspeise – die Juden geraten zwischen die Mühlsteine – ein fremdartiges Volk hinterläßt wohlige Schauer bei frommen Bürgern.

Bedeutende Veränderungen des Wirtschaftslebens hat es im zu Ende gehenden Mittelalter, also der Staufer- und Luxemburger-Zeit gegenüber den vorangegangenen Jahrhunderten nicht gegeben, mit Ausnahme der etwas verbesserten Infrastrukturen (wozu auch die Sicherung der Wege gehörte) und der allerdings sehr starken Ausweitung des Fernhandels durch die Hanse. Im gewissen Sinn trat im 14. und beginnenden 15. Jahrhundert sogar eine Stagnation, wenn nicht sogar Verschlechterung durch den Bevölkerungsrückgang infolge der Pest und den damit verbundenen Arbeitskräftemangel ein. Erst in der Zeit, von der im folgenden Teil die Rede sein soll, begann sich die Wirtschaft langsam aus dieser Talsohle zu erholen. Eine Ausnahme in der allgemeinen Rezession bildeten die Niederlande, namentlich das heutige Belgien und speziell Flandern, wo sich für die damaligen Verhältnisse große Städte bildeten, die reich und reicher wurden, entsprechend dem kapitalistischen Grundsatz, daß Geld noch mehr Geld erzeugt; volkstümlich ausgedrückt in der wohl unbestreitbaren Wahrheit, daß »der Teufel immer auf den großen Haufen scheißt«. Antwerpen hatte um 1400 ca. 30 bis 40 000 Einwohner, 2800 Wohneinheiten und bedeckte eine Fläche von 210 ha (A. Verkulst), zwei »Messen« jährlich, eine zu Pfingsten und eine am St.-Bavo-Tag (1. Oktober), waren hochbedeutende Warenumschlagsgelegenheiten zwischen Deutschland und England, vor allem für Tuche. Freilich entwickelten sich die flandrischen Städte unter der Herrschaft der strikt nach Frankreich und französisch ausgerichteten Herzöge von Burgund, einer Nebenlinie des capetingischen Königshauses, vom Reich weg, und es ist schon jetzt die Frage, ob diese Länder überhaupt noch zum Deutschen Reich zählten – staatsrechtlich ja, praktisch (und der Sprache nach) nicht mehr.

Die zunehmende Bevölkerungsdichte in den Städten und die wachsende Bedeutung des Handwerks sowie die Entstehung größerer, nahezu fabriksmäßiger Handwerksbetriebe führten zu sozialen Spannungen. Für das Jahr 1351 ist der erste Streik in Deutschland verbürgt: in Speyer legten die Webergesellen die Arbeit nieder, um bessere Löhne zu erlangen. Ein ähnlicher Vorfall ereignete sich 1387 in Straßburg, hier streikten die Schustergesellen, zwei Jahre später die Schneidersgesellen in Konstanz. Sogar unter den Bauern gärte es gelegentlich, so 1391 in der Umgebung von Gotha. Insgesamt blieben diese Bewegungen aufs Ganze gesehen jedoch ohne Folgen.

*

Die Kleidung des niedrigen Volkes muß man sich von der Völkerwanderung an als, milde gesagt, sehr schlicht vorstellen. Man trug halt, was man hatte, und im Winter wickelte man sich noch einen Fetzen um die Schultern. Die höheren Stände trugen, zumindest auf den Darstellungen (ob im wirklichen Leben auch, erscheint mir fraglich) Gewänder, die ungefähr antiken Vorbildern entsprachen. Das war bis ins hohe Mittelalter so. Erst im 14. Jahrhundert keimte – in Adelskreisen und bald auch im reichen Bürgertum der Städte – die Erkenntnis auf, daß es bequemer ist, die Kleidung vorn zu schließen statt über den Kopf zu ziehen oder um den Leib zu wickeln. Der Knopf, so klein er ist, revolutionierte die Kleidung und, wer weiß, auch das Selbstwertgefühl, das Bewußtsein, das Denken?

Wie im ganzen kulturellen Bereich übernahm auch in der Mode (besser spricht man in der Zeit vielleicht noch von Kleidungsgewohnheit) Frankreich die Führung. Dort tauchte im 14. Jahrhundert – man kann das an den bildlichen Darstellungen in der Kunst ablesen – der gegürtete Rock auf, mit tief unterm Bauch sitzendem Gürtel, wurde bald in Deutschland nachgeahmt, hier »Tappert« genannt. Im Übrigen trug man als Mann die »Schecke«, d. h. eine kurze Jacke, enge »Beinlinge« (Strumpfhosen) und statt eines Hutes eine »Gugel«, eine Art Kapuze, die auch lappig die Schultern bedeckte und oben in einem langen Zipfel auslief. Frauen kleideten sich nicht mehr in einem durchgehenden Gewand, sondern in Leibchen und getrennt davon den Rock, die Leibchen (es gab schon Schnürleibchen) waren eng anliegend, bei feierlichen Gelegenheiten trug die Frau eine Schleppe. Die Verzierung der Kleidung wurde sowohl bei Frauen als auch bei Männern üblich, mit Nadeln, Schnallen, Bändern, Stickereien u. a., zum Teil so üppig, daß sich manche Magistrate bemüßigt fühlten, per Verordnung gegen den Putz einzuschreiten. Unterwäsche war dagegen unbekannt.

Gegen Ende des 14. Jahrhunderts kam dann – vom reichen Flandern kommend – der gezackte Ärmel auf, der zweifarbige Beinling, d. h. jedes Bein in einer anderen Farbe, dazu, häufig in umgekehrtem Sinn, getrenntfarbige Schuhe. Frauen erfrischten optisch mit sehr tiefen Ausschnitten bei hochgeschnürter Taille. Ein einfacheres Kleidungsstück für den Mann war eine Art ärmelloser Mantel, die »Henke«, um 1420 kamen die mit Sicherheit hinderlichen Schnabelschuhe auf, für Frauen die »Hennin«, die kegelförmige Haube mit Schleier.

*

Ein gewisser Wandel trat im Spätmittelalter, also im 14./15. Jahrhundert, in der Ernährung und in den Eßgewohnheiten ein. Aus dieser Zeit sind die ersten Kochbücher überliefert, aus denen hervorgeht, daß äußerst raffiniert und (z. T. stark) gewürzt gekocht und gebraten wurde. Sülzen und Pasteten, gefülltes Fleisch und dergleichen waren bekannt und beliebt, wobei selbstverständlich die sozialen Unterschiede von wahrscheinlich einschneidender Bedeutung waren. Beim »einfachen Volk« waren nach wie vor Brei und Mus aus Getreideprodukten (zunächst Hirse und Gerste, dann zunehmend Weizen und Roggen) und eingebrannte Suppen die ziemlich eintönigen Hauptmahlzeiten.

Verfeinerte Konservierungsmethoden und bessere Handelswege erlaubten abwechslungsreichere Mahlzeiten, der Fleischkonsum stieg, auch hier löste das Fleisch vom Rind und vom Schwein das Schaf- und Hammelfleisch ab. Geflügel und Wild galten als Herrenkost und standen an oberster Stelle der Geschmacks-Werteskala, im Übrigen war man nicht wählerisch und aß so gut wie alles, was sich bewegte, vom Frosch bis zum Schwan, wie aus dem Lied vom gebratenen Schwan in den ›Carmina Burana‹ (»Olim lacus colueram«) hervorgeht. Kaum vorstellbar für unsere Zeit ist, daß es damals weder Kartoffeln noch Reis gab. Das Zubrot war – eben – das Brot, das der Grundstock aller Nahrung war. Gemüse war weniger geschätzt.

Beachtlichen Einfluß auf die Eßgewohnheiten hatten die kirchlichen Fastengebote, die zu verletzen nicht nur Sünde war, sondern vom weltlichen Arm des Gesetzes – oft nicht unempfindlich – bestraft wurde. Außer der Fastenzeit vor Ostern waren Freitag (Jesu Todestag) und Samstag (an dem Jesus tot im Grab lag vor der Auferstehung) Fastentage; in manchen Gegenden auch der Mittwoch (warum, ist unklar). An diesen Tagen durfte kein Fleisch gegessen werden, nach strengen und weniger strengen Gegenden und Zeiten verschiedentlich auch keine tierischen Produkte wie Milch, Butter und Eier. Verboten war das Fleisch warmblütiger Tiere, d. h., Fisch war erlaubt. Die schon erwähnten verbesserten Infrastrukturen erlaubten es, daß auch im Binnenland neben Süßwasserfischen und Krebsen auch gesalzene und eingepökelte Seefische auf den Tisch kamen, der sich übrigens nicht selten bog. Sofern nicht Hungersnot herrschte, *fraßen* die im Mittelalter. Neben dem »imbs« (»Imbiß«) am Morgen und dem »Nachtimbs« gab es noch mehrere Zwischenmahlzeiten wie Jausen, Halbmittag, Vespern, Morgensuppe, Abendbrot und Schlaftrank. Essen und Trinken war nicht nur Leib-Zusammenhaltung, sondern – ganz im Ernst – Vergnügen, eins der wenigen Vergnügen, die der eintönige mittelalterliche Alltag den Menschen bot. Man hat einen Getreideverbrauch pro Kopf von zweihundert Kilogramm pro Jahr errechnet und einen Fleischverbrauch von bis zu hundert Kilogramm pro Jahr (heute sechzig bzw. siebzig Kilogramm pro Jahr).

Im 14. Jahrhundert trat das Bier seinen Vormarsch auf Kosten des Weins an. Nicht zuletzt hatte das einen Grund darin, daß die braungewandeten Mönche das Starkbier als »Fastenspeise« entdeckten. Die getrunkenen Mengen waren gewaltig. Zwei Liter Bier pro Tag zu trinken galt als normal. Wett- und Kampftrinken waren achtenswerte Belustigungen. Zum Trinken in geselliger Runde gehört auch das Spiel. Im frühen Mittelalter gab es hauptsächlich das Würfelspiel, für 1370 sind die ersten Spielkarten in Deutschland nachweisbar.

Die Ernährungs- und Eßgewohnheiten des Mittelalters sind verstärkt erst in jüngerer Zeit erforscht worden. Quellen dafür sind nicht nur die schon erwähnten Kochbücher und darüber hinaus Haushaltsabrechnungen, Zollbestimmungen und Steuererhebungen, sondern etwas, was man aufs erste Hinsehen nicht glaubt, was jedoch der Wahrheit entspricht: das Aufgraben und Analysieren von Abort- und Versitzgruben. Die Erforschung alter diesbezüglicher Örtlichkeiten, also Latrinal-Archäologie, brachte Querschnitte aus alten Abortgruben zutage, aus denen man ablesen kann, wann die betreffende Bevölkerung Durchfall hatte. Nun ja. Alles ist interessant, und die trocknende Zeit hat dieser Forschungsmaterie die gröbste Anrüchigkeit (im buchstäblichen Sinn) genommen. Dennoch drängt sich der Gedanke an den Spruch Roda Rodas auf: »Auf was die Wissenschaften nicht alles kommen, wenn man's läßt.«

*

Am Schluß dieses Teils der Erzählung muß wieder auf ein trauriges Kapitel der deutschen Geschichte hingewiesen werden. Auf die Pogrome gegen die Juden in der Mitte des 14. Jahrhunderts, als man die Pest, die damals wütete, der Einfachheit halber auf Brunnenvergiftungen durch die Juden zurückführte, wurde im zweiten Band dieser Erzählung eingegangen.

Nach dem Abflauen der Pest kam es nicht mehr zu solchen Judenverfolgungen, jedenfalls nicht in diesem Ausmaß. Dafür gerieten die Juden wie zwischen zwei Mühlsteine: die Fürsten und Bischöfe und auch die Könige schützten die Juden, die als »Kammerknechte« als »nostri Judei« (so der Erzbischof-Kurfürst von Köln) galten, was keineswegs Toleranz und Menschlichkeit bedeutete: die Juden waren die Melkkühe der Fürsten und Bischöfe, denn sie, die Juden, mußten ihre – trotzdem stets schwankende und gefährdete – Sicherheit kräftig berappen. Die Juden siedelten nicht auf dem Land, sondern in den Städten, das mußten sie, denn sie waren naturgemäß auf engen sozialen und räumlichen Zusammenhalt angewiesen, der auf dem Land nicht gewährleistet gewesen wäre. In den Städten aber waren die Juden Fremdkörper, nicht so sehr aus religiösen Gründen, darüber hätte man und hat man immer, wenn es um Geld und Kommerz ging, hinweggesehen, sondern weil sie als Kammerknechte des Königs oder Bischofs oder Fürsten nicht der städtischen Jurisdiktion und Besteuerung unterstanden. So war die Anwesenheit der Juden in den Städten stets ein Streitpunkt zwischen – zum Beispiel – dem Rat der Stadt Köln und dem längst nicht mehr in der Stadt, sondern zumeist in Bonn residierenden Erzbischof-Kurfürsten. Nie konnte sich eine jüdische Gemeinde sicher fühlen, so ruhig, brav und zuverlässig sie sich auch verhielt. Schutzbriefe der Städte gaben Atempausen, wurden sie nicht verlängert, mußten die Juden fortziehen – unter Hinterlassung ihrer Häuser selbstredend und dessen, was nicht zu transportieren war. Oft genug wußten sie nicht wohin. 1424 lief ein Schutzbrief für die Kölner Juden aus. Er wurde, gegen den Protest König Sigismunds und des Erzbischofs Dietrich, nicht verlängert: die Juden wurden ausgewiesen. Der jüdische Friedhof wurde zerstört, die Häuser einschließlich der Synagoge entschädigungslos enteignet. Die Synagoge wurde in die Ratskapelle umgewandelt und der »Jungfrau und Gottesmutter Maria« geweiht. Ob einer der Kölner daran dachte, daß diese legendäre Maria eine Jüdin gewesen war?

Der schleimige, speichelleckerische Rechtfertigungsbrief für die gegen königlichen Wunsch erfolgte Judenausweisung ist erhalten; er stammt aus dem Jahr 1431 und ist an König Sigismund gerichtet. Darin heißt die scheinheilige Begründung für die Ausweisung: »*... weil Unsere Stadt von Köln eine der* *heiligsten Städte der Christenheit genannt wird und sie an manchen Stellen mit großem, köstlichem Heiligtum der lieben Heiligen, die dort ruhen und ihr Blut um des Christenglaubens Willen vergossen haben, löblich verziert ist, daß die Juden mit ihren unchristlichen Füßen die heilige Erde darinnen billigerweise nicht mehr betreten sollen.«* Der wirkliche Grund war, daß sie in die christlichen Hände, die den christlichen Stadtsäckel verwalteten, keine Steuern zahlten, sondern in die christlichen Krallen des christlichen Erzbischofs.

*

Im 14. Jahrhundert taucht ein anderes Volk in Deutschland das erste Mal auf, das in mancher Hinsicht das negative Ansehen teilt, das den Juden durch Jahrhunderte schadete: die Zigeuner (die man heute Sinti und Roma nennt, was zur damaligen Zeit wahrscheinlich niemanden interessierte). Woher sie kamen, weiß man nicht. Keine der vielen Theorien über ihre Herkunft (aus Indien? Persien? Ägypten?) ist mit stichhaltigen Beweisen belegt. Sicher ist nur, daß sie zu Ende des 13. Jahrhunderts in Byzanz auftauchten, ihre Künste als Bärenführer und Schlangenbeschwörer vorführten und dann weiter – immer nomadisch-unstet – nach Westen zogen. 1407 tauchten sie – das erste Zeugnis für ihre Anwesenheit in Deutschland – in Hildesheim auf, 1417 berichtet eine Chronik aus Magdeburg, daß »Thateren, die Zegeuner genannt« auf dem Fischmarkt »einer auf des anderen Schultern getanzt« hätten.

Ihr fremdartiges Aussehen, ihre exotische Kleidung, ihre unstete Lebensweise und die rätselhafte Herkunft grenzten dieses Volk aus. Es half ihnen nicht, daß sie, wenngleich alles andere als orthodox und dogmatisch, Christen waren. Wurden sie, die ohnedies nicht so zahlreich waren, anfangs eher belustigt betrachtet und ihre Späße und Künste (u. a. das

Wahrsagen) als Unterhaltung und Abwechslung im öden Alltag geschätzt, wendete sich später ihr Ansehen ins Negative. Nicht selten galten sie – vermutlich zu Unrecht – als türkische Spione. Von blutigen Verfolgungen wie solche gegen die Juden ist zwar nichts überliefert, doch es kam zu Abschiebungen und Verweisen aus Stadt und Land. 1418 wurden die Tore von Basel für sie geschlossen, 1435 wurden sie aus Meiningen verjagt; ein wohliger Schauer über dieses bunt-unheimliche Volk blieb dann wohl zurück bei den frommen Bürgern hinter ihren Butzenscheiben, die – nebenbei gesagt – eben um diese Zeit in den begüterten Häusern aufkamen.

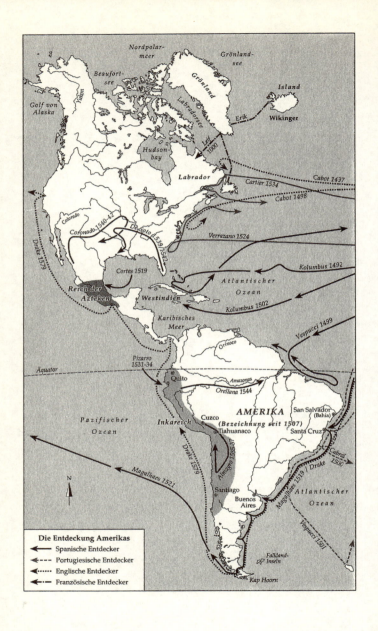

III. Teil

Die Entdeckung Amerikas

Erstes Kapitel

Im ersten Kapitel fällt nach dem Aussterben der Luxemburger die Krone an die Habsburger – Albrecht II. setzt keinen Fuß in sein Reich – der geistliche und weltliche Stand steht nackt und bloß da, ohne alles Ebenmaß – der Reichstag von Nürnberg erlaubt den Herrschenden, so fortzuwursteln wie bisher – die Landkarte des Reichs ist gesprenkelt: Fortwurstler allenthalben.

Mit dem Tod Kaiser Sigismunds im Dezember 1437 erlosch das Haus Luxemburg in männlicher Linie. Es folgte ein kurzes luxemburgisches Nachspiel in der Reichsgeschichte, bevor die Königs- und Kaiserkronen, als seien sie erblich, für dreihundert Jahre an die steirische Linie der Habsburger übergingen. Sigismund hinterließ aus seiner zweiten Ehe mit der Gräfin Barbara von Cilly eine Tochter Elisabeth, sein einziges Kind. Es war 1421, im Alter von zwölf Jahren, mit Herzog Albrecht V. von Österreich verheiratet worden. Albrecht, zur Zeit seiner Heirat immerhin schon vierundzwanzig Jahre alt, regierte die innerösterreichischen Lande, die Kernländer der habsburgischen Hausmacht: Ober- und Niederösterreich mit der Stadt Wien, einer der größten Städte des Reiches. Seine Vettern Friedrich V. und Albrecht VI. regierten entsprechend der seinerzeitigen Teilungsvereinbarung die Steiermark und Kärnten mit Sitz in Graz, der Vetter Friedrich IV., der zu Unrecht »mit der leeren Tasche« genannt wurde, herrschte in den »österreichischen

Vorlanden«, d. h. in Tirol, dem Elsaß und – soweit davon verblieben – in der Schweiz.

Kaiser Sigismund sah in seinem Schwiegersohn Albrecht seinen Erben, und tatsächlich befleißigte sich dieser treu luxemburgischer Haltung auch nach dem Tod des Kaisers, sodaß die kurze Zeit seiner Regierung (besser: die kurze Zeit, in der er Deutscher König war) der Ära Luxemburg zuzurechnen ist, obwohl Albrecht ein Habsburger war.

Als Landesherr in Innerösterreich war Albrecht tüchtig. Er ordnete die Finanzen und, ganz im Sinn der landesherrlichen Entwicklung auf Kosten der Reichsgewalt, die Gerichtsbarkeit. Er beteiligte sich so fromm wie erfolglos an Sigismunds Seite an den Hussitenkriegen und wartete im Übrigen darauf, daß er den Kaiser beerben werde.

Das war dann auch im Dezember 1437 der Fall: Albrecht erbte die Kronen Ungarns und Böhmens, die letztere allerdings nur dem Namen nach, denn immer noch herrschten in Böhmen und Mähren die Hussiten und ließen Albrecht so wenig ins Land, wie sie Sigismund hereingelassen hatten, obwohl Albrecht nur eine mäßig hussitenfeindliche Haltung an den Tag legte und die – oben erwähnten – »Prager Kompaktaten« ausdrücklich anerkannte. Anders in Ungarn: dort hatte Sigismund die Magnaten durch Eide an die von ihm vorgesehene Nachfolge gebunden, und Albrecht wurde ohne größere Schwierigkeiten als König anerkannt, trat allerdings ein schweres Erbe an, denn schon wieder drängten die Türken über die Südgrenze.

Mit wenig Schwierigkeiten und ohne größere Wahlgeschenke wurde Albrecht dann im März 1438 von sechs Kurfürsten zum Deutschen König gewählt: als solcher Albrecht II. Die Kurfürsten waren in Frankfurt zusammengekommen, und zwar – bis auf den Pfälzer, für den ein Onkel erschien – sogar in Person. Sechs Stimmen nur waren es deswegen, weil Albrecht als nomineller König von Böhmen und somit Kurfürst wegen seiner ungarischen Angelegenheiten nicht erscheinen konnte und auch keinen Vertreter schickte. Er betrat das Reich während seiner kurzen Regierungszeit (mit Ausnahme seines Erblandes Österreich) nie.

Noch einmal bewegte die Fürsten und vor allem die Einsichtigen unter den führenden Persönlichkeiten die marode Lage des Reiches. »Der Gehorsam ist tot, die Gerechtigkeit leidet Not, nichts steht in seiner rechten Ordnung...«, schreibt ein Anonymus (wahrscheinlich ein Basler Kleriker 1439) in der ›Reformatio Sigismundi‹ und fährt fort: »Aber eins soll man wissen, es kann nicht mehr so weitergehen, außer man hat eine rechte Ordnung des geistlichen und weltlichen Standes, denn beide stehen nackt und bloß da ohne alles Ebenmaß.« Der anonyme Verfasser, der seine Arbeit kühn (damals allerdings nicht unüblich) unter dem Namen einer bedeutenden Persönlichkeit veröffentlichte, um ihr mehr Gewicht zu geben, und hier sogar unter dem Namen des regierenden Kaisers, machte dann eine ganze Reihe ausgefeilter Reformvorschläge, so umfassend wie vernünftig (wenn auch gelegentlich von albernem Legendenwerk umrankt, etwa der Bemerkung, daß der erste Römische Kaiser Mimus geheißen und 700 vor Christus regiert und die Städte Trier und Solothurn gegründet habe), die von moralischen Vorhaltungen mit ansatzweise pazifistischen Gedanken bis zu Überlegungen zu Qualitätskontrollen für Handelswaren und Vorschlägen für Zölle und Steuern und ihre Verwendung reichen. Was letzteres betrifft, so plädiert der Anonymus für ihre Senkung, denn sie seien derzeit zu hoch. (Eine Feststellung, die wie weniges bis heute ihre überwältigende Gültigkeit bewahrt hat.) Von den Zöllen, so der Anonymus, sollten zwei Drittel für den Straßenbau verwendet werden. Hellsichtig war diesem Mann also klar, daß eine Hebung der allgemeinen Lage nur durch eine Verbesserung der Infrastruktur erreicht werden kann. Im Übrigen vertrat der Anonymus die Ansicht, daß überall und auf allen Gebieten die zentrale Reichsgewalt gestärkt oder überhaupt wiederhergestellt werden müsse. Ein Ergebnis, das aufs innigste zu wünschen gewesen wäre.

Der anonyme Verfasser der ›Reformatio Sigismundi‹ war nicht der einzige, der sich Gedanken zur Neugestaltung der Reichsverfassung gemacht hat. Noch zu Zeiten Kaiser Sigismunds schrieb Nikolaus Cusanus (1432 oder 1433) seine ›Concordantia catholica‹, wobei das nicht »katholisch« im kirchlichen Sinn heißt, sondern die ursprüngliche Bedeutung »allumfassend« meint. Cusanus entwirft einen Vorschlag zur Wiederherstellung der politischen Ordnung, der ganz erstaunliche Züge förmlich aufklärerischer Art aufweist, wie sie erst im ›Du Contrat social‹ Rousseaus gut dreihundert Jahre später wiederzufinden sind: die Weltordnung basiere nicht auf Zwangsgewalt der Oberen über die Unteren, sondern auf Übereinkunft, durch einen Vertrag zwischen Herrschern und Beherrschten. Cusanus, der seine Schrift vor allem für die Beratungen des Konzils von Basel verfaßte, dort auch vorlegte, sieht die Möglichkeit einer harmonisch- friedlichen Weltordnung nur in der gleichzeitigen Reform von Kirche *und* Reich und in der Angleichung und Abgrenzung der Rechte beider. Auch Cusanus begnügt sich nicht mit allgemeinen, theoretischen Erwägungen und macht konkrete Vorschläge, etwa den Vorschlag der Einrichtung einer festen, jährlich stattfindenden Reichsversammlung, auf der nicht nur die Fürsten und Herren, sondern auch – das war neu – die bürgerlichen Vertreter der Städte anwesend sein sollten.

Die Vorschläge des Cusanus wurden etwas später (1452) von einem ebenfalls anonymen Autor fortgeführt und sogar verschärft, indem zur Stärkung der Reichsgewalt eine Neueinteilung des Reichsgebietes in *Kreise* (statt der bisherigen Herzog- und Fürstentümer und Grafschaften), die Schaffung eines Reichsgerichts und einer Reichs-Hauptstadt mit ständiger Residenz des Königs gefordert wurde.

Als am 29. April 1438 eine Gesandtschaft der Kurfürsten dem Herzog Albrecht die Nachricht von seiner Wahl zum Deutschen König überbrachte, wurde er gleichzeitig aufgefordert, die Reichsreform in Angriff zu nehmen. Zu dem Zweck wurde ein Reichstag nach Nürnberg ausgeschrieben, der dann auch tatsächlich zusammentrat und auf dem zwei unterschiedliche Entwürfe zur Reform vorgelegt wurden: einer von den Kurfürsten und einer von den königlichen Räten. Beide Entwürfe befaßten sich hauptsächlich mit der Neugliederung der Verwaltung und mit der Reform des Rechtswesens, wobei an nichts Geringeres als an eine Vereinheitlichung der Rechtspflege gedacht war. Daß der königliche und der kurfürstliche Entwurf auseinanderklafften, ist nicht verwunderlich: der eine betonte die königliche Zentralgewalt, der andere die Privilegien der Landesfürsten.

Der Reichstag von Nürnberg krankte schon daran, daß König Albrecht II. nicht daran teilnahm. Er war mit den ungarischen Angelegenheiten weit hinten in der Puszta beschäftigt. Und so ging die Versammlung, ohne irgendein Ergebnis erzielt zu haben, im Oktober 1438 auseinander. Ein Ergebnis, wie es kläglicher nicht sein konnte, ein Zeichen der nicht anders als verbrecherisch zu bezeichnenden Verantwortungslosigkeit und des Eigennutzes der Herrschenden, die sich damit begnügten, in der Folge so fortzuwursteln, wie sie es bisher getan hatten.

Diese Fortwurstler waren in Österreich die Häupter der oben genannten drei Linien Habsburgs. Albrecht in Ober- und Niederösterreich, Friedrich in der Steiermark und in Kärnten und der andere Friedrich, der mit der inzwischen wieder kräftig gefüllten Tasche, in Tirol und Vorderösterreich.

Auch in Baiern wurstelten drei Linien: in Ingolstadt Ludwig VII. der Bärtige, ein französisch gesinnter Herr, der seit 1434 wegen Mißwirtschaft und Brutalität im Kirchenbann und in Reichsacht war und eben in dem Jahr von seinem eigenen Sohn Ludwig VIII. dem Buckligen bekriegt wurde, in Landshut Heinrich IV. (nach anderer Zählung sogar XVI.) der Reiche, der seinen Reichtum unter anderem dadurch erwarb, daß er die Bürger seiner Residenz 1410 zu Paaren getrieben und ihnen das Geld weggenommen hatte, außerdem war er gern damit beschäftigt, seinen Ingolstädter Vetter zu ärgern. In München war eben der in der Bernauerin-Sage so böse dargestellte Herzog Ernst gestorben, und es folgte ihm Albrecht III. »der Fromme«, der sich seit einem Jahr mit der legitimen Ehefrau Anna von Braunschweig tröstete.

In der Pfalz war auf Kurfürst Ludwig III., den Sohn des unglückseligen Königs Ruprecht, Ludwig IV. gefolgt, noch unmündig, weshalb für ihn sein Onkel, Pfalzgraf Otto zu Mosbach, die Regentschaft führte und ihn bei der Königswahl von 1438 vertrat.

In Sachsen wurstelte Kurfürst Friedrich II. der Sanftmütige im immer winziger gewordenen ehemaligen Kursachsen, in Sachsen-Lauenburg dämmerte Herzog Bernhard II. in der niedersächsischen Tundra vor sich hin. In Brandenburg war Kurfürst Friedrich I., der erste Hohenzoller dort, immer noch damit beschäftigt, seine Herrschaft gegen den Widerstand der Krautjunker zu befestigen, wobei ihm half, daß er im Fränkischen (Ansbach, Bayreuth, Kulmbach) über freundlichere Ländereien gebot.

Die braunschweigischen Welfen, blasse Nachkommen Heinrichs des Löwen, hatten ihr Herzogtum in mehrere Linien mit so pittoresken Beinamen wie Osterode, Harzberg, Grubenhagen und Salzderhelde bis zur Bedeutungslosigkeit aufgesplittert. Der Südwesten des Reiches war der wohl am meisten zersplitterte Teil; lediglich zwei Dynasten verfügten über vergleichsweise größere Gebiete: die Grafen von Württemberg und die Markgrafen von Baden. Die Grafen von Hessen, die von Nassau, von Oldenburg und so fort wurstelten auf ihren Familienbesitzungen und sogen die Bauern aus, so gut es ging. Die noch halbgescherten Herzöge von Schleswig, von Mecklenburg und von Pommern westen am Rande des Reiches vor sich hin, und man wußte im Einzelnen oft nicht einmal genau, ob sie dazugehörten oder nicht.

Und das ganze Reich war durchsetzt, seine Landkarte gesprenkelt von größeren und kleineren geistlichen Fürstentümern, von den vergleichsweise bedeutenden Gebieten der Kurfürsten von Mainz und Köln, der Erzbischöfe bzw. Bischöfe von Salzburg, Bamberg und Würzburg bis hinunter zu den Reichsstädten, den reichsunmittelbaren Abteien und Probsteien und dergleichen. Ihre geistlich-weltlichen Potentaten waren überwiegend die üblichen machtgeilen und sittenlosen Prälaten, teils Dumpfköpfe, teils Schweinigel (nicht selten beides), so daß es nicht der Mühe wert ist, von ihnen zu reden.

*

König Albrecht II., der in Böhmen gegen einen von den hussitischen Ständen aufgestellten Gegenkönig, einen polnischen Prinzen, zu kämpfen hatte, mußte sich gleichzeitig der Türken an der ungarischen Südgrenze erwehren. Sultan Murad II. hatte es in den Jahren vorher verstanden, die innertürkische Opposition altanatolischer Fürsten zu besiegen, hatte Thessaloniki, die zweitgrößte Stadt des byzantinischen (Rest-)Reiches, erobert und richtete nun seinen begehrlich-islamischen Blick auf Ungarn. König Albrecht II. rüstete einen Kriegszug und brach im Sommer 1439 mit seinem Heer nach Süden auf, erkrankte im Heerlager an der Ruhr und starb am 27. Oktober auf der Rückreise nach Wien in einem Dorf bei Gran und wurde in Stuhlweißenberg begraben. Der Feldzug verlief auch türkischerseits ohne wesentliches Ergebnis.

Zweites Kapitel

Im zweiten Kapitel startet Friedrich IV. die erste Werbekampagne für Österreich – eine mutige Frau raubt die Stephanskrone und hält sie über das Haupt eines drei Monate alten Babys – die Kronen Böhmens und Ungarns streifen die Habsburger nur ephemer.

Überall ließ er AEIOU anschreiben, einmeißeln, einprägen; er wurde später, in bösartig-ironischer Abwandlung der Reichsämter-Titulaturen des »Heiligen Römischen Reiches Erz-Faultier« genannt, in seinen letzten Jahren wurde er hinfällig, es mußte ihm ein Bein amputiert werden, und er war der letzte in Rom gekrönte Kaiser und hatte eine längere Regierungszeit als alle seine Vorgänger und Nachfolger, die längste eines Deutschen Königs und Römischen Kaisers: von 1440 bis 1493, mehr als ein halbes Jahrhundert. Die Rede ist von Friedrich III. aus dem Hause Habsburg, von manchen österreichischen Geschichtsschreibern nicht ganz zu Unrecht als Friedrich IV. gezählt, weil sie den Gegenkönig Ludwigs IV., Friedrich den Schönen, als »III.« mitrechnen. Was die Devise AEIOU bedeutet, ist nicht ganz klar, jedenfalls nicht, was sie für Friedrich bedeutete. Sie findet sich in seinem Notizbuch, in dem (allerdings von anderer, späterer Hand) der Zusatz angefügt ist: »Austriae est imperari orbi universo«, »Österreich ist es bestimmt, das Weltall zu beherrschen.« Auch eine deutsche Version gibt es: »*A*lles *E*rdreich *i*st *O*esterreich *u*ntertan.« Wichtig muß der Spruch für Friedrich gewesen sein, und seine Lebens- und Regierungshaltung lassen vermuten, daß er ihn wirklich so gemeint hat. Daß die Devise der Realität nicht entsprach, dürfte Friedrich klar gewesen sein. Er ließ den Spruch überall anbringen, einmeißeln, ob er paßte oder nicht.

Er war neun Jahre alt, als sein Vater, Herzog Ernst, 1424 starb und er, zusammen mit seinem um drei Jahre jüngeren Bruder Albrecht VI., die Herrschaft über die Steiermark und Kärnten erbte. (Die Mutter, Zimburgis von Masowien, eine Prinzessin aus einer polnischen Nebenlinie, starb bald danach.) Die Vormundschaft über Friedrich – als Erzherzog von Österreich Friedrich V. – übernahm Herzog Friedrich IV. von Tirol, der mit der leeren Tasche.

Der plötzliche und völlig unerwartete Tod König Albrechts II. 1439 veränderte die politische Situation in Deutschland, auch und vor allem für Herzog Friedrich, der vier Jahre vorher, 1435, zwanzigjährig, als nun volljährig die Herrschaft übernommen hatte und im März 1439, noch vor König Albrechts II. Tod, seinerseits die Vormundschaft für den Sohn seines nun verstorbenen ehemaligen Vormunds übernahm, den Erzherzog Sigismund von Tirol, womit er seine Herrschaftsbasis beträchtlich erweiterte. Erst 1446 erzwangen die Stände Tirols die Beendigung der Vormundschaft, die »österreichischen Vorlande« allerdings schanzte Friedrich seinem Bruder Albrecht VI. zu, den er damit aus dem Weg schaffte.

König Albrecht II. hinterließ aus seiner Ehe mit der letzten Luxemburgerin zwei Töchter, Anna und Elisabeth, und die Witwe in schwangerem Zustand.

Im Jahrzweit 1439/40 überstürzten sich für Habsburg also, wie man sieht, die Ereignisse. Am 2. Februar 1440 wählten die Kurfürsten, man hat den Eindruck: mehr aus Verlegenheit, den Herzog Friedrich zum Deutschen König. Drei Wochen danach brachte die Königin-Witwe Elisabeth, Witwe Albrechts II., einen Sohn zur Welt, der den völlig unhabsburgischen Namen Wladislaw (latinisiert Ladislaus) erhielt und in der Historiographie den Beinamen »Postumus« – also nach dem Tod des Vaters geboren. Die hochdramatische Geschichte dieses Ladislaus, der nur siebzehn Jahre alt wurde, zu schönsten, auch politischen Hoffnungen berechtigte, aber 1457 (vermutlich an der Pest) starb, gehört nur bedingt der deutschen Historie an. Die Königin-Witwe Elisabeth reflektierte für ihren Sohn offenbar mehr auf sein böhmisches und ungarisches Erbe, hatte kein Interesse an Innerösterreich, das sofort König Friedrich an sich riß, wenngleich nur unter dem Rechtstitel der Vormundschaft. Eine äußerst couragierte Hofdame der Königin Elisabeth, Helene Kottannerin, entführte die Krone des heiligen Stephan, die ungarische Königskrone also, aus der Burg Visegrad und führte in abenteuerlicher Aktion die Königin-Witwe und das Baby nach Preßburg, der ungarischen Krönungsstadt, wo der drei Monate alte Prinz, nun Ladislaus oder Wladislaw (ungarisch László) V., zum König von Ungarn gekrönt wurde. Die Stephanskrone hatte (bis in das 20. Jahrhundert) nahezu mystische Bedeutung. Ein ungarischer König galt nur dann als rechtmäßig, wenn ihm ganz konkret-körperlich die Stephanskrone aufgesetzt worden war. Im Fall des winzigen Ladislaus wurde sie über sein Köpfchen gehalten. Das – und alle anderen Umstände – wissen wir aus den ›Denkwürdigkeiten‹ jener Helene Kottannerin, den ersten Memoiren einer Frau, die erhalten geblieben sind.

De jure erbte Ladislaus Postumus auch die Krone Böhmens, doch in der Tat herrschten dort nach wie vor im Wesentlichen die Hussiten. Die religiöse und politische Lage war gespannt, der Zwiespalt zwischen den national-tschechisch ausgerichteten Hussiten und den katholisch-deutschen Oberschichten dauerte an, wenn es auch keine Hussitenkriege wie in den Jahrzehnten davor gab. 1453 erst wurde Ladislaus auch als König von Böhmen anerkannt, aber nur dank der Mitwirkung des tatkräftigen und schlauen Georg Podiebrad (tschechisch Jiři Poděbrad), des Herrn von Kunstadt, eines hussitischen Adeligen und einstigen Kampfgefährten Jan Ziskas. Podiebrad bewirkte, daß Ladislaus als Erbe der Luxemburger mit der Wenzelskrone gekrönt wurde, übernahm aber gleichzeitig das Amt des »Gubernators« für den unmündigen König und das des Landeshauptmanns von Böhmen.

So hatten die Kronen Böhmens und Ungarns in der Person König Albrechts II. die Sphäre der Habsburger nur ephemer für zwei Jahre gestreift, dann entschwanden diese Kometen der Macht über den nur halb als Habsburger zu zählenden Ladislaus in andere dynastische Regionen, um erst im nächsten Jahrhundert in den Schoß von Habsburgs Wappenschild – und dann (fast) endgültig – zurückzukehren.

Drittes Kapitel

*Im dritten Kapitel ärgert sich der Papst über das
Basler Konzil zu Tode – endlich gibt es wieder zwei Päpste,
und die Kirche hat den Schwarzen Peter – zwei Persönlichkeiten treten ins Licht der Geschichte – König Friedrichs
intimster Wunsch geht in Erfüllung, auch wenn es
für ihn als Geizkragen zunächst kostspielig wird –
das Kaisertum wird als Antiquität entlarvt – die Renaissance
findet romziehende Multiplikatoren – Konstantinopel fällt,
und das Geheul ist groß.*

Auf dem Konzil von Konstanz, das keine Antwort auf die Frage fand, ob das Konzil über dem Papst oder aber der Papst über dem Konzil stehe, wurde beschlossen, in regelmäßigen Abständen allgemeine Konzilien einzuberufen. Das Folgekonzil sollte im Jahr 1431 stattfinden, und zwar in Basel. Das Konzil von Basel, das bis 1449 dauerte und die letzten Jahre nur so dahindämmerte, war ein noch größerer Fehlschlag als das von Konstanz, aber immerhin wurde kein Hus und auch sonst niemand seitens der Konzilsväter verbrannt. Es ist nicht Aufgabe der Erzählung des Ganges der deutschen Geschichte, die vielfältigen dogmatischen Querelen – allesamt eigentlich läppisch, wenn man die Dinge mit nüchternen Augen betrachtet – darzustellen, aber einige Sachverhalte des Konzils berühren die deutsche Geschichte doch, vor allem die Kontroverse zwischen Papst und Konzil.

Martin V., jener Papst, durch den man in Konstanz die

Papst-Trinität des »Großen Schismas« ersetzt hatte, verfügte zwar noch – äußerst ungern und widerwillig – die Eröffnung des seiner Meinung nach höchst überflüssigen Konzils am 1. Februar 1431, starb jedoch drei Wochen danach. Vielleicht hat er sich über das Konzil totgeärgert. Sein Nachfolger Eugen IV., ein Venezianer namens Gabriele Condulmero, ein Neffe des, streng genommen, unkanonisch gewählten Gregor XII. und von diesem in kirchenrechtlich unzulässiger Weise zum Cardinal gemacht, war trotz seiner Zusicherung bei seiner Wahl ein so entschiedener Gegner des Konzilsgedankens wie sein Vorgänger. Konzilsgedanke hieß, verkürzt gesagt und in heutiger Terminologie: Demokratisierung der Kirchenführung.

Eugen IV. behinderte aus der Ferne das Konzil, wo immer es ging – er selber war nie in Basel. Er war in Rom damit beschäftigt, den Neffen und Vettern seines Vorgängers, also der Familie Colonna, die gigantischen Latifundien abzujagen, die ihnen ihr Papst zugeschanzt hatte. Er zog dabei den Kürzeren, denn die Colonna vertrieben den Papst aus Rom, der dabei – in konkret-körperlichem Sinn – Prügel bezog, als er aus Rom floh und unter seiner Verkleidung erkannt wurde. Er residierte fortan in Florenz und beschäftigte sich mit seinem Lieblingsgedanken: der Wiedervereinigung der griechisch-orthodoxen Kirche mit der lateinischen, d.h. der Unterwerfung aller Griechen unter die Obödienz des Papstes. Die Zeichen dafür schienen günstig, denn dem byzantinischen (also griechisch-orthodoxen) Kaiser Johannes VIII. Palaeologos stand das Wasser bis zum Hals. Die Türken hielten die Stadt Konstantinopel, das einzige, was vom großen Oströmischen Reich übriggeblieben war, in eisernem Griff. Ihr Fall war nur noch eine Frage der Zeit. So kroch der griechische Kaiser zu Kreuz, und zwar zum lateinischen, und unterwarf sich und alle Griechen dem römischen, d.h. im Augenblick florentinischen Papst. Das Ganze war eine Farce, denn der längst machtlose Kaiser Johannes VIII. konnte sagen, was er wollte, die griechisch-orthodoxen Christen, die entweder unter slawischer Herrschaft in Rußland oder längst unter türkischer lebten, pfiffen auf diese vom Papst laut als Erfolg begackerte »Union«. Doch Eugen IV. benutzte diese Farce, um die Bedeutung des Konzils herunterzuspielen, und verlegte es endlich 1437 nach Ferrara.

Das war den meisten Konzilsvätern zu viel. Sie erklärten Eugen IV. für abgesetzt und wählten einen ganz seltsamen Kandidaten, einen deutschen Reichsfürsten, nämlich den Herzog Amadeus von Savoyen. Die Grafschaft Savoyen, heute Teil des Südwestens Frankreichs, war als »Tor zu den Alpen« (d. h. vom Westen her) im Mittelalter von großer strategischer Bedeutung; die Grafen hatten sich durch geschickte Heirats- und andere Politik, auch durch Gewalt selbstredend, im benachbarten Italien ausgebreitet. Durch die im 13./14. Jahrhundert entstehende und erstarkende Eidgenossenschaft waren sie vom Reich abgeschnitten und orientierten sich – wie die niederländischen Potentaten und die lothringischen Herzöge – nach Frankreich hin; aber Reichsfürsten blieben sie doch, und König Sigismund hatte den Grafen Amadeus VIII. zum Herzog erhoben, denn er hatte das Piemont erworben und herrschte nun vom Genfer See bis zum Mittelmeer.

Amadeus, der erste und einzige Papst, wenngleich Gegenpapst, der Geschichte, der legal verheiratet war – gewesen war, muß man gerechterweise sagen –, war ein vermutlich wirklich tief religiöser Mann, wahrscheinlich frömmer und christlicher als alle seine zeitgenössischen Päpste, Bischöfe und Prälaten, war (ein seltener Fall) in glücklicher Ehe mit einer burgundischen Prinzessin verheiratet, die ihm neun Kinder gebar. Ihr früher Tod und vor allem der Tod seines ältesten Sohnes (er hieß auch Amadeus) stürzten den Herzog in tiefe Depressionen. Er überließ 1434 die Herrschaft seinem jüngeren Sohn und zog sich auf sein Schloß Ripaille am Genfer See zurück.

Was sich die in Basel verbliebenen Konzilsväter (ein Teil der Väter war wetterwendisch Eugen IV. nach Florenz gefolgt) davon erwarteten, daß sie diesen hochmögenden Laien zum Papst wählten, ist unklar. Vielleicht erhofften sie sich etwas von seinem diplomatischen Geschick, das Amadeus in den Jahren seiner Herrschaft mehrfach bewiesen hatte. Vielleicht bewegte sie die Gesinnung Amadeus', der als Graf und Herzog, wenn er in Schwierigkeiten geriet, der politischen Lösung gegenüber einem Krieg den Vorzug gegeben hatte. Die Wahl überraschte Amadeus, er zögerte lange, über einen Monat, dann nahm er sie an, dankte als Herzog förmlich ab, wurde zum Priester geweiht – was kanonisch in Ordnung war, er war ja verwitwet – und am Dreikönigstag 1440 in Basel zum Papst gekrönt. Er nahm den Namen Felix V. an. Nun gab es also (endlich?) wieder nicht mehr nur einen Papst. Die Amtskirche zählt Felix V. zu den Gegenpäpsten. Die Frage, ob das korrekt ist, mag als akademisch dahingestellt bleiben. Wenn man von der Tatsache ausgeht, daß Eugen IV. sich vor seiner Wahl dazu verpflichtet hatte, sogar schriftlich in einem »Wahlpakt«, das Konzil zu respektieren, und dann diesen Pakt zweifelsohne brach, so war seine Absetzung durch die Konzilsväter Rechtens und damit auch die Wahl Felix' V. ... Ob kanonischer Papst oder Gegenpapst, eine sympathischere Figur als der machtgierige Eugen IV. war der noble Herzog-Papst Amadeus-Felix allemal.

Die wenigsten Könige und Fürsten erkannten den neuen Papst an, aber die wenigsten auch stellten sich eindeutig auf die Seite Eugens. Die Kurfürsten, die bedeutenden Reichsfürsten und der inzwischen gewählte neue Deutsche König Friedrich III. verhielten sich betont neutral und schoben den Schwarzen Peter (mit Recht) der Kirche zu, warteten auf deren Entscheidung darüber, wer nun der richtige Papst sei.

Um diese Zeit traten zwei Persönlichkeiten ins Licht der Geschichte, die für das zweite Drittel dieses Jahrhunderts bedeutungsvoll werden sollten, und zwar, in mehrerlei Hinsicht, von gänzlich verschiedenen Seiten, denn beide Erscheinungen kündigten einen neuen Menschentyp an und eine neue Zeit.

Der eine wurde 1395 (oder 96) in Eger in Böhmen in einer im wahrsten Sinn des Wortes gutbetuchten, aber bürgerlichen Familie geboren, Sohn eines Tuchhändlers und Ratsherrn: Kaspar Schlick. Er studierte die »artes« in Leipzig, d. h. die weltlichen Wissenschaften, nicht die Theologie. Schon in jungen Jahren wurde der begabte Mann in die Hofkanzlei König Sigismunds aufgenommen, wurde »Notar« (was nichts mit dem heutigen Begriff zu tun hat, es bezeichnete den, der etwas, nämlich die königlichen Schreiben, *notierte,* also schrieb, registrierte usw.), dann Sekretär, »Protonotar« (also etwa: Chef-Schreiber), 1429 Vizekanzler. Als solcher hatte er sich schon König Sigismund unentbehrlich gemacht, vor allem bei der heiklen diplomatischen Vorbereitung der Kaiserkrönung. Der neue Kaiser schlug zum Dank dafür den Bürgersohn noch in Rom zum Ritter. Danach wurde Schlick als erster Laie kaiserlicher Kanzler. In gleicher Eigenschaft diente er dann König Albrecht II. und dann Friedrich III. Er wurde bald in den Freiherren-, dann in den Grafenstand erhoben und heiratete sogar eine schlesische Herzogstochter. Daß Albrecht II. in Böhmen als König anerkannt wurde, verdankte er dem Verhandlungsgeschick seines Kanzlers.

Es könnte auf dem Basler Konzil gewesen sein, wo Schlick den anderen Mann, von dem die Rede sein soll, kennenlernte. Was dessen Herkunft anbelangt, drängt sich der Vergleich mit den Schmarotzerpflanzen auf: der Schmarotzer saugt sein Opfer aus, wird um so dicker und fetter, je mehr das Opfer schrumpft, und geht das Opfer ausgesaugt endlich ein, dann geht zwangsläufig auch der Schmarotzer zugrunde. So ging es vielfach mit dem Kleinadel und seinen bäuerlichen Hintersassen, und zu solchem ausschmarotzt habenden und nun selbst abgerissenen Adel gehörte auch die wohl nach dem Spitznamen eines kleinwüchsigen Vorvaters *Piccolomini* genannte Familie aus der Umgebung von Siena. (Die Piccolomini Schillers, soweit historisch, waren Nachkommen dieser Piccolomini.) Der Verfall der Familie hinderte sie nicht daran, den Sprößlingen hochklingende Namen zu geben: Aeneas Sylvius kostet auch nicht mehr als ein ordinärer Giovanni. Dieser Aeneas Sylvius oder (italienisch) Enea Silvio Piccolomini war ungefähr zehn Jahre jünger als Schlick, hatte, so jedenfalls die biographische Legende, in seiner frühen Jugend die Schafe der Familie gehütet, dann aber studiert und sich zum Humanisten gebildet. 1432 reiste Piccolomini im Gefolge des Cardinals Capranica als dessen Sekretär zum Konzil von Basel, wo bald andere Prälaten auf den begabten und eloquenten jungen Mann aufmerksam wurden. Daß er nebenher poetische Texte verfaßte, wußten wenige. Es folgten diplomatische Missionen, und 1436 wurde er offizieller Beamter des Konzils und vertrat entschieden den konziliaren Standpunkt, d.h. die Meinung, daß das Konzil über dem Papst stehe.

Dieser Meinung war auch sein neuer Freund Schlick, über dessen Liebesabenteuer er die schlüpfrige Novelle ›Euryalus et Lucretia‹ schrieb (auf lateinisch). Folgerichtig stellte sich der immer einflußreicher werdende Piccolomini nach der Absetzung Eugens IV. auf die Seite Felix' V. und verfaßte eine Streitschrift zu dessen Lob und Ruhm. 1442 ging er als Gesandter des Konzils auf den Reichstag von Nürnberg, auf dem (wieder einmal) die Reichsreform als höchst notwendig begackert wurde und weiter nichts geschah; nur für Piccolomini wurde die Reise insofern ein Erfolg, als daß der an humanistischer Bildung stark interessierte und auch selbst sehr gebildete König Friedrich III. auf den jungen Dichter und

Diplomaten aufmerksam wurde und ihn zum Sekretär der königlichen Kanzlei machte. Seitdem leiteten Schlick und Piccolomini die Politik König Friedrichs. Dennoch hatte Piccolomini nebenbei noch die Muße, ein erotisches Lustspiel ›Chrysis‹ zu schreiben. Er wurde vom König zum *poeta laureatus* gekrönt. Ob seine nachgewiesenermaßen zahlreichen unehelichen Kinder etwas davon hatten, bleibt ungewiß.

Nun aber war König Friedrichs innigster Wunsch: die Kaiserkrone. Ohne sich im Übrigen haltloser imperialer Träume hinzugeben – dazu war der Geizkragen Friedrich viel zu nüchtern –, sah er sich doch aufgrund seines Namens Friedrich in der Tradition der staufischen Friedriche, die damals schon von ruhmvollen Legenden umrankt waren. Die Kaiserkrone war allerdings nur in Rom zu holen, und dort saß der abgesetzte Papst Eugen IV. Der Parteiwechsel, den Piccolomini nun vollzog – und mit ihm Schlick –, war nicht allzu schwer, denn Papst Felix V. bereute inzwischen, die fragwürdige Wahl angenommen zu haben, und suchte schon nach einem Ausweg, der ihm einen würdigen Rückzug ermöglichte. Ob Piccolominis radikaler gleichzeitiger Gesinnungswandel echt war oder nur ein geschickter Karriere-Schachzug dieses frühen Renaissance-Menschen, sei dahingestellt. Jedenfalls ließ er sich zum Priester weihen (eine schwere Krankheit habe, heißt es, seine moralische Umkehr bewirkt), sagte sich von Felix V. los und lief zu Eugen IV. über – oder zurück, der ihn in Gnaden aufnahm, was nicht zu des Papstes Schaden war, denn Piccolomini, wie im Übrigen etwa gleichzeitig Nikolaus Cusanus, begann die Rechtmäßigkeit Eugens zu predigen und brachte es tatsächlich fertig, daß der König Friedrich und alle Kurfürsten die bisherige neutrale Haltung aufgaben und Eugen anerkannten. Daß damit das Konzil von Basel praktisch am Ende war und damit der konziliare Gedanke, ist klar.

Daß 1447 Papst Eugen IV. starb, änderte an der Sachlage

dann kaum mehr etwas, erleichterte aber doch den weiteren Gang der Dinge, den Rückzug Papst Felix' V. ohne Gesichtsverlust und endlich Friedrichs Ziel aller (derzeitiger, vorläufiger) Wünsche: die Kaiserkrönung. Die vollzog dann Eugens Nachfolger, der gelehrte, am aufkeimenden Humanismus interessierte und äußerst kunstsinnige und kunstverständige Tommaso Parentucelli, der sich als Papst Nikolaus V. nannte. König Friedrich zog mit großem Gefolge, in dem sich auch sein Bruder Albrecht und der nominelle König Ladislaus Postumus von Böhmen und Ungarn, des Königs Mündel, befanden, über die Alpen – ohne Heer; der letzte Italienzug eines Deutschen Königs war eine friedliche, wenngleich trotzdem kostspielige Angelegenheit. Der Geizkragen Friedrich brachte aber die Kosten wieder herein und darüber hinaus sogar Überschuß, indem er Privilegien, Titel und Gnadenbeweise verkaufte. Mancher eitle Pfeffersack, mancher glanzliebende Prälat ließ es sich etwas kosten, sich von nun an »kaiserlicher Rat«, »Hofkaplan«, »Doktor« oder sogar »Pfalzgraf« nennen zu dürfen. Über Venedig erreichte Friedrich, der im Winter 1451 aufgebrochen war, am 9. Februar Siena, die Heimat seines Kanzler- Sekretärs Piccolomini, der inzwischen vom Papst aus Dankbarkeit zum Bischof dieser Stadt erhoben worden war, und dort erwartete ihn ein anderes Ereignis: er traf und sah zum ersten Mal seine Braut, die Infantin Eleonora von Portugal, Tochter König Duartes (Eduards). Es war höchste Zeit, für den Fortbestand der Dynastie zu sorgen; König Friedrich war immerhin schon siebenunddreißig Jahre alt, die Ehen seines Bruders Albrecht VI. und seines Vetters Sigismund von Tirol waren bzw. blieben kinderlos. Ungefähr fünfzig Jahre später ließ Piccolominis Neffe, Sohn seiner Schwester, der Cardinal Francesco Todeschini-Piccolomini, unter anderem diese Szene, bei der Piccolomini selbstverständlich dabei war, in dem großartigen Freskenzyklus darstellen, den Pinturicchio in der Libreria del Duomo in Siena schuf und der in seinem romantischen Glanz heute noch vollständig erhalten ist.

Am 9. März zog Friedrich in Rom ein, am 16. fand die Hochzeit mit der Infantin Eleonora statt, am 19. März wurde König Friedrich dann zum Kaiser gekrönt. Der Papst stand im Übrigen der ganzen Sache, jedenfalls den äußeren Umständen, äußerst mißtrauisch gegenüber. Er hatte Tausende von Söldnern in Rom zusammengezogen, weil er befürchtete – Beispiele in der Geschichte gab es ja genug –, daß sich der König, der zwar ohne Heer, aber mit immerhin zweitausend Rittern dahergezogen kam, die natürlich ihre Schwerter dabei hatten, sich zum Herrn der Stadt Rom aufschwingen könnte. Die Sorge des Papstes war grundlos: Friedrich, der neue Kaiser, war nur am grandiosen Spektakel interessiert. Daß hinter den ganzen Huldigungen, den schmeichlerischen Ergebenheitsadressen, den »ciceronianischen« Schmeichelreden (u. a. des Bischofs Piccolomini) und sogar hinter der talmiglänzenden Kaiserkrone kein realer Wert, keine historische oder politische Bedeutung mehr steckte, war dem eitlen Kaiser gleichgültig. In Gregorovius' unvergleichlich vorzüglicher ›Geschichte der Stadt Rom im Mittelalter‹ findet sich eine anschauliche Schilderung dieses eher kuriosen Romzuges (wenn auch, scheint mir, die Figur Friedrichs allzusehr ins Blödelhafte hin gedeutet ist) und darin der Satz: »Nun zeigte [sich], daß jenes katholische Kaisertum, das Ideal des Mittelalters, eine Antiquität geworden war, ein Gegenstand für Schauspiele welthistorischen Stils und für akademische Reden humanistischer Kunst.«

Immerhin nahmen der Kaiser und sein großes Gefolge die Eindrücke davon mit, was die Renaissance in Künsten und Zivilisation besonders in Florenz hervorgebracht hatte, welches Fenster für frischen Menschheitswind hier aufgestoßen worden war. Zu genau der Zeit, als Friedrich III. in Rom war, hatte Papst Nikolaus V. Fra Angelico mit der Ausmalung seiner Hauskapelle beauftragt, und die Broncetüren des Filarete am Tor St. Peters hingen schon sieben Jahre. Daß in eben dem Jahr 1452 in einem winzigen Nest bei Florenz der uneheliche Sohn eines Notars geboren wurde, Leonardo, nach eben jenem Nest »da Vinci« genannt, der einer der ganz großen Erneuerer der Kunst werden sollte, ist selbstredend für den kaiserlichen Italienfahrer nicht bemerkbar gewesen, ist jedoch einer jener Zufälle, die in der Geschichte erfrischend signifikant sind.

Nach einem kleinen Abstecher nach Neapel kehrte der Kaiser mit seiner frischen (und nach Zeitzeugnissen auch sehr schönen) Kaiserin, weiter gnadenweise papierene Titel verkaufend, nach Wiener Neustadt zurück, wo er residierte – nicht in Wien. Es dürfte nicht ohne geistesgeschichtliche Auswirkungen geblieben sein, was die Romfahrer – alle ja aus gehobenen Schichten und das, was man heute »Multiplikatoren« nennt – aus dem in der Renaissance aufblühenden Italien mitbrachten. So gesehen war die Kaiserkrönung vielleicht doch nicht ohne allen Nutzen.

*

Wenige Monate später, im Mai 1453, erschütterte die Katastrophenmeldung vom Fall Konstantinopels das christliche Abendland. Was jahrelang schon zu befürchten stand, was nur noch von einer gemeinsamen Anstrengung aller abendländischen Fürsten hätte verhindert werden können, zu welcher Anstrengung sie aber durch Eifersüchteleien, Aversionen, Kriege gegeneinander nicht fähig waren, war eingetreten: die Türken hatten die oströmische Kaiserstadt erobert, der letzte dortige Kaiser, ein Konstantin wie der erste (Konstantin XI. Palaeologos), fiel in der letzten Schlacht.

Das Geheul im Westen war groß. Man hätte vorher heulen sollen, zur Einigkeit nämlich, denn wenn die Fürsten im Westen wirklich ihre Partikularinteressen, Päpste und Bischöfe ihre kleinkarierten Dogmenstreitigkeiten, die italienischen Stadtstaaten (Venedig, Genua und Florenz voran) ihr pfeffersäckisches Profitstreben wenigstens für kurze Zeit hintangestellt und ihre Kräfte vereinigt hätten, hätten sie die Türken und den Islam weit in die asiatischen Steppen und Wüsten zurückgetrieben, woher sie gekommen waren.

Doch es war bei halbherzigen Beteuerungen geblieben. Auch Friedrich regte keinen Finger, er, der in seiner stolzen Titulatur das »Semper August«, d. h. »immer Mehrer des (Römischen) Reiches«, führte, der Schirmvogt der Kirche Christi, er sonnte sich lieber in den blitzenden Brillanten seiner neuen Krone. So blieb nur das Geheul. Es sollte noch schlimmer kommen.

Viertes Kapitel

Im vierten Kapitel lenkt der tapfere Haudegen Albrecht Achilles die Geschicke des Reiches – die Nürnberger füllen ihre Pfeffersäcke – Friedrich der Siegreiche macht seinem Namen alle Ehre – die Habsburger verbünden sich mit gelbäugigen Massenmördern – die Schweizer Eidgenossen verteidigen ihre Freiheit und wenden sich dann wieder der Käseproduktion zu – die Stadt Soest sagt sich von der Pfaffenschaft los – Bischöfe, Fürsten und Grafen führen Kriege, ohne daß der Kaiser einen Finger rührt.

Mit der Schilderung der Kaiserkrönung 1452 und des Donnerschlages, wie die Nachricht vom Fall Konstantinopels wirkte, bin ich der eigentlichen Geschichte des Reiches etwas vorausgeeilt. Von 1444 an blieb König, dann Kaiser Friedrich III. dem Reich, soweit es nicht seine Erblande waren, fern, und zwar über ein Vierteljahrhundert. Das Reich blieb sich selbst überlassen, und entsprechend war auch die Entwicklung. Die zentrale Reichsgewalt versickerte mehr und mehr, wenngleich gerade unter der Regierung Friedrichs so etwas wie eine Stärkung des kaiserlichen Ansehens zu bemerken war. Man hat den Eindruck, daß Friedrich, der fernblieb und sich in nichts einmischte, beruhigt als oberster Repräsentant des Reichs anerkannt werden konnte, als oberste Instanz akzeptiert – weil sie niemand anrief. Dafür entwickelten sich innerhalb des im 14. Jahrhundert schon grotesk gewordenen Fleckerlteppichs von Territorien neue – um den auf den ersten Blick widersinnigen Ausdruck zu gebrauchen – lokale Zentralgewalten, d. h. einzelne Landesherren. Reichsfürsten schluckten Gebiete winziger, manchmal auch größerer, in der neuen Zeit und unter den neuen wirtschaftlichen Verhältnissen nicht mehr lebensfähiger Herrschaften und Grafschaften und dergleichen. Dabei ist zu bemerken, daß dadurch der Einfluß der geistlichen Kurfürsten (wie auch der anderen geistlichen Reichsfürsten), aufs Ganze, d. h. auf die Reichspolitik gesehen, zurückging. Die marode Kirche verbreitete derweil ihren Fäulnisgeruch.

Einer der Fürsten, die neben oder, wie gesagt, anstatt König und Kaiser mittelbar oder unmittelbar die Politik bestimmten, war Markgraf Albrecht von Brandenburg. Er war der jüngere Sohn des aus Franken nach Brandenburg hinaufbeförderten Kurfürsten Friedrich I., bekam beim Tod des Vaters die fränkischen Erblande, die für ihn zentrales Herrschaftsinteresse blieben, auch nachdem er 1470 die Kurwürde nach dem Tod seines söhnelosen älteren Bruders erbte. In seinen jungen Jahren entpuppte er sich als ein tapferer Haudegen (etwa im Kampf gegen die bösen Hussiten, die dem Papst so tiefe Sorgenfalten ins Gesicht gruben), daß ihm der stets in antiken Bahnen denkende kaiserliche Hofkanzleisekretär Aeneas Sylvius Piccolomini den Beinamen Achilles, nach dem Helden der ›Ilias‹, verpaßte, unter welchem Namen – Albrecht Achilles – er in die Geschichte einging.

Albrecht Achilles war ein treuer Freund und Bundesgenosse der Habsburger, sowohl König Albrechts II. als auch Kaiser Friedrichs III., allerdings nur, bis er 1467 seine Tochter Ursula mit einem der Söhne des Königs Georg Podiebrad von Böhmen verheiratete, den Habsburg als Usurpator betrachtete. Von diesem Georg wird noch zu reden sein. Vorher diente Albrecht Achilles dem König als »Oberster Feldhauptmann in Schlesien« und vertrat dann als »Reichshauptmann« den seit 1444 im inneren Reich unsichtbar gewordenen König und Kaiser, vor allem war er jedoch bemüht, die Ausdehnung und die Verwaltungskraft seiner fränkischen Erblande, also Ansbach, Bayreuth und Kulmbach, zu mehren, was ihm auch gelang, wenngleich ihm, was ihm eigentlich vorschwebte, die Schaffung eines fränkisch-hohenzollerschen Herzogtums nicht glückte.

1449 brach Achilles einen Streit mit der mächtigen Reichsstadt Nürnberg vom Zaun, der zum »Markgrafenkrieg« führte, in dem der Markgraf am 11. März 1450 bei Pillenreuth (bei Schwabach) zwar Hiebe seitens der reichsstädtischen Truppen bezog, aber dank Raub- und Streifzügen und der Verbreitung allgemeiner Unsicherheit um Nürnberg dem Handel schweren Schaden zufügte. So fanden sich die Nürnberger Patrizier zu einem Kompromißfrieden bereit, der dem Markgrafen einigen Gebietsgewinn brachte, wofür er im Übrigen die Nürnberger in Ruhe ließ, so daß sie ihre Pfeffersäcke weiter füllen konnten.

Auch nachdem er Kurfürst geworden war, residierte er lieber auf seiner schönen Plassenburg in Kulmbach und ließ Brandenburg durch fränkische Räte regieren, was nicht zum Schaden des Landes war, denn Achilles hinterließ seinen Erben (er starb 1486) das Land nicht nur schuldenfrei, sondern dazu 400 000 Gulden in bar, eine nach heutigem Begriff in zwei- bis dreistellige Milliardenhöhe (an Euro) gehende Summe. Die »Dispositio Achillea«, ein Hausgesetz, das Albrecht 1473 erließ, regelte die Erbfolge vernünftig und verhinderte die in anderen Fürstentümern schädliche zu starke Erbteilung, kurz vor seinem Tod (1482) gelang es ihm, ein wichtiges Teilherzogtum Schlesiens, nämlich das Gebiet Krossen zu erwerben (als Pfand zunächst; 1537 endgültig zu Brandenburg), den wichtigsten Oder-Übergang nach Osten.

*

Zeitweilig in scharfem Gegensatz zu Achilles und vor allem in nahezu stetem Gegensatz zum Kaiser finden wir den anderen großen deutschen Territorialherrn dieser Zeit: Kurfürst Friedrich I. von der Pfalz, dem die Geschichtsschreibung nicht zu Unrecht den Beinamen »der Siegreiche« gegeben hat. Als jüngerer Sohn des Kurfürsten Ludwig III. war er eigentlich gar nicht zur Nachfolge in Herrschaft und Kurwürde bestimmt, doch als sein Bruder, Kurfürst Ludwig IV., überraschend und in relativ jungen Jahren starb, übernahm Friedrich, bis dahin nur Pfalzgraf eines kleinen pfälzischen Territorialsplitters, die Vormundschaft über Ludwigs Sohn Pfalzgraf Philipp (ein Kind, noch nicht ein Jahr alt) und verstand es durch einen Trick, sich die Kurwürde zu verschaffen. Er adoptierte nämlich im Einverständnis mit der Kurfürstin-Witwe, seiner Schwägerin und Mutter Philipps, das Kind, womit nach römischem Recht, das damals auch in Deutschland langsam das Rechtsleben zu bestimmen begann, der Kurfürst Ludwig söhnelos gestorben war und Friedrich also Kurfürst werden müsse. Der Kaiser tobte. Er hätte gern in den politischen Ungewißheiten im Trüben gefischt; doch die pfälzischen Stände stimmten zu, und Friedrich konnte sich behaupten; in der »Oberpfalz« nahm er die auf habsburgische Anstiftung aufmuckende Stadt Amberg beim Ohr und sicherte sich das Gebiet. Im Übrigen verhielt er sich gegen den kleinen Philipp korrekt: Er erklärte ihn, seinen »Sohn«, zum Erben der Pfalz und der Kurwürde und verpflichtete sich, um nicht durch eigene Kinder diese Erbfolge zu gefährden, nicht zu heiraten. (Dies hielt er nicht: er heiratete, allerdings nicht »standesgemäß«. Er konnte es sich unter diesen Umständen leisten, aus Liebe zu heiraten, und zwar die schöne Clara Tott, auch eine Augsburgerin, allerdings keine dubiose Baders-, sondern eine Bürgerstochter. Die Ehe verlief dann auch glücklicher. Die Nachkommen aus ihr waren und sind heute noch die Grafen und Fürsten von Löwenstein-Wertheim.)

Seine von verschiedenen seiner Fürstenkollegen nicht anerkannte Stellung als Kurfürst veranlaßte diese mehrfach, zum Teil mit Gewalt gegen ihn vorzugehen, um ihrerseits Gewinn daraus zu ziehen. Doch Friedrich behauptete sich siegreich, wie sein Beiname sagt, in allen Fehden und Kleinkriegen, sowohl im Fränkischen gegen Albrecht Achilles als auch am Rhein gegen den Erzbischof von Mainz, den er an der Gurgel packte, seine Ansprüche anzuerkennen, und sogar zur Abtretung von Schauenburg und der Bergstraße zwang. Den Bischof Georg von Metz, den Markgrafen Karl von Baden und den Grafen Ulrich V. von Württemberg (einen – was auch nicht oft vorkommt – Schwiegersohn eines Papstes; er hatte nämlich eine Tochter Felix' V., also Herzog Amadeus' VIII. von Savoyen, geheiratet) nahm Friedrich gefangen und erpreßte kräftige Lösegelder. Dem Kaiser war dieser Kurfürst ein derartiger Dorn im Auge, daß er ihn in die Reichsacht tat, was völlig wirkungslos verpuffte. Ein klägliches Reichsheer, das der Kaiser gegen Friedrich schickte, erledigte dieser mit der linken Hand.

Kurfürst Friedrich, humanistisch gebildet, eine, um es poetisch auszudrücken, Lichtgestalt unter den Finsterlingen der Potentaten, förderte und reformierte seine Universität Heidelberg und errichtete, da das Reichsgericht inzwischen mangels kaiserlicher Unterstützung eingegangen war, ein eigenes pfälzisches Appellationsgericht und vereinheitlichte damit die Rechtspflege in seinem Territorium. Bei seinem Tod (er war nur 51 Jahre alt) hinterließ er seinem Neffen und Adoptivsohn Philipp ein wohlgeordnetes Land, abgerundet um die Grafschaften Lützelstein und Veldenz. Der Kaiser in Wiener Neustadt atmete auf.

*

Eine schwere Krise erschütterte in der ersten Hälfte des 15. Jahrhunderts die Eidgenossenschaft und hätte um ein Haar die dort errungenen Freiheiten zunichte gemacht. Auslösend dafür war eine schon länger andauernde Animosität der Stadt Zürich gegen den Kanton Schwyz. Es ging um die Paßstraßen und -übergänge im Oberland, die für den Zürcher Handel wichtig waren. Durch geschickte Politik hatte sich die Stadt Zürich im Lauf der vergangenen Jahrzehnte ein großes territoriales Umfeld geschaffen (etwa den heutigen Kanton Zürich). Außerdem hatte sie in luxemburgischer Zeit Privilegien erworben (z. B. die Blut-, d. h. alleroberste Gerichtsbarkeit) und war dadurch de facto reichsunmittelbar geworden, so gut wie ein Reichsfürst. Das bedeutete ein Übergewicht in der Eidgenossenschaft, das die auf ihre Verdienste und freiheitliche Tradition stolzen Urkantone, voran Schwyz, nur ungern sahen.

Als sich Zürich nicht scheute, zu Zeiten König Friedrichs III. mit den erbittertsten Feinden der Eidgenossenschaft, nämlich den Habsburgern, ein Bündnis einzugehen, kam es zum offenen Konflikt. Friedrich, von dem ich mir nicht vorstellen kann, daß er die Schande von Sempach vergessen hatte, in der sein Großvater (Leopold III.) von den Schweizer Bauern abgeschlachtet worden war, hoffte, mit Hilfe Zürichs die habsburgischen Besitzungen, die Stammlande, wiederzugewinnen. Es kam zum »Alten Zürichkrieg«, in dem sich der König und die Stadtherren von Zürich nicht scheuten, zusätzlich zu ihrem eigenen Aufgebot die Armagnaken in Sold zu nehmen.

Die Armagnaken (deren Name nicht unmittelbar mit der südfranzösischen Landschaft Armagnac zu tun hat) waren eine Horde von gelbäugigen Massenmördern, der Abschaum aus aller Herren Länder, die aus dem englisch-französischen Krieg übriggeblieben und arbeitslos waren. Ihre Zahl wird in zeitgenössischen Berichten schaudervoll überschätzt, nicht jedoch ihre Grausamkeit. Sie verdingten sich – straff organisiert unter einem »Capitain« genannten Obermassenmörder – in verschiedenen Kriegen, hauptsächlich in Westeuropa, und wo sie auftauchten, verbreiteten sie unter der Bevölkerung noch mehr Schrecken als »normale« Heere der Zeit, und das will was heißen. Die Armagnaken waren nichts anderes als eine Pest in Menschengestalt, eine Unheilswalze, die überall, wo sie hinkam, Land und Dörfer und Städte und Mensch und Vieh im Feuer und Blut erdrückte – das heißt: das Vieh fraßen sie natürlich.

Und solche infernalische Ausgeburt holten Habsburg und Zürich in die Schweiz. König Friedrich bat den französischen König Karl VII. um diese Unterstützung, und Karl VII. gewährte sie nur zu gern, weil er dadurch die Plage aus dem eigenen Land loswurde. Er schickte mehr als gewünscht. Die Zahlen gehen in den verschiedenen Schilderungen stark auseinander, es werden bis zu vierzigtausend genannt, was allerdings, wie gesagt, übertrieben sein dürfte. Doch auch die Hälfte genügte, die unter dem Kommando des französischen Kronprinzen, des Dauphin Louis, zunächst einmal Elsaß und Lothringen verwüsteten und dann in die Schweiz eindrangen. Bei Basel nahe einem Weiler namens St. Jakob an der Birs traten am 26. August 1444 nur eintausendfünfhundert Eidgenossen (nach anderen Quellen zweitausend) den zahlenmäßig weit überlegenen Armagnaken gegenüber. Es kam zur Schlacht, bei der das eidgenössische – Heer kann man kaum sagen – Fähnlein zwar aufgerieben wurde, nur sechzehn entkamen (zweihundert nach anderer Zählung), den Armagnaken jedoch solche Verluste beigebracht wurden, daß diese so gut wie erledigt waren. Sechstausend Armagnaken erschlugen die eidgenössischen Kämpfer, den Rest der Fliehenden stachen die erbosten Schweizer und elsässischen Bauern ab. Der Dauphin schloß mit der Eidgenossenschaft im Oktober des Jahres den Frieden von Enzisheim, in dem er beschwor, die Eidgenossen hinfort in Ruhe zu lassen. Zürich mußte sich dazu bereitfinden, in die Eidgenossenschaft zurückzukehren (1450), und der Kaiser mußte schmollend einsehen, daß die Schweiz für Habsburg endgültig verloren war.

So ging die Eidgenossenschaft gestärkt aus dieser Krise hervor. Das bewirkte naturgemäß eine neue Anziehungskraft auf umliegende Gebiete, und so schlossen sich im Lauf der nächsten Jahrzehnte mehrere Städte und Landschaften der Eidgenossenschaft an, so Schaffhausen 1454, Rottweil 1463, Mühlhausen 1466. St. Gallen wurde im Appenzeller Krieg von der Pfaffenherrschaft des Klosters befreit, der Thurgau, die »Gemeinen Herrschaften« westlich des Oberrheins, wurde Habsburg, der südliche Teil der westlichen Herrschaft dem Bischof von Basel entrissen, Fürstentum und Stadt Neuenburg (Neuchâtel) waren schon 1406 zur Eidgenossenschaft gestoßen, das Wallis 1416. »Die Krise hat gezeigt, daß die Eidgenossenschaft endgültig eine politische Einheit geworden war, stärker, aggressiver und attraktiver denn je zuvor« (Ulrich Im Hof).

Die Energie der Schweizer beruhte selbstverständlich darauf, daß sie nicht wie die Herren und Fürsten der anderen Welt nur nach Macht, Geld und Glanz strebten, sondern das Kostbarste verteidigten, was sie besaßen: die Freiheit. Ein unerhörtes Wort damals – und so erklärt sich ihr Erfolg, und daß sie fortan in Frieden weiter ihren Käse zubereiten konnten, wobei sie allerdings grade damals anfingen, etwas zu exportieren, was auch (wie der Käsehersteller) bald mit dem Begriff »Schweizer« synonym wurde: Landsknechte. Die heute friedlich gewordene Schweizer Garde des Papstes ist eine ferne Reminiszenz davon.

*

Etwa gleichzeitig ereignete sich im Nordwesten des Reiches ein Krieg mittleren Ausmaßes, und zwar, nachdem sich die damals sehr bedeutende Stadt Soest – mit, nach vorsichtiger Schätzung, zehntausend Einwohnern – von der weltlichen Herrschaft des Erzbischofs von Köln, also von der Pfaffenherrschaft, lossagte (1444), allerdings keine »Eidgenossenschaft« mit eventuell ähnlich gesinnten Gemeinwesen wagte, sondern sich sozusagen in allen Ehren dem Herzog von Kleve unterwarf oder besser: anschloß.

Das freute Herzog Adolf I. von Kleve, doch der Erzbischof-Kurfürst von Köln, Dietrich II. aus dem Haus Moers, mochte das natürlich nicht dulden. Er musterte ein Heer von fünfzehntausend böhmischen (also hussitischen! er, der katholische Erzbischof) und sächsischen Söldnern an, zog damit 1447 vor Soest und belagerte die Stadt. Damit hatte sich der Herr Erzbischof jedoch finanziell übernommen, das Geld ging ihm aus, er konnte den Sold nicht bezahlen, die Söldner liefen davon, und die Bürger von Soest triumphierten. Der Erzbischof mußte Frieden schließen und den Status quo anerkennen. Soest blieb bei Kleve, das um die Zeit auch die Stadt Xanten sich einverleiben konnte, so daß am Niederrhein sich langsam ein bedeutendes geschlossenes Territorium herausbildete. Das Erzbistum Köln hatte durch diese »Soester Fehde« dermaßen finanzielle Einbußen erlitten, daß es sich davon nie mehr erholte und in seiner politischen Bedeutung erheblich zurücksank.

Nicht ganz unähnlich verlief die anschließende »Münstersche Stiftsfehde« (1450 bis 1458); hier wollte der eben die Schlappe von Soest einsteckende Erzbischof Dietrich seinen Bruder, den Grafen Walram von Moers, zum Bischof wählen lassen, aber das wollte der Rat der Stadt nicht, der wollte einen Herrn von Hoya zum Bischof, und im »Lambertiaufruhr« vom 17. September 1453 verjagten die Münsteraner die Moers-Brüder und deren Anhänger. Es kam zum

Krieg, und es zeigte sich an der an sich keineswegs weltpolitisch bewegenden Affaire, was der, dem Fallen der Dominosteine ähnliche, Mechanismus von Bündnissen und Interessensverflechtungen bewirkt: nicht nur Kurköln, auch der Herzog von Kleve, einige lokal mächtige Grafen, aber auch der Papst, anderseits die Welfen in Braunschweig sahen ihre Rechte gefährdet, bemerkten Bündnisfälle oder hofften, im Trüben zu fischen. Es kam zum Krieg, der in der blutigen Schlacht von Varlar (1454) gipfelte, die zwar die Moers-Partei gewann, den Krieg insgesamt allerdings, wohl wieder aus Geldmangel, verlor. Keiner der Bischofskandidaten wurde Bischof, sondern ein Vetter des obenerwähnten Kurfürsten Friedrich von der Pfalz. Aber wieder war die weltliche Herrschaft der Bischöfe geschwächt, die herzogliche Macht (hier: Kleves) gestärkt.

Solche Vorgänge, an sich, wie gesagt, weltpolitisch zu vernachlässigen, zeigen, wie stark die auseinanderstrebenden Tendenzen des Reiches waren: daß die Bischöfe, Fürsten und Grafen Kriege führen konnten, ohne daß der Kaiser auch nur einen Finger rührte – keinen Finger mehr rühren hätte können.

Fünftes Kapitel

Im fünften Kapitel versinkt die Kirche weiter im geistigen Morast – König Matthias, ein Renaissance-Fürst nördlich der Alpen, bekommt die ihm zustehende Krone – Friedrich III. muß sich mit Familienbanden herumärgern – der Knochen eines Krammetsvogels befreit den Kaiser von der brüderlichen Plage – Georg Podiebrad muß sich seines Ex-Schwiegersohns erwehren – das litauische Häuptlingsgeschlecht der Jagiellonen betritt den Weltenplan – das Erz-Faultier Friedrich III. stirbt nach einer Rekordzeit.

Der Kaiserkrönung Friedrichs III. ging ein für die deutsche Kirchengeschichte nicht unwichtiges Ereignis voraus: der Abschluß des – unter anderem von Aeneas Sylvius Piccolomini und Nikolaus Cusanus vermittelten – Wiener Konkordats, das die Bestimmungen des »Wormser Konkordats« von 1122 (vgl. den ersten Band dieser Erzählung) in gewisser Weise modifizierte und ergänzte, zum Teil im Sinn einer größeren Einflußmöglichkeit des Deutschen Königs auf die Besetzung der Bischofs- und Abtsstühle, was weniger aus religiösen Gründen wichtig war, sondern weit mehr deshalb, weil ja nach wie vor große Teile des Reiches geistliche Territorialherrschaft waren. Der Papst begab sich dieser Rechte gern, weil er dafür die Anerkennung des Reiches als über dem Konzil stehend einhandelte. Der konziliare Gedanke und damit die Bestrebungen zur dringend notwendigen Reform der

Kirche waren damit vorerst erledigt. Die Kirche versank weiter im geistigen Morast. (Insofern war das »Wiener Konkordat«, das 1448 abgeschlossen wurde und die Beziehungen des Reiches zur römischen Kirche bis 1803 regelte, einer der Auslöser der Reformation, die ja nicht mehr lange auf sich warten ließ.) Dem Papst war diese Anerkennung, die Ohrfeige für den konziliaren Reformgedanken, so wertvoll, daß er, einmalig in der Geschichte, sogar die Kosten der Kaiserkrönung übernahm, was wiederum dem Geiz Friedrichs III. entgegenkam.

Das auf die gloriose und, wie oben gesagt, für Friedrich erfreulich kostenfreie Kaiserkrönung folgende Jahrzehnt war turbulent und, gelinde gesagt, unwürdig. Was sich da in Österreich abspielte, ist nicht anders als ein historisches Schmierentheater zu nennen, allerdings ein blutiges solches: es zeigt, daß auch in hohen fürstlichen Kreisen das Wort von den Famillen*banden* durchaus seine Doppeldeutigkeit hat.

Kaiser Friedrich hatte, wie oben bereits erwähnt, einen Bruder, Herzog Albrecht VI., außerdem seinen immer debiler werdenden Vetter Sigismund in Tirol (von ihm wird noch zu reden sein) und den Vetter Ladislaus, den nachgeborenen Sohn König Albrechts II., für den der Kaiser die Vormundschaft hielt, allerdings nur für die innerösterreichischen Länder, nicht, was er gern gehabt hätte, auch für Böhmen und Ungarn, deren König der kleine Ladislaus ja war. In Ungarn regierte als »Reichsverweser« der vom Landtag gewählte Magnat János (Johann) Hunyádi, einer der ritterlichen Helden der ungarischen Geschichte. In Böhmen, das ja im Gegensatz zu Ungarn zum Reich gehörte und ein Königreich quasi nur zweiten Grades und weitgehend hussitisch beherrscht war, regierte für den unmündigen Ladislaus (ab 1452) der schon erwähnte hussitische Adelige Georg (Jiří) Podiebrad als »Gubernator«. Noch ehe aber Ladislaus mündig und also selbst eigentlich König wurde, starb er (1457). Das änderte die gesamte Situation für Habsburg. Böhmen und

Ungarn gingen vorerst völlig verloren: in Ungarn wählten die Magnaten den Sohn des auf einem Türkenfeldzug an der Pest verstorbenen Reichsverwesers Hunyádi zum König: Matthias, der sich »Corvinus« nannte, weil sein italienischer Hofhistoriograph herausgefunden zu haben glaubte, das Geschlecht der Hunyádi stamme von dem römischen Senatorengeschlecht der Corvini ab. König Matthias war ein kluger, tüchtiger und tatkräftiger Herr, der erste Renaissance-Fürst nördlich der Alpen. Es half nicht viel, daß ein der Hunyádi-Familie neidisch-feindseliger Teil der Magnaten das Jahr darauf Kaiser Friedrich zum König von Ungarn erhob, denn der hatte nicht die Mittel, weder finanziell noch militärisch oder politisch seinen Anspruch durchzusetzen. Freilich hatte er – als Vormund seines Vetters Ladislaus – die ungarische Stephanskrone in Verwahrung, und die Stephanskrone war, wie erwähnt, nicht nur eine zierende Kopfbedeckung, sondern konkret-unabdingbar eine nicht ersetzbare Voraussetzung für die Gültigkeit der Krönung und damit für die Rechtmäßigkeit der Herrschaft. So mußte sich der zwar gewählte, aber noch nicht gekrönte Corvinus, der die tatsächliche Macht in Ungarn hatte, mit dem dort machtlosen Kaiser, der die Stephanskrone besaß, einigen. Das gelang im Vertrag von Wiener Neustadt (1463/64), in dem Matthias als König anerkannt, die Stephanskrone ihm ausgeliefert wurde, gleichzeitig jedoch bestimmt ward, daß – sollte König Matthias ohne Erben sterben – Habsburg die Stephanskrone wieder erben solle. Diese Vereinbarung fiel Friedrich um so leichter, als ihm Matthias in Böhmen zur Seite stand. Dort hatten nämlich die hussitisch gesinnten Ritter und Städte den bisherigen Gubernator Georg Podiebrad zum König gewählt, was dem Papst selbstverständlich gar nicht gefiel, der – ein hohler Befehl – die »Rekatholisierung« ganz Böhmens verfügte und damit den König Matthias Corvinus sozusagen beauftragte.

*

Für Friedrich III. standen vorerst näherliegende Schwierigkeiten, eben die Auseinandersetzung mit seiner Familienbande, im Vordergrund, Bande, die, doch das genügt, aus der Person seines Bruders Albrecht bestanden. Der Tod des jungen Ladislaus hatte zwar für Friedrich den Vorteil, daß die innerösterreichischen Lande nun nicht mehr nur vormundschaftlich, sondern unmittelbar und unverrückbar seiner Linie der Habsburger zufielen, beeinträchtigt aber dadurch, daß er dieses Erbe mit dem Bruder teilen mußte. Er übertrug dem Bruder Oberösterreich, behielt selbst Niederösterreich mit Wien. Das Einvernehmen dauerte nicht lange. Schon 1461 kam es zum Streit, denn Albrecht versuchte, eine förmliche Revolte der Wiener Bürger gegen den kaiserlichen Stadtrat zur eigenen Machtbereicherung zu benutzen. Friedrichs Rolle wurde kläglich. Er mußte sich in der Hofburg von Wien gegen seine eigenen Untertanen verschanzen, wurde sogar beschossen und mußte sich mit seiner Familie (die Kaiserin Eleonore hatte 1459 den Erbprinzen Maximilian geboren) im Keller in Sicherheit bringen. Kurz bevor er ausgehungert wurde, kam König Georg Podiebrads Sohn Prinz Victorin mit einem Hilfsheer und sprengte die Belagerung. Podiebrad, der inzwischen vom Papst in den Kirchenbann getan worden war und gegen eine (von König Matthias von Ungarn geschürte) starke katholische Opposition zu kämpfen hatte, hatte diese Gelegenheit ergriffen, um sich dem Kaiser zu verpflichten, der ihm damit dankbarer sein mußte als dem Papst.

(Papst war übrigens seit 1458 niemand anderer als des Kaisers ehemaliger Sekretär Aeneas Sylvius Piccolomini. Er hatte den Namen Pius II. angenommen, nicht wegen eines äußerst schattenhaften, wenngleich »heiligen« Pius I. aus dem ersten Jahrhundert nach Christus, sondern weil in der ›Aeneis‹ des Vergil der dortige Aeneas häufig als »Pius Aeneas« bezeichnet wird. Daß der antike Aeneas aber aus heutiger Sicht alles andere als »pius«, also fromm, wirkt, ist eine andere Geschichte.)

Kaiser Friedrich war zwar aus der unmittelbaren Gefahr gerettet, doch nun war er fast eine Marionette Podiebrads, der den Frieden zwischen den Brüdern diktierte: der Kaiser mußte ganz Österreich, also Ober- und Niederösterreich, an Albrecht für acht Jahre abtreten und bekam nur eine Rente von vierzehntausend Gulden jährlich. Daß einem so gedemütigten Kaiser draußen im Reich kein großer Respekt mehr entgegengebracht wurde, daß er keine wirksamen Möglichkeiten mehr hatte, in Streitigkeiten einzugreifen, ist wohl verständlich.

Nun residierte also Albrecht in Wien, aber die Wiener wurden dessen nicht froh. Der Herzog machte dem Beinamen »Prodigus« (= Verschwender) alle Ehre, d. h., er lebte in Saus und Braus, und da er keine Kinder hatte, für die er ein Erbe aufzubewahren gehabt hätte, war er der Meinung, er tue besser daran, selbst alles zu verpulvern. Um das zu bekommen, was er dann verpulvern wollte, preßte er den Wiener Bürgern immer höhere Steuern ab, und es heißt – und ich halte das durchaus für keine Legende –, daß er gelegentlich in Person reiche Wiener Bürger besuchte, denen dann danach ein silberner Leuchter oder dergleichen fehlte. Es kam zum Aufstand. Der Wiener Bürgermeister Holzer, eben der, der kurz vorher noch den Kaiser in der Burg beschießen hat lassen, änderte seine Meinung und bereitete die Rückgabe der Stadt an den Kaiser vor. Um den »Prodigus« in der Burg auszuheben, rekrutierte er vierhundert Mann, doch Albrecht kam ihm zuvor und konnte die Revolte unterdrücken. Den Holzer ließ er vierteilen. Aber der Herzog überlebte es nicht lang. Er erstickte 1463 an einem schönen, stillen Adventstag am Knochen eines zu schnell hinabgeschlungenen Krammetsvogels. Daß das Gerücht aufkam, der Kaiser habe diesen Krammetsvogel mit etwas Gift gewürzt, ist nicht verwunderlich, ob es stimmt, weiß man nicht. Jedenfalls befreite der Krammetsvogel den Kaiser von der brüderlichen Plage, von anderen Plagen freilich nicht.

Im Oktober 1465 war ein »Kreuzzug« gegen den inzwischen vom Kirchenbannstrahl getroffenen (was ihn wenig kümmerte) König Georg Podiebrad von Böhmen beschlossen – dies ungeachtet der ständig wachsenden Türkengefahr an der Südgrenze Ungarns, die einen »Kreuzzug« gegen diese weit eher erforderlich gemacht hätte. In der Tat hatte es dazu Ansätze gegeben, Papst Pius II. Piccolomini hatte eifrig dafür geworben, umsonst! Allenfalls waren hochtönende Beschlüsse und Absichtserklärungen zustande gekommen, und der immer träger werdende Kaiser hatte nur die Schultern über die Schwerfälligkeit der Fürsten gezuckt und den österreichischsten aller Sprüche von sich gegeben: »Dann kann ma' halt nix machen.« Die Fürsten waren so kurzsichtig, um sich weit genug im Westen und damit vor der Türkengefahr sicher zu wähnen. Zum Glück für die Christenheit waren die Türken selbst häufig genug von ihren östlichen Feinden und vor allem von zermürbenden Palastrevolten nach jedem Sultanswechsel bedroht und gaben ab und zu Ruhe.

So erschien die endliche Ausrottung der häretischen Hussiten näherliegend – vor allem hätte das für Kaiser Friedrich den Vorteil mit sich gebracht, daß er nach Beseitigung Georg Podiebrads endlich König von Böhmen würde. 1468 beauftragte der Kaiser den König Matthias Corvinus von Ungarn, der – in Grenzen seiner humanistischen Gesinnung – katholisch war, mit der Beseitigung Podiebrads. Er selbst, Kaiser Friedrich, reiste als Privatmann nach Rom, um den neuen Papst zu besuchen. Pius II. Piccolomini war 1464 gestorben, Paul II. Barbo, ein reicher, engstirniger, wenn auch kunstsinniger Venezianer, sein Nachfolger geworden.

Matthias Corvinus erklärte also Georg Podiebrad (der früher einmal, als Vater seiner ersten Frau, sein Schwiegervater gewesen war) den Krieg und marschierte in Mähren ein. Groteskerweise war es gerade Podiebrad, der, obwohl selbst (noch) nicht unmittelbar durch die Türken gefährdet, ständig zu christlicher Waffenbrüderschaft gegen den Islam aufrief, weitsichtig genug war, um vor dem inneren Zwist angesichts der äußeren Gefahr zu warnen, einen Bund aller abendländischen Fürsten zu fordern – aber er war eben ein Hussite, und der Papst verabscheute jeden »Kreuzzugsgedanken«, der nicht von ihm selbst kam, also christ-katholisch abgesegnet war. (Papst Paul II. unterstützte allerdings, wenig genug, Corvinus und den christlichen Albaner-Häuptling und -Helden Skanderbeg mit etwas Geld für die Verteidigung gegen die Türken.)

Der Feldzug Matthias Corvinus' gen Böhmen zeitigte für den Kaiser das, was Goethes ›Zauberlehrling‹ exemplarisch vor Augen führt: daß man die Geister, die man gerufen hat, nicht mehr loswird. Man kann auch sagen: es war die Strafe für Friedrichs Undankbarkeit seinem Retter vor den Bürgern Wiens gegenüber. König Matthias konnte zwar Mähren und (das damals böhmische) Schlesien erobern, Podiebrad allerdings nicht schlagen und aus Prag vertreiben. Zu Kaiser Friedrichs Entsetzen lieferte Corvinus die eroberten Gebiete nicht, wie vom Kaiser vorgesehen und als selbstverständlich erachtet, an ihn aus, sondern verstieg sich sogar so weit, sich von einer Gruppe katholischer Barone zum König von Böhmen wählen zu lassen. Das ging letzten Endes schief, denn ein neuerlicher Kriegszug des Corvinus endete im Desaster; die Ungarn wurden geschlagen, der König sogar gefangengenommen. Doch Podiebrad verhielt sich seinem Ex-Schwiegersohn gegenüber großzügig. Er ließ Corvinus gegen den Verzicht auf die Krone Böhmens und gegen das Versprechen, künftig Frieden zu bewahren, frei. Corvinus kehrte nach Ungarn zurück. Es war auch höchste Zeit, denn dort rasselten die Türken schon wieder an der Südgrenze.

Friedrich, aus Rom zurückgekehrt, sah sich wieder einmal einer hauseigenen Revolte gegenüber. Mit Recht hätte er schon den erst später von seinem fernen Enkel Franz Joseph geprägten Spruch auf sich anwenden können: »Mir bleibt nichts erspart.« Ein (um ein Wort Herzmanovsky-Orlandos zu gebrauchen) randösterreichischer Grande namens Andreas Baumkircher, ein halb-ungarischer Steirer kleinadliger Herkunft, der, verschiedentlich die Seiten wechselnd, als Condottiere allen möglichen Herren gedient hatte, unter anderem Friedrich selbst, machte Rabatz, weil er sich nicht ausreichend belohnt glaubte, schickte dem Kaiser sogar förmlich den Fehdebrief, und wenn man meint, der große Kaiser des Heiligen Römischen Reiches Deutscher Nation, der Cäsar und Augustus, »Allzeit Mehrer des Reiches«, sei mit einem wild gewordenen Bagatell-Baron schnell fertig geworden, täuscht man sich. So weit war die deutsche Herrlichkeit herabgesunken.

Baumkircher lieferte einem kaiserlichen Aufgebot bei Fürstenfeld in der Oststeiermark eine vernichtende Schlacht und brannte und sengte das ganze Land bis nach Graz hin. Der Kaiser war gezwungen, mit dem Rebellen von gleich auf gleich zu verhandeln – 1470 wurde ein Friede mit ihm geschlossen, aber dann siegte, wenn man so sagen kann, der Kaiser doch, wenngleich nicht durch Waffen, sondern durch die ihm scheint's tief innewohnende Tücke. Er lud den Baumkircher nach Graz zu weiteren Besprechungen hinsichtlich einzelner an ihn verpfändeter Güter und sicherte ihm »freies Geleit« bis zum Ave-Läuten zu. Der Baumkircher ritt nach der Besprechung zwar rechtzeitig ab, der Kaiser ließ die Ave-Glocke jedoch früher läuten – Baumkircher wurde ergriffen und (am 23. April 1470) unverzüglich ohne Gerichtsverfahren geköpft.

Die spätere Überlieferung machte aus Baumkircher einen – dem legendären Wilhelm Tell ähnlichen – Volkshelden. Dies hat keinerlei historische Grundlage. Baumkircher war eine Ausgeburt seines blutigen Jahrhunderts, das bald noch blutiger werden sollte.

*

Etwa einen Monat vor dem Ende Baumkirchers starb in Prag König Georg Podiebrad. Obwohl er selbst sechs Söhne hatte (denen er schlesische Lehens-Herzogtümer übermachte, die sie und ihre Nachkommen zum Teil sogar behielten), ernannte er einen Prinzen aus dem eben den historischen Weltenplan betreten habenden Haus der Jagiellonen zum Erben. Die Jagiellonen, ein litauisches Häuptlingsgeschlecht und bis ins 15. Jahrhundert noch »heidnisch«, hatten sich in der Person eben des namengebenden Jagiello, der sich nach der Taufe Wladislaw nannte, 1386 zum König von Polen aufgeschwungen. Sein gleichnamiger Enkel, den die Böhmen Ladislaus nannten, war der von Podiebrad bestimmte Erbe der Wenzelskrone: Ladislaus II.

Er war und blieb lediglich dem Namen nach König. Zwar erkannte ihn der Kaiser als König und damit Kurfürst des Reiches an, schon um Matthias Corvinus zu ärgern, doch Ladislaus war erst fünfzehn Jahre alt, und die böhmischen Barone, und zwar einträchtig über die konfessionellen Grenzen hinweg, nahmen die Regierung des Königreiches selbst in die Hand, weder der Kaiser noch Corvinus hatten in Böhmen etwas zu melden.

Ich vermeide eine ermüdende Schilderung der Streitigkeiten der folgenden Jahre, in der es die Parteien wechselweise mit- und gegeneinander hielten, getreu dem auch (und vielleicht gerade) in hochfürstlichen und -politischen Kreisen geltenden Spruch »Pack schlägt sich, Pack verträgt sich«. Bald kam es (1477) zu einem Waffenstillstand von Breslau, dann erkannte plötzlich der Kaiser den Matthias Corvinus als König von Böhmen an, dann überwarf er sich wieder mit Corvinus, der mit Heeresmacht in Habsburgs Länder eindrang und Teile der Steiermark, Kärntens und Niederösterreichs besetzte (1482). Der Kaiser konnte dem nichts entgegensetzen, und kein Reichsfürst dachte auch nur im Traum daran, dem Kaiser beizustehen, wenn eine immerhin fremde, ausländische Macht ohne jeden Rechtstitel, nur auf die Gewalt gestützt, Teile des Reiches an sich riß.

1485 endlich gelang es Matthias Corvinus sogar, Wien zu erobern. Es war dies die erste Belagerung Wiens (zwei weitere sollten folgen), und der schon mehrfach zitierte Johann Hübner schildert das im 5. Band seiner ›Politischen Historia‹ 1712 so: »... und der Hunger [in Wien] ward in kurtzem so groß, daß sie alle Pferde, Katzen und Mäuse frassen: Wie sie nun den Käyser Fridericum zu Hülffe rufften, so gab er zur Antwort: Es wäre billig, daß sie ietzo Hunger litten, weil sie ihn vor diesem in der Burg hätten lassen Hunger leiden.« (Also eine Anspielung auf die Belagerung des Kaisers in der Burg durch die Wiener 1462.)

Nach zwei Jahren, die der Kaiser förmlich bettelnd, ruhelos und kläglich durch die Lande zog, schloß er mit Corvinus einen Frieden, den Corvinus diktierte: der Ungar behielt Wien und Wiener Neustadt so lange, bis seine Kriegskosten vom Kaiser bezahlt seien (was angesichts der Ebbe in der kaiserlichen Kasse nichts anderes als: am St.-Nimmerleins-Tag bedeutete). Der Kaiser erhielt nur die Zusicherung einer einzigen Forderung: ein Bäumchen, das der Kaiser eigenhändig im Lustgarten von Wiener Neustadt gepflanzt hatte, sollte unbeschädigt bleiben und gegossen werden. Vielleicht war es ein seltenes, exotisches Gewächs, an dem der Kaiser, der sich ganz besonders für Botanik interessierte, hing.

Friedrich, der, kraftlos und mutlos geworden, in Linz vor sich hin resignierte und sich nur noch mit der eben erwähnten Botanik und seinen zwei anderen Steckenpferden: Astronomie (was damals auch die Astrologie einschloß) und Alchimie beschäftigte, hatte 1486 seinen einzigen Sohn Maximilian zum Deutschen König und damit designierten Nachfolger wählen lassen. Daß drei Jahre zuvor weit hinten im Sächsischen, in Eisleben, dem Bauern Hans Luder oder (feiner) Luther und seiner Frau Margarethe geborene Lindemann ein Sohn geboren wurde, der, weil am Martinstag zur Welt gekommen, also Martin getauft wurde, interessierte noch niemanden.

1490 starb König Matthias Corvinus, sein wohlgefügtes Staatsgebilde zerfiel. Die Magnaten, denen die stramme Herrschaft des Corvinus ohnedies nicht paßte, wählten den schwachen König Ladislaus II. von Böhmen – den man dort »König Gut« nannte, weil er alles gut fand, damit man ihn in Ruhe ließ – nun auch zum König von Ungarn, wo er auch alles gut fand, obwohl die finanzielle Lage katastrophal war, man der Türken kaum Herr wurde und die königliche Autorität ins Bodenlose sank. Doch der junge König Maximilian nutzte die Stunde, um, ohne die seinerzeitigen Kriegskosten zu zahlen, die ungarische Besatzung aus Wien und Niederösterreich zu verjagen.

1493, am 19. August, der auch der Todestag seines, wenn man so sagen will, Ur-Vor-Vorgängers, des römischen Kaisers Augustus, war, starb in Linz Kaiser Friedrich III., dem nicht ganz zu Unrecht der Beiname »des Heiligen Römischen Reiches Erz-Faultier« beigelegt war und dem die längste Regierungszeit (dreiundfünfzig Jahre) eines Deutschen Königs beschieden war. Er übertraf damit die bisherige Rekordzeit Kaiser Heinrichs IV. (1056-1106) um drei Jahre, keiner der folgenden Kaiser konnte Friedrich III. diesen Rekord streitig machen. Das wenigstens nicht.

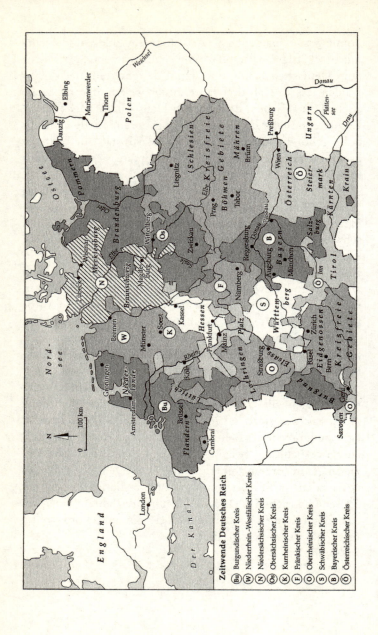

IV. Teil

Zeitwende Deutsches Reich

Erstes Kapitel

Im ersten Kapitel kann man von einer Zeitwende sprechen – Albrecht Dürer staunt nicht schlecht, als er Venedig betritt – die Universitäten heben die Kultur aus den monopolischen Händen der Geistlichkeit – die Inhaltsberechnung von Weinfässern revolutioniert die Mathematik – auch Kirchenfürsten ereilt Gottes Strafe für die Unmoral – ein Genie ermöglicht die Orgelbaukunst – nördlich der Alpen wird auch die Malerei verfeinert.

Es entbehrt nicht einer gewissen historiographischen Logik, wenn man die Zeit, in der diese Erzählung jetzt angelangt ist, als Zeitenwende, als Ende des Mittelalters und als Anfang der Neuzeit betrachtet. Ob allein das Datum des 12. Oktober 1492 dafür maßgebend ist, des Tages, an dem Columbus im ersten Morgenlicht von seinem Flaggschiff »Santa Maria« aus das erblickte, was er für Indien hielt und was in Wirklichkeit eine vorgelagerte Insel eines bis dahin in Europa unbekannten Kontinents war, mag dahingestellt bleiben. Andere Errungenschaften haben nicht weniger zur Erweiterung des Horizontes und der Erkenntnis geführt, wozu in erster Linie der Buchdruck gehörte. Die Erfindung des Druckes mit beweglichen Lettern, eine so genial-einfache Idee, daß man sich wundert, warum nicht schon früher einer darauf gekommen war, verdanken wir dem Mainzer Patriziersohn und (vielleicht ersten?) berufsmäßigen Erfinder Johannes Gutenberg. Die ersten professionellen und kommerziell verwerteten Drucke stammen aus den Jahren um 1450, darunter die bekannte »zweiundvierzigzeilige« Bibel. Die Bedeutung des Buchdruckes wurde schnell erkannt, und ebenso schnell verbreitete sich die Buchdruckerkunst. Am Ende des 15. Jahrhunderts war die »Schwarze Kunst« flächendeckend und nicht mehr wegzudenken. Erstaunlicherweise ließen die Päpste (von deutschen Buchdruckern) in Rom Druckwerkstätten einrichten, unter anderem, um die immer beliebter (bei den Päpsten, bei den »Kunden« nicht unbedingt) werdenden Ablaßbriefe in größerer Auflage und schneller herstellen zu können. Die Gefahr, die vom Buchdruck für die katholische Kirche ausging, erkannten Papst und Curie allerdings nur mit Verzögerung, die Gefahr nämlich, daß die Bibel weiter verbreitet und leichter auch für Laien zugänglich wurde, die dann darin lesen und feststellen konnten, daß zum großen Teil da ganz was anderes drinsteht, als die Kirche lehrt. Ablaßbriefschwemme und Verbreitung der Bibelkenntnis: zwei Gegebenheiten, die unmittelbar auf die Reformation zuführten und wesentlich auf dem Buchdruck beruhten.

Die Entdeckung Amerikas war nicht die einzige Erweiterung des geographischen Horizonts der Welt des 15. Jahrhunderts, vor allem nicht die erste. 1431 wurden die Azoren durch den portugiesischen Seefahrer Cabral entdeckt oder wiederentdeckt, denn wahrscheinlich waren diese Inseln schon in der Antike bekannt und wurden dann vergessen; diese und andere Entdeckungen gehören nicht zur deutschen Geschichte, und kein Deutscher hatte bedeutenden Anteil daran. Die Kunde davon, daß es außerhalb der »Säulen des Herakles« weit draußen im Meer noch »etwas« gibt, bewegte jedoch auch in Deutschland jeden, der denken konnte und Zeit dazu hatte. Die armen Teufel ganz unten, die ums tägliche Überleben kämpfen mußten, waren von solchen Dingen wahrscheinlich unbeeindruckt.

In der Folge stießen andere portugiesische Seefahrer im

Auftrag des Infanten Don Henrique (»Heinrich der Seefahrer«) weiter entlang der afrikanischen Westküste vor und erreichten 1462 das heutige Liberia. Dabei stießen sie auf Neger – und begannen nahezu unverzüglich den Sklavenhandel.

Eine gewisse deutsche Beteiligung an der Weltbilderweiterung im 15. Jahrhundert ist theoretischer Natur, aber gar nicht unwichtig: 1491 fertigte Martin Behaim den ersten Globus an, 1493 erschien die ›Schedelsche Weltchronik‹, der Versuch einer Darstellung (sowohl in Bild wie Text) der ganzen bekannten Welt, und die Stiche dieser Chronik bemühen sich, ein nicht mehr ideales, sondern einigermaßen getreues Bild der Städte darzustellen, die im Übrigen im Lauf des Jahrhunderts an Zahl und Größe gewachsen waren, seit der durch die Pest bedingte Bevölkerungsrückgang um 1450 wieder ausgeglichen war. Im Deutschen Reich (im damaligen Sinn) zählte man an die 3000 Städte und stadtähnliche Ansiedlungen, von denen allerdings auch die größten nach heutigen Begriffen klein waren. 20000 Einwohner hatten nur Augsburg, Ulm, Breslau, Nürnberg, Hamburg und Straßburg, zwischen 10 und 15000 Frankfurt, Basel, Wien und Rostock, Städte wie Dresden, Mainz und Zürich hatten nur 4 bis 7000 Einwohner, München noch weniger, Berlin war erst ein Dorf. Zum Vergleich: Brüssel und Antwerpen hatten 50 bis 60000 Einwohner, Rom etwa ebenso viele, Venedig 190000. Man kann sich also vorstellen, was ein deutscher Maler, der aus Nürnberg kam – wie 1494 Albrecht Dürer –, an Staunen erlebte, wenn er Venedig betrat.

Die Bedeutung der Städte bemaß sich allerdings nicht allein nach der Größe. Andere Momente, wie günstige Handelsknotenpunkte oder die Tatsache, daß ein Fürst oder Herzog in ihr residierte, trug zur Bedeutung bei. Das – im Vergleich zu Nürnberg – winzige Naumburg etwa brachte es durch den Handel mit Weid, einem Farbstoff zur Blaufärbung, zu Ruhm, Ansehen und Reichtum, und so darf es nicht erstaunen, wenn solche – nach heutigem Begriff – Dörfer Dome und Rathäuser imponierenden Ausmaßes aufrichteten.

Nicht unwichtig für die Bedeutung einer Stadt war, wenn sie über eine Universität verfügte. Deutschland holte hier im 15. Jahrhundert – wie überhaupt im Bildungswesen – auf. Zwischen 1378 und 1500 wurden zu den bereits bestehenden in Prag und Wien dreizehn deutsche Universitäten gegründet (in der zeitlichen Reihenfolge): Heidelberg, Köln, Erfurt, Leipzig (durch Abspaltung von Prag, wie oben erwähnt), Rostock, Trier, Greifswald, Freiburg im Breisgau (eine Gründung des Herzogs Albrecht des Verschwenders, von dem oben ausführlich erzählt wurde, seine vielleicht einzige gute Tat), Basel, Ingolstadt, Mainz, Tübingen und Frankfurt an der Oder. Es gab auch mehr Bildungseinrichtungen anderer, einfacherer Art, so etwa kaufmännische Schulen in den Hansestädten und dergleichen. Selbst ganz zarte Ansätze für weibliche Bildung gab es, meist natürlich in adeligen Kreisen, im Übrigen blieb noch lange die Forderung unbestritten, die Frau habe sich um die drei K zu kümmern: Kinder, Küche, Kirche.

Die Bedeutung der Universitäten beschränkte sich nicht auf den reinen Bildungsbetrieb. Ihre Ausstrahlung war allgemein kultureller Art, und die Tatsache, daß sich das Bildungswesen und damit die Kulturbasis überhaupt aus den monopolischen Händen der Geistlichkeit, in denen sie das ganze Mittelalter über gefangen war, in weltliche Zuständigkeit überging, bewirkte eine nicht zu unterschätzende Geistesöffnung, zusammen mit dem steigenden Einfluß der Volkssprache, also des Deutschen und seiner Dialekte, dessen sich Geschäftsbriefe, oft auch schon fürstliche Dekrete, Ratsverfügungen und dergleichen bedienten, statt des bislang üblichen Latein.

Das schlug sich auch auf die Literatur nieder, die sich nicht nur – mit Ausnahme der theologischen und andern wissenschaftlichen Sparten – der deutschen Sprache zuwandte, sondern auch verbürgerlichte, was namentlich in der Bewegung des »Meistersanges« hervortritt. Die sozusagen adelige Literatur war mit Oswald von Wolkenstein eigentlich zu Ende. Der Meistergesang trat schon im 14. Jahrhundert auf, entwickelte sich im 15. Jahrhundert jedoch weiter, blühte in Augsburg, Mainz, Straßburg (also in den großen Städten), vor allem bekannt, nicht zuletzt durch Richard Wagners Oper, in Nürnberg. Wagner, der für das Textbuch seiner Oper ernsthafte Studien betrieben hat, schildert einesteils die Enge der Meistersingerkunst, die ins Korsett der »Töne« und »Weisen« (das waren bestimmte Vers- und Gedichtformen) und überhaupt recht starrer Regeln eingespannt war, andernteils auch deren unbestreitbaren Wert, wenn Hans Sachs – der wohl berühmteste Meistersinger, sein historisches Vorbild, der allerdings erst hundert Jahre später lebte – dem spöttischen Stolzing das Wort entgegenhält: »Verachtet mir die Meister nicht, und ehrt mir ihre Kunst.« Zumindest im 15. Jahrhundert gab es neben dem Meistersang keine deutsche Literatur von wirklichem Rang. Die in jener Zeit aufkommenden und bald hoch im Schwang stehenden Fastnachtsspiele, schwankartige Derbheiten von ziemlicher Primitivität, sind heute für Leser, die sie nicht aus wissenschaftlichen Gründen lesen, ungenießbar, im Grunde nicht viel anders als umgekehrt die betulichen und frömmelnden Traktate der deutschen Mystiker – der Titel eines solchen von einem Mönch namens Otto aus Passau (schon im 14. Jahrhundert erschienen) sagt genug: ›Die vierundzwanzig Alten, oder der güldene Thron der minnenden Seele‹.

Eine umfassende deutsche und deutsch geschriebene Geschichtsschreibung war noch nicht entstanden, wenngleich einige bedeutende Werke geschrieben wurden, die Einzelgebiete bearbeiteten, meist Chroniken wie die ›Limburgische

Chronik‹ des Tielemann Elken von Wolfhaben oder die ›Thüringische Chronik‹ des Johannes Rothe aus Eisenach. Die schon erwähnte ›Schedelsche Weltchronik‹ entstand erst ganz am Ende des 15. Jahrhunderts.

Philosophie und die damals von ihr noch kaum getrennten Naturwissenschaften waren noch durchaus in der Hand lateinisch schreibender Autoren und die Beschäftigung mit ihnen in Deutschland noch weniger verbreitet als in England, Frankreich und namentlich in Italien, wohin nach dem Fall von Konstantinopel 1453 ein großer Schwall exilierter Gelehrter kam, zum Teil mit wertvollen Handschriften beladen, was einen kräftigen Anstoß für den Humanismus bedeutete. Langsam schwappte das auch auf Deutschland über, namentlich natürlich auf die Universitäten.

Als erste Naturwissenschaft spaltete sich die Mathematik von dem allgemeinen philosophisch- theologischen Wissensbrei ab, aus ganz handfesten Gründen: die »Visierkunst« etwa befaßte sich mit der Inhaltsberechnung der Weinfässer und verfeinerte dadurch die Kunst geometrischer und trigonometrischer Berechnungen, und die Kaufleute brauchten für den komplizierter werdenden Geschäfts- und Geldverkehr verfeinerte Rechnungsarten, und wenn man einmal durch so etwas auf die spielerische Faszination von Zahlen, Brüchen, Gleichungen usw. kam, dachten manche weiter, so der Benedictiner-Mönch Fridericus Gerhard aus St. Emmeram in Regensburg, der das erste deutsch geschriebene Algebralehrbuch verfaßte, außerdem astronomische Studien trieb († 1463). Der wichtigste und einflußreichste deutsche Mathematiker lebte in der zweiten Hälfte des 15. Jahrhunderts (und war kein Mönch mehr), Johannes Widmann aus Eger in Böhmen. Er war Professor in Leipzig und hielt dort 1486 die erste Vorlesung über Algebra an einer deutschen Universität.

Doch nicht nur die Mathematik verdankte ihr neues Aufblühen praktischen Hintergründen, auch die Beschäftigung mit physikalischen und chemischen Problemen diente in erster Linie sachlichen Zwecken, freilich auch für die von damals an so hartnäckig wie selbstverständlich fruchtlos betriebene Suche nach einem Rezept zur Herstellung von Gold aus Dreck oder jedenfalls minderen Stoffen. Die Wechselwirkung von praktischer und theoretischer Physik hat es damals schon gegeben wie heute, und die Ingenieurskunst im weitesten Sinn hat zum Nutzen (manchmal) der Menschheit, zum Nutzen (oft) fürstlichen Einkommens davon profitiert. 1429 ist der Steinkohleabbau an der Saar bezeugt (bis dahin verbrannte man nur Holzkohle), 1444 ist die Gewinnung von Gußeisen aus Hochöfen nachweisbar. Der gestiegene Energiebedarf erforderte die Öffnung neuer Energiequellen, so tauchen um 1480 Wasserradantriebe für Schmieden u. ä. auf, schon zu Anfang des 15. Jahrhunderts verbesserte, d. h. drehbare Windmühlen.

Es gibt die Theorie, wonach das Selbstverständnis der Menschen und damit der Gang der Kulturgeschichte allgemein nicht direkt von der Zeit und deren Flug, sondern von der *Zeitmessung* abhängt. Wenn das so ist, so hat gerade im 15. Jahrhundert ein entscheidender Sprung stattgefunden – ob unbedingt nach vorn, ist dabei natürlich die Frage. Zeitmessung, Tageseinteilung, Kalender usw. waren das ganze Mittelalter hindurch kaum ausgebildet. Auch diese antiken Errungenschaften waren versandet. Nicht nur die Bauern, selbst die Fürstlichkeiten standen auf, wenn es hell, gingen schlafen, wenn es finster wurde, und aßen, wenn sie Hunger hatten. Nur in den Klöstern achtete man wegen der vorschriftsmäßigen Einhaltung der Stundengebete etwas besser auf die Tageseinteilung und im kirchlichen Bereich wegen der Abfolge der Feste auf den Jahresablauf.

Mechanische Uhren waren völlig unbekannt, selbst die Sonnenuhren waren primitiv, und erst die Berührung mit dem

Islam während der Kreuzzüge brachte die Kenntnis brauchbarer Sonnenuhren auch nach Deutschland. Sanduhren, die freilich naturgemäß keine größeren Zeiträume messen können, waren schon früher gebräuchlich. Die Kunst, mechanische Uhren zu fertigen, drang (nach früheren zaghaften Vorläufern) gegen Ende des 14. Jahrhunderts von Frankreich her nach Deutschland und verbreitete sich hier rasch und gelangte zur Blüte. 1431 ist in Magdeburg eine Uhrmacherzunft nachgewiesen. 1419 wurde eine berühmt kunstvolle Turmuhr in Olmütz in Betrieb genommen, 1470 eine ähnliche in Danzig.

Es mag in der Tat so sein, daß Veränderungen kulturhistorischer, technischer, auch politischer Art, die sich innerhalb eines Menschenlebens ereignen, also für das Individuum überschaubar und als solche begreifbar sind, das allgemeine Bewußtsein prägen. Insofern dürfte sich tatsächlich im 15. Jahrhundert ein freilich unmerklicher und für uns Heutige schwer nachweisbarer Wandel im kleinen und großen Geistesleben vollzogen haben.

Nicht gewandelt, bis heute nicht, hat sich der grauenvolle Mechanismus, daß militärische Bedürfnisse die Menschheit zu den kräftigsten Erfindungsanstrengungen veranlaßt haben. Wenn es gutging, fielen von den Ergebnissen auch für die friedliche Nutzung ein paar Brosamen ab. Die um 1500 nachweisbare Bohrmaschine verfeinerte die Herstellung der Feuerwaffen, schon 1480 erlebte die Menschheit die freudige Errungenschaft der gezogenen Gewehrläufe, die die Kriege bald lustiger machte, weil man den Feind aus größerer Entfernung umlegen konnte, eine Eisenguß-Kanone, das erste Massentötungsmittel, ist bereits 1413 erwähnt.

Ob die Einrichtung einer Börse (1460 in Brügge, der Name kommt vom Bankiersgeschlecht derer *van der Buerse*) zum Segen für die Menschheit zu zählen ist, mag dahingestellt bleiben. Eher wertneutral ist die erste Volkszählung (in

Nürnberg 1440), und günstig hat sich mit Sicherheit der erste ständige, regelmäßige Postverkehr ausgewirkt, der um 1500 zwischen Wien und Brüssel eingerichtet wurde, nachdem – davon wird noch zu reden sein – die später so genannten »österreichischen Niederlande« (das heutige Belgien ungefähr) an Habsburg gekommen waren.

*

Langsam macht auch die Medizin in Deutschland Fortschritte, wenngleich auch auf diesem Gebiet die Entwicklung im Reich den Errungenschaften in Italien und Frankreich hinterherhinkte. Die schon erwähnte medizinische Schule von Salerno und die Schule von Montpellier konnten auf Erkenntnissen aus dem islamischen Raum fußen, wo die antiken Traditionen bewahrt worden waren. Da frei von christlich-dogmatischen Aberglaubens-Vorstellungen, waren jüdische Ärzte fortschrittlicher als christliche, vor allem was die Anatomie anbelangte, deren Kenntnis seit dem Altertum im Abendland so gut wie verschollen war. Erst allmählich, namentlich in eben dem 15. Jahrhundert, von dem hier die Rede ist, wirkte sich die Naturbeobachtung auch auf dieses Gebiet aus und brachte mit sich, daß die aberwitzigen Vorstellungen vom menschlichen Körper, die die Autoritäten der Scholastik und die Kirchenväter und ähnliche Finsterlinge verbreiteten, aus der Medizin verschwanden – gegen den heftigen Widerstand der Kirche.

Von den italienischen und französischen Universitäten drang die neue Erkenntnis von der Anatomie zum Glück bald auch an die deutschen Hochschulen, und Lehre und Forschung griffen sie auf. Leichensektion zu wissenschaftlichen Zwecken erfolgte in Wien ab 1404, in Prag 1460, in Tübingen 1485. Die erste Apotheke in Deutschland ist für das Jahr 1488 in Berlin dokumentiert. Um 1500 wurde der erste (noch nicht so genannte) Kaiserschnitt ausgeführt. Die verbreiteten Kenntnisse auf medizinischem Gebiet konnte die europäische Menschheit sehr bald doppelt gut gebrauchen, denn 1495 (man kann das aufs Jahr genau feststellen) trat eine neue, bis dahin unbekannte Seuche auf: die Syphilis. Sie wurde von den Matrosen Columbus' aus Amerika eingeschleppt und verbreitete sich durch die Landsknechtsheere über ganz Italien, dann nach Frankreich, von dort aus ostwärts nach Deutschland (wo sie deshalb »Franzosenkrankheit« genannt wurde) und weiter nach Osten. Die Syphilis und die verwandte Lues sind schwerwiegende, wenngleich nicht unbedingt tödliche Infektionskrankheiten, die nicht nur, aber hauptsächlich durch den Geschlechtsverkehr übertragen werden. Die Kirche schrie daher sofort: »Strafe Gottes für die Unmoral!« Folgerichtig traf sie dann auch nicht wenige Kirchenfürsten, unter anderem (vermutlich) Papst Julius II. Sehr bald, schon anfangs des 16. Jahrhunderts, fand man eine einigermaßen wirksame Therapie: eine Quecksilber-Schweinefett-Emulsion, die sogenannte »Schmierkur«. Der Name »Syphilis« tauchte erst 1521 auf, als ein italienischer Dichter namens Fracastoro die Krankheit in einem allegorischen Gedicht vom ›Hirten Syphilis‹, wenn man so sagen kann: besang.

*

Wie immer zeichnete sich das sich verändernde Lebensgefühl in der Mode ab. Um 1420 kamen die langen, weit ausgeschnittenen Frauenroben auf als Oberkleider mit züchtiger Unterkleidung, hoher Taille und Schleppe, wie wir sie aus den Bildern etwa der Maler van Eyck kennen, außerdem die »Hennin«, der für die Zeit charakteristische kegelförmige Hut, auch »Hornhaube« genannt, der über einer üppigen Zopffrisur getragen wurde. Für Männer gab es als nicht nur modischen, sondern im gewissen Sinn auch hygienischen Fortschritt das Hemd, das unter der Jacke oder dem Wams getragen wurde. Der modisch-bewußte Herr trug dazu einen hohen Hut mit hinten aufgeschlagener Krempe und einer Feder. Um die Zeit wurde das Grüßen durch Hutabnehmen verbreitet. Gegen Ende des 15. Jahrhunderts kam – woher wohl sonst – aus Frankreich die Männermode der »Schaube«, ein Mantel, der vorn immer offen getragen wurde, um den farbenfrohen »Scheckenrock« darunter, das »Hänslein«, sehen zu lassen. Die Schaube war vorn pelzbesetzt, je länger sie war, als desto vornehmer galt der Träger. Die Hosen, auch die Ärmel wurden zusehends geschlitzter, farbig unterlegt, dazu trug der Herr Schnabelschuhe und einen Zierdolch. Für Damen tauchte gegen Ende des 15. Jahrhunderts die kostbare Hermelinverbrämung auf – zumindest für die, deren Mann es sich leisten konnte –, dazu breite Ärmel mit Goldborten. Die wahrscheinlich sehr unbequemen Schnabelschuhe kamen um 1500 wieder ab, und es kamen die vorn übermäßig breiten und wulstigen »Kuhmäuler« oder »Bärenfüße« auf, wie sie dann bis weit ins nächste Jahrhundert hinein auf den Abbildungen der Landsknechte zu sehen sind.

*

In der Musikgeschichte wird erstmals auf einem speziellen Gebiet Deutschland führend, auf dem der Orgelmusik. Warum sich diese diesmal weder aus Italien noch aus Frankreich importierte Blüte gerade um die Mitte des 15. Jahrhunderts entfaltete, während die übrige Musikkultur noch weitgehend in der eher einfachen Form des frühen Mittelalters stecken und unbedeutend blieb, ist nicht ganz erklärbar. Wohl spielte die rasch sich gerade in Deutschland entwickelnde verbesserte Orgelbaukunst eine Rolle, sicher aber – wie so oft – das Auftreten eines einzelnen überragenden Genies:

Konrad (oder Conrad) Paumann. Der etwa 1410 blind geborene und daher, noch dazu in damaliger Zeit, stark behinderte Nürnberger Bürgersohn wurde Organist in seiner Vaterstadt und erntete solchen Ruhm, daß ihn der Meistersinger Hans Rosenpluet als »Meister der Meister« pries, 1450 ging Paumann als Hoforganist nach München, wo ihm Herzog Albrecht III. (das ist der mit der Bernauerin) ein anständiges Salair zahlte. Paumann hinterließ (er starb 1473 in München) einige Orgelkompositionen, vor allem jedoch seine »Fundamenta«, d. h. Orgelschulen, Lehrwerke, die sehr rasch weit verbreitet und für die Weiterentwicklung der Orgelkunst richtungsweisend wurden. Ein anderer – seltsamerweise auch blinder – Organist war der um gut eine Generation jüngere Arnolt Schlick (* ca. 1455, † ca. 1525) aus der Pfalz, dessen hauptsächliches Wirken schon in die Reformationszeit hinüberreichte. Das gleiche gilt von einem der bedeutendsten Meister dieser frühen Zeit einer selbständigen deutschen Musikgeschichte, dem Österreicher Paulus Hofhaymer (Hoffheimer u. a. Schreibweisen, 1459–1537), der 1490 in die Dienste der Hofkapelle in Innsbruck des (damals noch) Königs Maximilian trat und damit ein neues Zeitalter der Musik zu eröffnen mithalf.

*

Während in Italien bereits seit der Mitte des 15. Jahrhunderts die Renaissance, freilich in frühen Formen, die Architektur zu beherrschen begann (Filippo Brunelleschi, der Meister des Doms von Florenz, starb 1446), verzeichnet man in Deutschland die allerdings großartige letzte Blüte der Spätgotik: die Dome und Münster von Straßburg, Prag, Regensburg und St. Stephan in Wien erhielten die Form, wie man sie heute vorfindet, die immer kunst- und geistvolleren Säulen- und Fenstergliederungen wenden den Stil ins Späte und Verfeinerte, vielleicht Intellektuelle. Die St.-Martins-Kirche zu Landshut gibt Zeugnis davon, ebenso die Liebfrauenkirche in Halle, der Dom von Erfurt, um nur einige zu nennen. Die Frauenkirche in München erlebte ihre Vollendung nicht in dieser Zeit: statt der gotischen Turmspitzen bekam sie dann schon die »welschen Hauben« des Renaissance-Geschmacks.

Der gesteigerte, gefestigte und selbstbewußte Bürgersinn dokumentierte sich in vielen Rathäusern und Patrizierhäusern, namentlich in Nürnberg, wovon vieles allerdings im Bombenhagel des Zweiten Weltkriegs unterging. Öffentliche Monumente und vor allem Brunnen in kunstvoller Ausführung schmückten die Städte, waren nicht nur Zier, sondern dienten auch dem nüchternen Zweck der öffentlichen Wasserversorgung.

Je größer und schwerfälliger das Medium ist, desto längere Zeit braucht es, bis sich ein neuer Stil entfaltet. Einen Dom baut man nicht so schnell, wie man eine Statue meißelt oder gießt oder gar ein Bild malt. Daher finden sich im 15. Jahrhundert in Deutschland schon bedeutende Zeugnisse neuer Bildhauerkunst, die zweifellos von der italienischen Renaissance beeinflußt sind, wenn sie auch die Formen und Traditionen der Spätgotik noch bewahren: zum Beispiel Jörg Syrlins Chorschranken im Ulmer Münster (1474).

Die Namen Adam Kraft (ca. 1440–1507), in Nürnberg tätig, Tilman Riemenschneider (1460–1531) in Würzburg und Peter Vischer (ca. 1460–1529) dürften die herausragendsten Repräsentanten dieser großen Zeit des Übergangs sein. Adam Krafts Hauptwerk (1493–1500) ist das Sakramentshäuschen der Lorenzkirche – er erhielt dafür die horrende Summe von 770 Gulden, ein Zeichen der Wertschätzung seiner Kunst. Tilman Riemenschneiders wohl zu Recht berühmtestes Werk, die überirdisch schöne ›Rosenkranzmadonna‹ in Volkach, entstand zwar nach 1500, gehört aber dennoch in diesen Zusammenhang. Riemenschneider gehörte zu den

Künstlern, die bereits wegen der Reformation in Konflikt mit ihrem Auftraggeber kamen. Obwohl er noch (1513 vollendet) das Grabmal des angeblich so christkatholisch-frommen Kaiserpaares Heinrich II. und Kunigunde für den Dom zu Bamberg geschaffen hatte, wurde er als Bürgermeister von Würzburg abgesetzt und aus dem Rat gestoßen, weil er protestantisch geworden war.

Peter Vischer d. Ä. war der Sohn eines bereits in Nürnberg etablierten Erzgießers und der bedeutendste einer ganzen Bildhauer- und Erzgießerfamilie. Sein Hauptwerk ist das 1488 entworfene ›Sebaldusgrab‹ im Ostchor der Kirche St. Sebald in Nürnberg, das bereits als einer der ersten Höhepunkte der nicht mehr von gotischen Traditionen beeinflußten deutschen Renaissance gilt. Die Arbeiten, die Vischer und seine drei Söhne (Peter Vischer d. J., Hermann Vischer d. J. und Hans Vischer) u. a. für Kaiser Maximilian und dessen Hofkirche in Innsbruck schufen, gehören schon ins nächste Jahrhundert.

Sozusagen streng staatsrechtlich gesehen zählt die bedeutendste Malerschule nördlich der Alpen, nämlich die flämische, zur deutschen Kunst. Soll man es so betrachten? Es sei dem, wie ihm wolle, die Kunst der Brüder van Eyck, Rogiers van der Weyden, Dieric Bouts' und Hans Memlings bildeten den Grundstock und den Ausgangspunkt der gesamten deutschen Malerei der folgenden Jahrhunderte. Die Verfeinerung der Ölmalerei, die die Brüder van Eyck erzielten, setzte einen Standard, der zu hohen Leistungen ansporne – wenn auch, erlaube ich mir das Urteil, die einmalige Subtilität der Malerei der van Eycks bis heute nicht (und durch die heutigen Avantgarde-Imitatoren schon gar nicht) übertroffen ist. Hubert van Eyck starb 1426, Jan van Eyck 1440. Der erste bedeutende Maler, der in ihrem Einfluß stand, war Stephan Lochner (um 1400/10–1451), dessen strikt naturnaher Stil schon ins Surrealistische spielt, ein Zug der ganzen deutschen Malerei der folgenden Zeit, so bei Martin Schongauer (1491), als dessen Hauptwerk die ›Madonna im Rosenhag‹ (in St. Martin in Colmar, 1474) gilt. Er verfeinerte die Technik des Kupferstichs und vertrieb seine oft deftigen, hocherotischen Druckgraphiken bereits kommerziell. In Augsburg wirkte Hans Holbein d. Ä. (1465–1524), und das Haupt der Nürnberger Malerschule war der tüchtige und auch geschäftstüchtige Michael Wolgemut (1434 oder 1437–1519), von dem die Holzschnitte der obenerwähnten ›Schedelschen Weltchronik‹ stammen und der der Lehrer dessen war, der im nächsten Jahrhundert ein neues, ganz großes Kapitel der deutschen Kunst aufschlagen sollte: Albrecht Dürer.

Zweites Kapitel

Im zweiten Kapitel erweist sich Erzherzog Maximilian als erster Weltmann – vom burgundischen Hof blickt man auf die übrigen Tölpel Europas herab – eine Niedere Vereinigung lehrt die Gewaltherrscher das Fürchten – der burgundische Herbst des Mittelalters erstickt im Schnee.

Bislang waren die männlichen Mitglieder der Familie Habsburg auf die Namen Rudolf, Albrecht, Friedrich, Ernst oder Leopold getauft worden. Nun hieß plötzlich einer Sigismund – allerdings nach dem gleichnamigen Kaiser – oder Maximilian, ein vorher nie gehörter Name. Bei den Sachsen-Lauenburgern tauchte statt der vordem üblichen zahllosen Eriche und Albrechte ein Magnus auf und gar ein Franciscus. Die brandenburgischen Hohenzollern verstiegen sich – statt Friedrich und Johann – zu einem Gumprecht, die Welfen statt der traditionellen Heinriche zu einem Philipp, die badischen Markgrafen zu einem Philibert und die Herzöge von Savoyen sogar zu einem ganz und gar heidnischen Janus. Oft zeigt sich in der Namenswahl der Eltern für ihre Kinder der Wandel einer Zeit, so also offenbar um die Mitte des 15. Jahrhunderts, als der Erbe Kaiser Friedrichs III. geboren wurde, Erzherzog Maximilian (1459–1519), der »Letzte Ritter«, der viel eher der erste Weltmann auf dem Kaiserthron war, wobei auf die Mehrdeutigkeit des Bestandteils »Welt« in diesem Wort ausdrücklich hinzuweisen ist.

Maximilian war auch der erste Deutsche König und Kaiser,

der so etwas wie Weltpolitik betrieb, und zwar nicht im Sinn seiner staufischen und salischen Vorgänger, von denen mancher einem so verwaschenen wie romantischen und vor allem unrealistischen Traum vom »Imperium Romanum« nachhing, sondern in durchaus modernem, realpolitischem Sinn – modern freilich aus damaliger Sicht, die aber immerhin die Sicht in eine neue Zeit war. Daß Maximilian, der ohne Zweifel ein intelligenter Mann war, sich dessen, nämlich daß eine neue Zeit herannahte, bewußt war, scheint mir gewiß.

Diese Weltpolitik begann allerdings schon Maximilians Vater vorzubereiten, der sich trotz seiner Engstirnigkeit und Trägheit in diesem Punkt weitsichtig erwies.

Um das aufzurollen, muß der Gang dieser historischen Erzählung nochmals etwas zurückgedreht werden: in die siebziger Jahre des 15. Jahrhunderts, in jene Zeit, in der die Situation für das Haus Habsburg schlichtweg verheerend war. In Niederösterreich, sogar in Wien, residierte der ungarische König Matthias Corvinus, die Türken drangen zeitweise bis in die Steiermark vor, Böhmen war so gut wie verloren, dort herrschten die Hussiten, das Reichsgefüge drohte, soweit es überhaupt noch vorhanden war, auseinanderzubrechen, und der Kaiser saß, nicht viel besser gestellt denn als Flüchtling, in Linz. Dagegen war im Westen, zum Teil auf Kosten des durch den Hundertjährigen Krieg stark geschwächten Frankreich, ein im wahrsten Sinn des Wortes vielschichtiges Zwischenreich entstanden: das Herzogtum Burgund. Die Bezeichnung »Zwischenreich« verdient dieses Gebilde sowohl im geographischen als auch im ethnischen, staats- und völkerrechtlichen sowie, was sich zeigen sollte, im zeitlichen Sinn.

Eine Nebenlinie des französischen Königshauses, dessen Gründer mit dem Herzogtum Burgund als einem französischen Lehen ausgestattet wurde, das sich allerdings bald stark verselbständigte und sich im Hundertjährigen Krieg sogar zuweilen auf die Frankreich feindliche Seite stellte, erbte nach und nach durch günstige Heirats- und Familienkonstellationen und auch durch gelegentlich kriegerischen Erwerb eine Fülle von nahe beieinander liegenden Territorien, davon einige zum Teil theoretisch zum Reich gehörende: die Freigrafschaft Burgund, die Herzogtümer Brabant und Limburg, die Grafschaften Holland, Seeland und Hennegau usw. Als Herr über diese Gebiete war der Herzog von Burgund – seit 1419 regierte Philipp genannt »der Gute« – zwar de jure Lehensmann des Deutschen Königs, angesichts der Schwäche des Reiches brauchte das den Herzog allerdings wenig zu kümmern. Alles in allem umfaßte dieses burgundische Reich, das eine europäische Macht war, ein nahezu geschlossenes Gebiet von der Schweizer Grenze bis zur Nordsee. Vor allem aber umfaßte dieses Gebiet die volkreichsten und finanzstärksten Städte Flanderns, die bedeutendste Wirtschaftsmacht seit dem Hochmittelalter, die Drehscheibe des gesamten europäischen Handels, der führende Finanzmarkt des Abendlandes. Gegen die Kaufherren von Antwerpen, Brüssel, Gent und Brügge war der Kaiser, waren die reichsten Fürsten arme Schlucker. Dazu kam ein unerhörter kultureller Aufschwung. Es war kein Zufall, daß, wie oben erwähnt, die Kunst des Abendlandes von dort aus ihren Anfang nahm, daß die Brüder van Eyck dort wirken konnten. Literatur und Musik blühten, der burgundische Hof blickte von einer Höhe der Kultur auf die übrigen Tölpel Europas herab, die von unten her nur staunen konnten. Johan Huizinga, der große niederländische Historiker, hat diese nicht anders als sensationelle Blüte der abendländischen Kultur in seinem Buch mit dem so poetischen wie zutreffenden Titel ›Der Herbst des Mittelalters‹ beschrieben.

Wenn es mit rechten Dingen zugegangen wäre, hätte das burgundische Reich der Kern eines neuen, in ungeahnte kulturelle Höhen hinanwachsenden Abendlandes werden müssen, sowohl Deutschland wie Frankreich überwölbend und zum Absterben verurteilend – aber es geht im Lauf der Geschichte selten mit rechten Dingen zu, und so zerstob dieses Reich durch den lächerlichen Umstand, daß Herzog Karl der Kühne, der Nachfolger jenes Philipps des Guten, keine Söhne hatte, »nur« eine Tochter.

Karl der Kühne, der seit 1467 regierte, hatte zwar Pläne, sein Reich zu retten, aber gleichzeitig verspielte er die Chance durch unvorsichtige Expansionspolitik. Karl schwebte eine Königskrone vor: die Vereinigung seiner ganzen, völkerrechtlich gesehen buntscheckigen Territorien zu einem auch juristisch einheitlichen Reich, einem (neuen) Königreich Burgund innerhalb des Reichsverbandes, ähnlich wie die Situation des Königreichs Böhmen. Damit wäre das Herzogtum Burgund, also die ganze heutige Bourgogne, das Land bis weit hinein ins Herz Frankreichs – nicht nur wegen des Weines wichtig –, aus dem französischen Königreich und der Obödienz des dortigen Königs ausgeschieden. Ob das der französische König hingenommen hätte, ist fraglich. Doch es kam nicht dazu.

Zwar traf Kaiser Friedrich III., der um die Zeit verzweifelt jeden Strohhalm ergriff, der Rettung versprach, 1473 den Herzog Karl in Trier, und Friedrich wäre, so ist zu vermuten, nicht abgeneigt gewesen, dem Herzog diese Königswürde zuzugestehen bei der Gegenleistung der Verheiratung von Karls einziger Tochter, der Prinzessin Maria von Burgund, mit des Kaisers einzigem Sohn Maximilian. (Maximilian war damals vierzehn, Maria sechzehn Jahre alt. Keiner der beiden wurde gefragt.)

Da kam der Kölner Bistumsstreit dazwischen, in den sich Herzog Karl völlig unnötigerweise einmischte. Er belagerte 1474 Neuss am Rhein. Seltsamerweise ging ein Aufschrei durch das Reich. Für einen Moment ruhten (fast) alle Eifersüchteleien und kleinlichen Streitigkeiten unter den Fürsten und Städten. Das erste Mal – auch darin zeigt sich eine neue

Zeit, wenngleich man sich fragen muß, ob grad dies wünschenswert war – wurden nationale Töne hörbar: Kaiser Friedrich rief zur Verteidigung der *deutschen* Nationalität gegen den Angriff aus dem Westen auf. Tatsächlich kam – ein Wunder – ein Reichsheer zustande, das so beeindruckend war oder zumindest wirkte, daß Herzog Karl der Kühne ganz unkühn klein beigab und sich aus dem Rheinland zurückzog. Außerdem gab er seine Erbtochter dem Erzherzog Maximilian nun auch ohne Gegenleistung einer Königskrone.

Der Abstieg Karls und somit des kurzlebigen burgundischen Reiches begann mit einem Aufstand im Elsaß. Der stets in Geldverlegenheiten schwebende, verschwenderische und langsam in Blödsinn versinkende Erzherzog Sigismund »der Münzreiche«, der in Tirol und den österreichischen Vorlanden mehr wurstelte als regierte, hatte gegen ein größeres Darlehen dem Herzog von Burgund die gesamten habsburgischen Besitzungen im Elsaß und im Breisgau verpfändet. Herzog Karl gedachte nicht, diese Ländereien je zurückzugeben, schon auch weil bei der sigismundischen Finanzlage mit einer Rückzahlung des Darlehens nicht zu rechnen war. Karl verleibte die Länder seinem Imperium ein und ließ sie von einem Landvogt namens Peter von Hagenbach verwalten, der sich wie ein Tyrann, wie sein Berufsgenosse Geßler in der Tell-Sage, aufführte. Dazu kam, daß durch die in letzter Zeit zudem gescheiterten militärischen Unternehmungen Karls der Steuerdruck verdoppelt, bald verdreifacht wurde, was im Übrigen nicht nur das Elsaß und den Breisgau betraf, sondern die ganzen burgundischen Lande, und was verständlicherweise vor allem bei den Handelsherren Unmut hervorrief.

Die Städte und Landschaften des Elsaß' und des Breisgaues schlossen einen Bund nach Muster der Eidgenossen, die »Niedere Vereinigung« *(nieder* im Sinn von geographischer

Lage in der oberrheinischen Ebene, im Gegensatz zur Eidgenossenschaft in der Schweiz, im Gebirge *oben),* und gemeinsam mit den Schweizern bot man dem Herzog Karl die Stirn. Das erste Opfer war genau jener Landvogt von Hagenbach, der von einem Sondergericht als »tyrann und durächter« zum Tod verurteilt und 1474 in Breisach geköpft wurde. Der Krieg gegen den Herzog von Burgund dauerte drei Jahre. Karl verfiel wohl in etwas wie eine mit Größenwahn gepaarte Hasardstimmung (nicht selten bei Gewaltherrschern, wenn sie mit dem Rücken an die Wand gedrückt werden), er schlug wild um sich und verlor Schlacht um Schlacht: am 2. März 1476 bei Grandson am Neuenburgersee, wo die entschlossenen Eidgenossen die burgundischen Söldner durch Sonne und Mond jagten und sagenhafte Beute machten, am 22. Juni desselben Jahres bei Murten (in der Nähe von Bern), wo die Eidgenossen dem Rachefeldzug Karls ein Ende setzten und angeblich zehntausend burgundische Ritter erschlugen, und endlich am 5. Januar 1477 bei Nancy.

Karl der Kühne hatte schon in den Jahren zuvor versucht, den (staatsrechtlich gesehen) deutschen Herzog von Lothringen aus seinen Ländern zu vertreiben. Es gelang, aber nur kurzfristig, der Herzog Renatus (René) II. von Lothringen setzte alles daran, sein Land zurückzugewinnen, verbündete sich mit der »Niederen Vereinigung« und den Eidgenossen und vertrieb tatsächlich den durch die Niederlagen von Grandson und Murten geschwächten, dazu immer starrer und eigensinniger werdenden Karl den Kühnen aus Lothringen. Nur Nancy (ehemals deutsch Nanzig genannt), die Hauptstadt Lothringens, blieb burgundisch, und auch die zu erobern zog nun Herzog René mit einem starken Koalitionsheer, in dem etwa sechstausend Schweizer mitzogen, vor diese Stadt. Karl der Kühne eilte herbei, sein Heer in eigener Person führend. Es kam am 5. Januar zur Schlacht, obwohl man eigentlich damals im Winter jede militärische Unternehmung scheute. Es schneite. Unter dem Schutz des niederfallenden Schnees fielen die offenbar frostgewöhnten und wintergewandten Eidgenossen den ohnedies erschöpften Burgundern in den Rücken, im burgundischen Heer brach Chaos aus, »man läuft und fällt nach allen Seiten«, wie es in Wilhelm Buschs ›Die Folgen der Kraft‹ heißt, die Burgunder wurden aufgerieben, der Herzog erschlagen.

Damit endete der glänzende burgundische »Herbst des Mittelalters«, damit begann das, was etwas übertrieben die »habsburgische Weltherrschaft« genannt wird, zumindest jedoch die glorreiche Fortsetzung der Ländersammlung, die die Familie Habsburg schon seit einiger Zeit vorbereitet hatte.

Drittes Kapitel

Im dritten Kapitel heiratet Maximilian die schönste Prinzessin des Abendlandes – der Grundstock zur habsburgischen Permanent-Finanznot wird gelegt – die dreijährige Margarete wird nach Brüssel abgeschoben – eine kluge Heirat macht aus Bretonen Franzosen.

In späteren Jahren ließ Kaiser Maximilian von seinen Geheimschreibern und Hofpoeten Melchior Pfinzing bzw. Marx Treitzsauerwein zwei Epen schreiben, hatte bei der Abfassung jedoch wohl selbst erheblichen Anteil: den ›Theuerdank‹ (der Kuriosität halber sei der ganze krause Titel des Werkes genannt: ›Die geuerlichkeiten vnd eins teils der geschichten des loblichen streytparen vnd hochberümbten Helds vnd Ritters Herr Tewrdancks‹) und den ›Weiß-Kunig‹. Die allegorisch hoffnungslos überfrachteten, heute kaum noch lesbaren Epen, auf kaiserlichen Befehl sorgfältig gedruckt, der ›Weiß-Kunig‹ dazu mit über zweihundert Holzschnitten Hans Burgkmairs versehen, schildern unter anderem in romantisch-ritterlich verklärter Sicht die Brautfahrt Maximilians zur schönsten Prinzessin des Abendlandes – eben zu Maria von Burgund.

Sie scheint, wenn die Bilder und Berichte nicht lügen, tatsächlich eine ausnehmend schöne Frau gewesen zu sein, dabei auch noch hochkultiviert und warmherzig, vor allem aber die reichste und wichtigste Erbin auf dem fürstlichen Hochzeitsmarkt der Zeit. Obwohl es sich um eine rein politische Heirat gehandelt hat und niemand auf die Idee gekommen wäre, wie schon erwähnt, die jungen Leute, eher noch Kinder, zu fragen, war die Ehe offenbar glücklich. Maximilian jedenfalls hat, so scheint es, die schöne Maria wirklich geliebt. Er heiratete sie aufgrund des vorher zwischen Kaiser Friedrich III. und Herzog Karl dem Kühnen ausgehandelten Verlöbnisses am 18. August 1477, gut ein halbes Jahr nach dem Tod des Herzogs.

Maximilian, damals noch »nur« Erzherzog, war knapp neunzehn, Maria fast einundzwanzig Jahre alt. Mit der Heirat erwarb Maximilian de facto alle burgundischen Besitzungen, d. h., eigentlich hatte sie Maria geerbt, aber Maximilian führte für sie die Regentschaft, die ihm allerdings vom französischen König Ludwig XI. streitig gemacht wurde, so wie der König das Erbe Marias bestritt, soweit die Länder der burgundischen Hinterlassenschaft französische Lehen waren, also im Wesentlichen das Herzogtum Burgund und die Grafschaft Artois (= heute in etwa das westliche Belgien und nordwestliche Frankreich). Es kam sofort zum Krieg, der insgesamt, mit Unterbrechungen, fünfzehn Jahre dauern sollte.

Bei Guinegate im Artois kam es am 7. August 1479 zu einer Schlacht, in der durch überlegene militärische Geschicklichkeit, die wohl auf seiner Intelligenz beruhte, und seine von den Zeitgenossen bestaunte persönliche Tapferkeit Erzherzog Maximilian die erheblich überlegene Heeresmacht des französischen Königs schlug, der daraufhin, wenngleich murrend und weiterhin drohend, das Erbe herausrückte. Maximilian verlegte danach seine ganze Kraft in die Regierung des reichen Burgund. Um das Reich, dessen mutmaßlicher Erbe er ja war, scheint er sich nicht gekümmert zu haben. Dort verwaltete der alte Kaiser Friedrich III. weiterhin das Chaos.

Ein Jagdunfall kostete die schöne Maria von Burgund das Leben. Sie starb 1482, im Alter von fünfundzwanzig Jahren.

Drei Kinder hatte sie ihrem Mann geboren: Philipp (wieder ein in der Familie Habsburg bis dahin unerhörter Name: es war der von Marias Großvater), Margarete, 1478 bzw. 1480 geboren, und Erzherzog Franz, der 1481 geboren wurde und im gleichen Jahr starb.

Nun, nach dem Tod der eigentlichen Erbin, drohte der König von Frankreich neuerlich, diesmal auch auf ordentliche Rechtstitel gestützt. Es kam jedoch nicht zum Krieg, beiden Seiten fehlte das Geld. Zu Arras wurde ein Friede geschlossen (der freilich nicht lang hielt). Das Herzogtum und die Freigrafschaft Burgund (d. h. das Land um Besançon, das deutsch Bisatz hieß) wurden an Frankreich abgetreten – nach französischem, rechtlich korrektem Verständnis muß man sagen: zurückgegeben, und zwar als Mitgift der kleinen, gerade einmal zwei Jahre alten Erzherzogin Margarete, die mit dem französischen Erbprinzen Karl verlobt wurde. (Die Heirat kam übrigens dann nie zustande.)

Über den dem Namen nach burgundischen Herzog Philipp, vier Jahre alt, übernahmen die niederländischen Städte die Vormundschaft, die auch den Frieden ausgehandelt hatten. Sie wollten verständlicherweise keinen Krieg mehr. Die dynastischen Interessen Habsburgs waren ihnen gleichgültig. Maximilian, der ziemlich hemmungslos die Geldquellen Burgunds auspreßte (er erwirtschaftete eine Million Goldgulden jährlich, sein Vater in Österreich nur hunderttausend), geriet in scharfen Gegensatz zu den Bürgern seines eigenen Landes. Das ging so weit, daß die Stadt Brügge den nun nicht mehr nur Erzherzog, sondern (1486) zum Deutschen König gewählten Maximilian in ihre Mauern lockte und gefangennahm. Er brummte von Februar bis Mai 1488. Diese Ungeheuerlichkeit riß sogar den alten Kaiser aus seiner Lethargie. Er sammelte so etwas wie ein Reichsheer, das immerhin so beeindruckend gewesen sein mußte, daß die Brügger Maximilian laufenließen. Doch der hatte in den Niederlanden ausgespielt, kehrte (1490) nach Österreich zurück und bevorzugte Innsbruck als Aufenthaltsort, nachdem der endgültig übergeschnappte Erzherzog Sigismund zur Abdankung gezwungen worden war. Zuletzt hatte dieser aus dem letzten Loch pfeifende Narr sogar ganz Tirol an die bairischen Herzöge Albrecht IV. und Georg verkauft, wozu er rechtlich gar nicht befugt war – und für nur fünfzigtausend Gulden. (Ganz Tirol mit allen Bergen und Tälern, Städten, Dörfern und Burgen war in den Augen Sigismunds also nur knapp siebenmal soviel wert als das allerdings sehr schöne Sakramentshäuschen Adam Krafts in der Lorenzkirche in Nürnberg, für das der Künstler, wie erwähnt, siebenhundertsiebzig Gulden bekam.

Der Verkauf kam selbstverständlich nicht zustande. Der Kaiser verhinderte es.)

Maximilian machte Innsbruck zu einer Residenz von europäischem Rang. Die Hofmusik unter Heinrich Isaak, dem Komponisten des Liedes ›Innsbruck ich muß dich lassen‹, hatte Weltruf, Maler und Bildhauer statteten die neue Hofburg und die Kirchen aus, Peter Vischers d. Ä. Arbeiten für das (erst später vollendete und allerdings nie als solches benutzte) Prachtgrab für Maximilian wurden oben schon erwähnt. Das alles kostete Geld – dazu die ständigen Kriegszüge. Maximilian legte sozusagen den Grundstock zur habsburgischen Permanent-Finanznot, die bis ins 19. Jahrhundert fortdauerte. Wieder und wieder klopfte er vor allem bei den reichen Fuggern und Welsern in Augsburg an und nahm Darlehen – Ländereien, Schürfrechte, Handelsprivilegien gab er als Pfänder. Am wenigsten kosteten noch die Titel, die Maximilian verlieh. Mit der Rückzahlung der Darlehen war er stets in Verzug. Wahrscheinlich stünde er heute noch in den Schuldbüchern der Fugger, wenn es sie noch gäbe – die Schuldbücher, nicht die Fugger, die gibt es noch: Maximilian erhob sie in den Adels-, seine Nachfolger in den Grafen- und sogar Fürstenstand. Am Ende seines Lebens stand Maximilian allein bei den Wirten von Innsbruck mit vierundzwanzigtausend Gulden in der Kreide. (Fast die Hälfte der Summe, für die sein Vetter Sigismund das ganze Land zu verkaufen versucht hatte.) Die Wirte lehnten weitere Verköstigung und Unterbringung des kaiserlichen Trosses ab. Maximilian, der sowohl melancholisch als auch gelegentlich cholerisch war, bekam einen Tobsuchtsanfall. Es half nichts, die Wirte blieben hart: erst Bargeld, dann neuer Kredit. Maximilian wendete der Stadt den Rücken – ›Innsbruck ich muß dich lassen‹. Auf der folgenden, nicht anders als Elendszug zu nennenden Reise ins östliche Österreich führte Maximilian schon seinen Sarg mit sich – er sah sein geliebtes Innsbruck nie wieder.

(Die Finanzmisere der Habsburger, nicht nur Maximilians, ist sehr anschaulich in dem Buch von Kramar/Stuiber ›Habsburgs leere Kassen‹ geschildert.)

Ich bin mit der Erzählung vorausgeeilt, zurück also zu den Jahren um 1490. In diesem Jahr starb König Matthias Corvinus von Ungarn, der weite Teile Österreichs samt der Hauptstadt Wien besetzt gehalten hatte. Sein Reich zerfiel sofort, und Maximilian konnte die verlorenen österreichischen Gebiete ohne größere Mühe zurückerobern, stieß sogar nach Ungarn vor, dessen Krone er beanspruchen zu dürfen glaubte. Doch die ungarischen Magnaten wollten ihn nicht und wählten den Jagiellonen Wladislaw (ungarisch László) zum König. Zum Krieg fehlte Maximilian das Geld, aber immerhin gelang es ihm, König László zum Frieden von Preßburg zu bewegen (1491), in dem – rein auf dem Papier – Maximilian der Titel eines Königs von Ungarn zugestanden, der Familie Habsburg aber, was wichtiger werden sollte, das Erbrecht für den Fall des Aussterbens der ungarischen Jagiellonen eingeräumt wurde. Als dann der alte Kaiser am 19. August 1493 starb, war Maximilian auch de jure das, was er faktisch schon fast zehn Jahre gewesen war: der Regent über eine große, einigermaßen zusammenhängende, wenn auch äußerst heterogene Ländermasse, so groß, wie sie Habsburg bislang nicht besessen hatte, und er war nun der alleinige Deutsche König.

Kurz zuvor (im März 1493) hatte Maximilian noch einen vorerst einmal dauerhaften Frieden mit Frankreich geschlossen: den Frieden von Senlis. Dieser Friede wahrte den gegenseitigen Besitzstand in den Niederlanden und bereinigte auch eine familiäre Angelegenheit: nach dem Tod der Maria von Burgund richtete König Maximilian sein Augenmerk auf eine hochinteressante Erbin: Prinzessin Anna, die einzige Tochter des vor kurzem verstorbenen letzten Herzogs der Bretagne. Dieses Herzogtum, eins der größten Kronlehen Frankreichs, seit hundert Jahren prosperierend und von relativ friedliebenden Herzögen aus der capetingischen Nebenlinie Montfort regiert, hatte sich, obgleich theoretisch im französischen Staatsverband, schon wegen seiner andersstämmigen, nämlich eben bretonischen Bevölkerung eine gewisse Sonderstellung verschafft und war halbwegs unabhängig. Als König Karl VIII. von Frankreich von dieser Werbung erfuhr, leuchteten natürlich alle roten Warnlampen bei ihm auf. Eine Eingliederung der Bretagne in den habsburgischen Staatenverbund hätte eine tödliche Umklammerung Frankreichs bedeutet. König Karl schickte also herzlos seine (elf Jahre alte) Braut Margarete, Maximilians Tochter, nach Hause. Margarete war als dreijähiges (!) Kind mit dem damaligen Dauphin Karl verlobt und in der Folge am französischen Hof erzogen worden. Hat das Kind überhaupt gewußt, was elterliche Liebe ist? Daß sie in dem schönen Schloß Amboise lebte, dürfte kein Ersatz für die Nestwärme gewesen sein. Mit elf Jahren wurde sie, wie gesagt, abgeschoben, nach Brüssel zu der ihr unbekannten Stiefgroßmutter, der Herzogin Margarete, Witwe ihres Großvaters Karls des Kühnen, einer Engländerin aus dem Hause York. Was wohl in der Seele dieses Kindes vorging? Sie wird uns noch begegnen im Verlauf der Geschichte als große und kluge Frau und geschickte Diplomatin und vernünftige Regentin der Niederlande.

Zurück zu Anna von Bretagne: König Karl VIII. heiratete sie schnell selbst und brachte so das Herzogtum Bretagne für immer an die französische Krone. Die bretonische Selbständigkeit vermissen die Bretonen bis heute. Maximilian hatte das Nachsehen, aber immerhin versicherte ihm König Karl, daß er das burgundische Erbe Habsburgs (mit Ausnahme des französischen Herzogtums Burgund – diese Frage war gegessen) nicht mehr bestreite. Dabei blieb es auch, und in den Niederlanden herrschte zur Freude der Pfeffersäcke Ruhe – man darf nicht ungerecht sein: die Freude der Pfeffersäcke kam auch der geschundenen dezimierten Bevölkerung zugute, die sich langsam wieder zu erholen begann.

Maximilian heiratete nun die mailändische Prinzessin Bianca Maria Sforza – keine Erbin. Kinder gingen aus dieser Ehe nicht hervor, dafür brachte es Maximilian auf dokumentierte vierzehn Bastarde. Wie viele Bastarde darüber hinaus nicht dokumentiert sind, sei dahingestellt.

Viertes Kapitel

Im vierten Kapitel blüht im Norden der Handel – der Sächsische Prinzenraub endet in einer kühnen Heldentat – ein Streit ums Bier sichert neue märkische Pfründen – die Wittelsbacher teilen das Geteilte – die Baiern einen das Geeinte.

Es war in den vergangenen Abschnitten hauptsächlich von den Geschichten Habsburgs die Rede. Die deutsche Geschichte erschöpft sich aber natürlich nicht damit.

Im Norden Deutschlands hatten sich zwei relativ geschlossene Territorien gebildet, beide freilich nicht von der Größe der habsburgischen Ländersammlung: Brandenburg und Sachsen, beides Kurfürstentümer. Unter der Regierung der ersten beiden Kurfürsten aus dem Haus Wettin, Friedrich I. der Streitbare (1423–1428) und Friedrich II. der Sanftmütige, hatte das Haus eine große Anzahl von territorialen Abrundungen erzielt: das Pleißnerland, das Vogtland, die Mark Meißen und endlich, der größte Brocken, die ganze Landgrafschaft Thüringen fielen an Sachsen. Eine glückliche und kluge, weil liberale Politik gegenüber den Hussiten sowie gegenüber König Georg Podiebrad von Böhmen und König Matthias Corvinus von Ungarn verschaffte Sachsen Grenzgewinne und vor allem Ruhe. Dabei verstand es Kurfürst Friedrich II. sogar, auch mit seinem Schwager, dem Kaiser Friedrich, auf gutem Fuß zu stehen. (Der Kurfürst hatte 1431 die Schwester des – damals erst – Königs geheiratet.)

Wichtiger als der Landgewinn erwies sich indes eine Entwicklung, die fast wie ein Hauch von Demokratisierung wirkt: ab dem Beginn des 15. Jahrhunderts schon begannen die Städte, d. h. nicht nur der Adel und die Prälaten, sondern auch die Bürger, ein Mitspracherecht bei der Regierung des Landes anzustreben. Das gipfelte in einem Landtag zu Leipzig 1438, auf dem diese Ständevertretung institutionalisiert wurde. Der Kurfürst war klug genug zu erkennen, daß diese Einschränkung seiner Macht den Wohlstand des Landes förderte und anderseits auch für ihn durch erhöhtes Steueraufkommen einen Vorteil bedeutete. Besonnene Verwaltungsreformen und -vereinheitlichungen, die mit den Namen der (z. T. aus bürgerlichen Verhältnissen stammenden) Kanzler und Hofbeamten Haugwitz, Mergenthal u. a. verbunden waren, förderten den Wohlstand weiter. Die Städte Sachsens, voran Leipzig, wurden bedeutende Handels- und Finanzplätze und näherten sich der Bedeutung und Wirtschaftskraft der niederländischen Großstädte. Das hatte naturgemäß Auswirkungen auf die Kultur des Landes. Seit 1481 war Leipzig die führende Buchdruckerstadt Deutschlands (und blieb es bis ins 20. Jahrhundert). Daß sich ein Luther dort entfalten konnte, ist kein Zufall.

Große Bedeutung hatte der Bergbau im Erzgebirge, der, schon wegen des dort geschürften Silbers, vom Kurfürsten stark gefördert wurde. Der Bergbau wiederum brachte Fortschritte in Technik und Ingenieurswesen mit sich, was sich auf die ganze Infrastruktur des Landes auswirkte.

Sachsen wäre ein ernsthafter Konkurrent Habsburgs um die Vorrangstellung im Reich geworden, wenn nicht Kurfürst Ernst, der Sohn und Nachfolger Friedrichs II., den verderblichen Schritt der Teilung des Landes getan hätte. Er übertrug die meißenischen Lande an der Elbe (mit Dresden) seinem jüngeren Bruder Albrecht, behielt selbst das thüringische Erbe, den westlichen Teil des eigentlich sächsischen Gebietes (mit Leipzig) und – mit der Kurwürde entsprechend den Bestimmungen der »Goldenen Bulle« – den ebenfalls erbweise heimgefallenen nördlichen Landesteil Sachsen-Lauenburg (Leipziger Teilung 1485). Diese Teilung schwächte zwar die Wirtschaftskraft nicht, wohl aber die politische Bedeutung.

Die Brüder Ernst und Albrecht sind einer eigenen Betrachtung im Lauf dieser Erzählung würdig, schon weil sie zunächst einmal unfreiwillig der Gegenstand eines kuriosen und vielberedeten Vorgangs wurden: des Sächsischen Prinzenraubes. Ein sächsischer Ritter namens Kunz von Kaufungen fühlte sich – die komplizierten Gründe hier darzustellen würde zu weit führen – vom Kurfürsten Friedrich II. ungerecht behandelt. Nachdem er vergeblich seine behaupteten Ansprüche vor dem Hofgericht durchzusetzen versucht hatte, entführte er die Söhne des Kurfürsten, die Prinzen Ernst (14) und Albrecht (12 Jahre alt), versuchte mit ihnen nach Böhmen zu entkommen, um von dort aus den Kurfürsten zu erpressen. Kurz vor der Grenze gelang dem jüngeren Albrecht jedoch die Flucht (vielleicht rührte daher sein Beiname »der Beherzte«, unter dem er in die Geschichte einging), und mit Hilfe eines Köhlers, in dessen Schutz sich der Bub flüchtete, wurden Kunz von Kaufungen und seine Konsorten gefangengenommen und Prinz Ernst befreit. Der Köhler – er soll Trill oder Triller geheißen haben – wurde reich belohnt, Kunz von Kaufungen geköpft.

Ernst und Albrecht regierten nach dem Tod ihres Vaters 1464 in seltener Eintracht das Land gemeinsam, 1475 allerdings trat Albrecht als »Reichsbannermeister« an die Seite Erzherzog Maximilians im Krieg gegen Burgund, zeichnete sich hier aus und wurde überhaupt ein treuer Freund Habsburgs, obwohl er mit der böhmischen Prinzessin Zedena (Sidonie), Tochter von Habsburgs Erzfeind Podiebrad, verheiratet war. Die politische Freundschaft bewährte sich auch und vor allem in den Niederlanden, wo Albrecht entscheidenden Anteil an der Befreiung Maximilians aus der Gefangenschaft in Brügge hatte, dann einige Jahre als Statthalter der Niederlande wirkte, ebenso danach bei den stets aufmüpfigen Friesen. Ohne Albrechts finanzielle und militärische Hilfe wäre Maximilian auch die Rückeroberung des von Corvinus besetzten Teiles seiner Erblande nicht geglückt. Nach der Teilung von 1485 verwaltete Albrecht sein Land vorbildlich und klug, und in einer »Väterlichen Ordnung« von 1499 verfügte er in weiser Voraussicht, daß wenigstens sein Anteil der wettinischen Lande nicht weiter geteilt werden dürfe, daß die Nachfolge streng nach der Primogenitur zu regeln sei. Ähnliches versäumte der sonst ebenfalls vorbildliche Regent Herzog Ernst, so daß nach dessen Tod und weiterhin die »ernestinischen Lande« fortwährend geteilt wurden und bis ins 19. Jahrhundert eine Fülle von sächsisch-thüringischen Kleinstaaten ent- und bestand (einer davon Goethes Weimar). Die politische Freundschaft der »albertinischen Linie« des Hauses Wettin mit den Habsburgern währte die folgenden Generationen hindurch sonderbarerweise fort, und das habsburgische Kaiserhaus hatte oft eine treue Stütze in den albertinischen Wettinern, und dies trotz des konfessionellen Gegensatzes, der nun nicht mehr lange auf sich warten ließ.

*

Kurbrandenburg kam, wie oben im ersten Teil ausgeführt, an das ursprünglich schwäbische, dann in Franken mächtige Geschlecht der Hohenzollern. 1417 kaufte Friedrich I. um vierhunderttausend Gulden von Kaiser Sigismund die Kurfürstenwürde, und zwar als erblich. Die Mark Brandenburg war durch luxemburgische Mißwirtschaft und namentlich durch die selbstherrlich gewordenen Krautjunker, allen voran die Quitzows, ein Chaos, und nur ein nahezu prophetischer

Blick in die Zukunft konnte die enorme Kaufsumme als nicht überhöht wahrnehmen. Doch die Hohenzollern waren, jedenfalls die damaligen, vernünftige Leute und regierten langsam und klug. Dem Nachfolger Friedrichs I., dem Kurfürsten Friedrich II., gelang es, die Krautjunker am Kopf zu nehmen, auch die aufmüpfige Stadt Berlin, neben der er seine Zwingburg Cölln (heute der betreffende Stadtteil) errichtete. Berlin hatte keinen Schaden davon, es stieg stetig in seiner Bedeutung, wenngleich die Zeit, in der es deutsche Hauptstadt werden sollte, noch fern war.

Friedrich II. gelang es auch durch Auslösung von – durch die vorgängerischen Luxemburger verpfändeten – Herrschaften und Territorien die Mark Brandenburg abzurunden, die Grenzen zu sichern. Friedrichs II. ältester Bruder und Nachfolger hieß Albrecht, und es war der Albrecht, dem der stets antik denkende Aeneas Sylvius Piccolomini den Beinamen »Achilles« verpaßt hatte. 1440 übernahm »Achilles« die Regentschaft der fränkischen Ländereien, 1470 folgte er seinem Bruder in der Kurwürde und als Regent nun aller Hohenzollerschen Länder (mit Ausnahme der kleinen, ganz unbedeutenden Territorien in Schwaben, das Ländchen um Sigmaringen und Hechingen, das unabhängig von den brandenburgischen und dann preußischen Hohenzollern bis ins 19. Jahrhundert selbständig blieb). Er wirtschaftete sparsam und hinterließ bei seinem Tod (1486) sein Land schuldenfrei seinen Erben. Und deren Erbfolge hatte er durch die »Dispositio Achillea« (von 1473) vernünftig im Sinn der Primogenitur in Brandenburg geregelt, nur die fränkischen Fürstentümer Ansbach und Kulmbach/Bayreuth sollten Nebenlinien zukommen.

Albrecht Achilles' Sohn und Erbe, Kurfürst Johann (dem erst spätere Geschichtsschreibung den nicht ganz verständlichen Beinamen »Cicero« gab), regierte von 1486 bis 1499 und setzte im Wesentlichen die sparsame Politik seines Vaters fort. Inzwischen waren die oben erwähnten märkischen Junker so weit gezügelt, daß sie dem Kurfürsten sogar als Stütze der Regierung dienten, was notwendig war, denn der Fürst geriet in Gegensatz zu den Städten. Es ging ums Bier.

Bier kannten schon die Römer: mit Abscheu, man betrachtete es als Gesöff der Barbaren. In der Tat brauten und tranken es die Germanen und die Kelten und offenbar nicht zu wenig, wenn man der Nachricht von Dionysius von Halikarnassos glauben darf. Im Mittelalter braute man Bier hauptsächlich auf der Grundlage von Gerste, aber auch Weizenbier war schon bekannt. Die Verwendung von Hefe war schon, wie aus Nachrichten in den Werken Hildegards von Bingen hervorgeht, im 12. Jahrhundert üblich. Insgesamt war das Bier (mit Ausnahme des »Doppelbiers«) nicht sehr stark, wie man aus den Auswertungen der Bierakzise-Akten schließen kann, und um diese Bierakzise, eine direkte Konsumsteuer aufs Bier, stritt Johann Cicero mit den brandenburgischen Städten und konnte sich diese Einnahmequelle unter den Nagel reißen. Doch nicht nur deswegen hinterließ Kurfürst Johann Cicero, als er 1499 starb, seinem Sohn Joachim das Land in geordnetem und finanziell gesichertem Zustand.

*

In den wittelsbachischen Fürstentümern, also in Baiern und in der Pfalz, zeigten sich einander entgegengesetzte Tendenzen: während die Pfälzer Wittelsbacher schon nach dem Tod Ruprechts III. Clem, des unglücklichen Deutschen Königs, von 1400 bis 1410 ihr Land zu teilen angefangen hatten (Pfalz-Neumarkt, Pfalz-Simmern, Pfalz-Zweibrücken, Pfalz-Mosbach) und in der Folge immer und immer wieder teilten und so, ähnlich den sächsisch-ernestinischen Linien, eine Unzahl unbedeutender Duodez-Fürstentümer erzeugten (nur die Kurpfalz mit der Kurwürde blieb ein relativ geschlossenes Gebiet), zeichnete sich in Baiern eine allmähliche Einigung des Landes nach den Teilungen ab. Herzog Albrecht III., trotz der Affaire »Bernauerin« der Fromme genannt, vereinigte, nach dem Aussterben der Linie Ingolstadt, fast das ganze Alt-Baiern, und da der reiche Vetter in Landshut, der mit der polnischen Prinzessin Hedwig so glanzvolle Hochzeit gefeiert habende Herzog Georg, keine Söhne hatte, stand auch dieses Erbe ins Haus. (Das sollte dann allerdings nicht ohne ernstliche Schwierigkeiten vor sich gehen: davon muß noch die Rede sein.) Die Teilung der Regierung nach Albrechts III. Tod 1460 blieb ohne Folgen, der mit der Kaisertochter Kunigunde, der Schwester König Maximilians, verheiratete Herzog Albrecht IV. blieb unangefochten Senior des Hauses nach dem kinderlosen Tod seiner Brüder. Auch sein jüngerer Bruder und Mitregent Christoph änderte daran nichts. Dessen historischer Nachruhm beschränkt sich auf einen großen, schweren Steinbrocken, der in der Residenz zu München, durch Eisenbügel gesichert, aufbewahrt wird: den Stein hat Herzog Christoph im Jahre sowieso sowieso viele Fuß weit geworfen.

Einige Auseinandersetzungen Herzog Ludwigs IX. zu Landshut mit Albrecht Achilles von Brandenburg um die Zuständigkeit des kaiserlichen Landgerichts Nürnberg, Reibereien Albrechts IV. um die Grafschaft Abensberg, der von Habsburg im letzten Moment vereitelte Versuch der Baiernherzöge, vom bankrotten Erzherzog Sigismund Tirol zu kaufen, und selbst der drohende Zusammenschluß der westlichen Nachbarn im »Schwäbischen Bund«, der vom Kaiser begünstigt wurde, um Ausdehnungen Baierns nach Westen zu verhindern, blieben Episoden von eher nicht weltpolitischer, nur lokaler Bedeutung. Günstig allerdings war und ist bis heute, daß 1487 die hoffnungslos verschuldete Reichsstadt Regensburg ihre Rechtsstellung aufgab und sich der herzoglichen Landeshoheit unterstellte.

*

Im Südosten des Reiches hatte sich seit der Mitte des 14. Jahrhunderts die Grafschaft Württemberg (so seit 1361 firmierend) im alten Herzogtum Schwaben breitgemacht. Der Name Württemberg verdrängte allmählich das in Vergessenheit geratende alte Stammesherzogtum, namentlich seit die Grafschaft 1495 zum Herzogtum erhoben wurde. Graf Eberhard V. hatte, bedeutend für das Land, 1477 die Universität Tübingen gestiftet. In Hausverträgen wurde Ende des 15. Jahrhunderts die Unteilbarkeit des Territoriums gesichert, was nicht unwesentlich zum Aufstieg des Landes zur beherrschenden Macht in jenem Teil des Reiches beitrug. Einziger Konkurrent dort waren die Markgrafen von Baden. Nach verschiedenen Teilungen gelang es dem Markgrafen Bernhard I. am Anfang des 15. Jahrhunderts, alle zähringisch-badischen Besitzungen zu vereinen und durch eine vernünftige Verwaltungsreform einen geschlossenen Territorialstaat zu bilden, der sich freilich mit den benachbarten Württembergern um die Grenzen der jeweiligen Gebiete streiten mußte, bis sich jene Grenzen herausbildeten, die bis ins 20. Jahrhundert Bestand hatten.

Fünftes Kapitel

Im fünften Kapitel sorgen sich Fürsten ums Volk wie Bauern um Milchkühe – man versteht, daß Kaisern und Königen die Lust vergeht, aufmüpfige Fürstenhaufen zu regieren – der Seufzer eines Mauren macht Weltgeschichte – ein heiliger Schweinigel segnet einen größenwahnsinnigen Zwerg – die Schweizer passen nicht mehr unter den Daumen des Königs – die Sonne fängt an in Habsburger Gefilden nicht mehr unterzugehen.

Der Exkurs des vorigen Kapitels, der die Entwicklung in den wichtigsten Territorien des Reiches neben den habsburgischen Landen in ganz groben Zügen darstellt, und die Tatsache, daß dies notwendig ist, um das Zeitgeschehen in Deutschland verständlich zu machen, zeigt, daß es eine eigentliche einheitliche deutsche Geschichte spätestens vom 15. Jahrhundert an nicht mehr gibt. Obwohl das Reich de jure noch bis – ja, bis wann? diese akademische Frage wird zu diskutieren sein, wenn es mir gelingen sollte, diese historische Erzählung bis dorthin fortzuführen – jedenfalls bis ins 19. Jahrhundert Bestand hatte, glitt es auseinander. Die einzelnen Territorien, soweit sie groß genug waren, um politische Kraft zu entfalten, gingen ihre eigenen Wege. Selbst äußere Feinde, wie etwa die Türken, vermochten es nicht oder nur selten, die Fürsten zu gemeinsamem Handeln zu bewegen, und selbst da sollten selbstsüchtige Eifersüchteleien sofort wieder zutage treten, sobald die unmittelbare Gefahr vorüber war. Das Land, das eigene Land, unter rein kommerziellen Gesichtspunkten zu behandeln, d. h., es allein als Einnahmequelle für den Fürsten zu betrachten, war üblich.

Die zynische Arbeitsanleitung, die Niccolò Machiavelli eben um die Zeit schrieb, von der hier geredet wird, ›Il Principe‹, entsprang genau dieser Ansicht: wie zieht der Fürst aus dem ihm zur Verfügung stehenden Staat den höchsten Nutzen? Ob Machiavelli den seinem Werk innewohnenden Zynismus erkannt oder ob er seine Ratschläge schlicht sachlich gemeint hat, bleibe dahingestellt. Jedenfalls wurde so gehandelt, auch von den Fürsten, die sein Buch nicht kannten. Der Staat, das Land, das Herrschaftsgebiet wurde als Privateigentum betrachtet, das man, soweit nicht rechtliche Hindernisse entgegenstanden, vererben, vertauschen, verkaufen konnte. Von einer Verpflichtung oder Verantwortung seinem Eigentum gegenüber ist weit und breit nichts zu bemerken, nicht einmal bei so relativ aufgeklärten Herrschern wie Maximilian. Das Volk wurde nie gefragt, Volksschichten unterhalb bürgerlich-städtischen Patriziats (welche Schicht, wie im Lauf dieser Erzählung zu sehen war, sich hinaufgearbeitet und etwas emanzipiert hatte) gab es als politische Faktoren nicht. Wenn ein Herrscher Sorge dafür aufbrachte, daß es solchem Volk gut oder wenigstens nicht ganz schlecht ging, war das keine andere Sorge als die des Bauern für seine Milchkühe.

In der Antike war es, zumindest der Theorie nach, anders gewesen, jedenfalls was die griechische und römische Antike betraf. Staatsämter waren auch Verpflichtungen – selbst für spätantike Augusti, wobei dieser Wohlfahrtsgedanke da schon meist nur noch Idee war – aber immerhin. Diese Idee der antiken Welt war wie so viele Errungenschaften verschiedenster Art im Mittelalter verschüttet und blieb es bis weit in die Neuzeit hinein. So konnte sich die Privatisierung des Herrschaftsbesitzes ausbreiten, und selbst Warnsignale wie die Ereignisse in der Schweiz oder im hussitischen Böhmen verstanden die Mächtigen nur als Bedrohung, der sie, geistig hilflos, nur mit Gewalt begegnen zu müssen glaubten.

Das alles galt nicht nur für das Deutsche Reich, aber durch die Ideologie der Legalität des Privatstaates erfolgte gerade im Deutschen Reich eben jene Partikularisierung, die dieses Reich letzten Endes sprengte. Die Risse zeigten sich zu Zeiten Maximilians längst, aber er und alle seine Kollegen auf Thronen und Stühlen zogen daraus nur die eine Konsequenz für sich und ihre Familien: aus dem Zerfall die möglichst großen Brocken für sich zu retten. Eine Reichsidee gab es, behaupte ich, um das Jahr 1500 nur noch auf dem Papier. Die Reichspolitik Maximilians war kümmerlich im Gegensatz zu seiner Hausmachtpolitik. Und wenn auch Fürsten wie Albrecht Achilles oder Johann Cicero gelegentlich in kaiserliche Dienste traten oder ab und zu noch ein Reichsheer aufgeboten wurde, waren die zentrifugalen Kräfte immer die stärkeren.

Das zeigte sich alles in den erfolg- und (man hat auch den Eindruck) lustlosen Versuchen einer Reichsreform im ausgehenden 15. Jahrhundert. Schon damals wurden Berge an Papier mit wohlgemeinten und wohldurchdachten Vorschlägen von kaiserlicher, von reichsfürstlicher, von privater Seite vollgeschrieben. Alles letzten Endes umsonst. Die einzelnen Erbländer entwickelten sich schneller als das Reich. Das Auf und Ab dieser Reformversuche zu schildern wäre eine sowohl den Autor als auch die Leser ermüdende Sache. Die Hekatomben von Reformpapieren und -theorien damals bewegten historische Federn im 19. und 20. Jahrhundert zu Hekatomben an Hekatomben von Theorien über die Theorien der damaligen Zeit. Man hat manchmal den Eindruck, daß sich Historiker am liebsten damit beschäftigen, darüber nachzudenken, was leider nicht passiert ist. Etwa die Reichsreform Ende des 15. Jahrhunderts. Auf dem Reichstag in

Worms 1495 stand Maximilian unter dem Druck der Türkengefahr (die Türken waren inzwischen schon, wenngleich kurzzeitig, in Süditalien gelandet, der Balkan war bis zur ungarischen Grenze türkisch geworden) und des Einmarsches des französischen Königs in Italien. Letzteres hätte einem Deutschen König eigentlich gleichgültig sein können – nicht so Maximilian, der dort die Interessen Habsburgs gefährdet sah. Maximilian mußte, um die Gelder für sein Landsknechtsheer zum Zug – nein, nicht gegen die Türken, sondern gegen Italien – bewilligt zu bekommen, alle Forderungen der Fürsten und Stände erfüllen, d. h. letzten Endes den Bankrott der Zentralgewalt erklären. Daß er einen »Reichslandfrieden« verkündete, zu dessen Überwachung er ein »Reichskammergericht« einsetzte, wird oft als Argument für das Interesse Maximilians am Reich angeführt. Doch der schöne Reichslandfriede hinderte den Herzog von Baiern nicht daran, gegen den Kurfürsten von der Pfalz um das Landshuter Erbe offenen Krieg zu führen, und wenn man die Aktivitäten des Reichskammergerichts betrachtet, bei dem Prozesse oft – buchstäblich – ein Jahrhundert dauerten, erscheinen diese Einrichtungen in einem anderen Licht. Selbst der »Gemeine Pfennig«, der als »Eilende Hilfe« an den König bezahlt werden sollte, wurde von den unwilligen Ständen nur zögerlich geleistet. Daß einem unter solchen Umständen die Lust vergeht, Kaiser und König über einen aufmüpfigen Fürstenhaufen zu sein, und daß man sich lieber der Wohlfahrtspflege des eigenen Hauses zuwendet, ist verständlich.

*

Von den Zeiten König Maximilians an durchziehen bis ins 19. Jahrhundert hinein zwei Konfliktherde die deutsche Geschichte als verheerende Konstante: die später gelegentlich »Erzfeindschaft« genannte Konfrontation mit Frankreich, die, bei Licht besehen, keine deutsch-französische Dauerfeindschaft war, sondern eine kaum unterbrochene solche der Häuser Habsburg und Capet – selbst und vielleicht gerade, weil sie verwandt waren und sich immer wieder verschwägerten (Familien*bande),* und der bald aufbrechende konfessionelle Gegensatz. Im Grunde lassen sich alle blutigen Ereignisse bis zur Französischen Revolution aus diesen beiden Unheilskonstellationen herleiten.

Nachdem mit Mühe der Friede – durch den Schluß von Arras – in den Niederlanden hergestellt, d. h. der Streit um das burgundische Erbe erledigt war, durch einen für Habsburg recht günstigen Kompromiß, und nachdem dieser Friede dort wie durch ein Wunder vorerst hielt, verlagerte sich die Aggression zwischen Habsburg und Frankreich anderswohin. Oder war es umgekehrt und zog das italienische Abenteuer des französischen Königs Karl VIII. die unversieglichen Aggressionen auf sich? Dieses nahe am Geistesblödsinn dahinlebenden, größenwahnsinnigen Karls?

Es hat das alles mit der deutschen Geschichte eigentlich nichts zu tun, muß aber doch erzählt werden, weil die Auswirkungen auf das Reich enorm waren, nicht zuletzt wegen des Geldes, das diese Sache das Reich kostete.

Nach dem Ende der Hohenstaufenherrschaft in Sizilien und Süditalien hatten sich dort die Anjou etabliert, dann hatte sich Sizilien von Neapel abgespalten, was also dazu führte, daß es zwei »Königreiche Sizilien« gab, eins auf der Insel, eins auf dem Festland, die beständig untereinander im Streit lagen. Das sozusagen sizilianische Sizilien hatte ein Zweig des Hauses Aragon an sich gebracht, dem es dann auch gelang, nach Aussterben der Anjou das festländische »Sizilien«, also das Königreich Neapel, wieder mit dem anderen Sizilien zu vereinigen. Aber es gab noch eine ferne Nebenlinie der Anjou, deren Mitglieder sich so hartnäckig wie vergeblich »König von Neapel« nannten. Auch diese Titular-Linie starb aus, ungefähr gleichzeitig mit den sizilianischen Aragon. Nun behauptete sowohl König Karl VIII. von Frankreich als – angeblich – nächster Verwandter der Titular-Anjou, das Anrecht auf die Krone »Beider Sizilien« zu haben, als auch König Ferdinand von Aragon, der inzwischen durch seine Heirat mit der Erbin des letzten Königs von Kastilien, Isabella, fast ganz Spanien in seiner Hand vereinigt hatte. Den kleinen maurischen Rest in Andalusien, das Königreich Granada, zu erobern, gelang Ferdinand 1492, im selben Jahr, als ihm Columbus die neue Gold- und Geldquelle in »Indien« entdeckte. Heute noch wird die Stelle auf einem Paß der Sierra Nevada gezeigt, wo sich der edle Mohamed XII. Abu Abdillah (was die Spanier zu Boabdil verballhornten) sich noch einmal umdrehte, sich zurückwandte, das letzte Mal das goldene Granada mit seiner unvergleichlichen Alhambra aufleuchten sah und seufzte – »El Suspiro del moro« heißt die Stelle heute noch. Ich war dort und sah das goldene Granada in der Ferne und verstand den Seufzer. 1493 dann blieb dem Boabdil nichts anderes übrig, als den unhaltbaren Rest seiner Herrschaft, die Alpujarras, an Ferdinand zu verkaufen. Er ging ins Exil nach Marokko. Das Königreich Granada verlor seine maurische Heiterkeit. Das Land wurde von den Zeichen der brutal-düsteren, christlich-spanischen Frömmigkeit überzogen, und Ferdinand und Isabella erhielten den Beinamen »die Katholischen« – los Reyes Católicos.

Und nun wollte der katholische Ferdinand auch das »Königreich Beider Sizilien« einsacken, stieß dabei aber auf den Widerstand des, wie erwähnt, leicht geistesschwachen, körperlich zwergenwüchsigen, ansonsten größenwahnsinnigen Karl VIII. von Frankreich. In Sizilien war Ferdinand schneller, da konnte Karl nichts ausrichten, aber mit einem Heer von fünfundzwanzigtausend Mann zog er über die Alpen nach Italien, wurde vom Papst – es war inzwischen der heilige Schweinigel Alexander VI. Borgia – huldvollst empfangen und umschmeichelt, denn dem Papst war der katholische Ferdinand nur mehr halb so sympathisch, weil er als neuer Herrscher Neapels Rom zu nahe gekommen war. Der heilige Schweinigel segnete also den Zwerg Karl, und der zog weiter nach Süden. Sein Triumph war glänzend, denn in seinem Heer diente eine große Anzahl raufgewohnter Schweizer, die den krummbeinigen süditalienischen Gnomen wie Riesen erschienen und außerdem in der Schlacht kein edel-ritterliches Getue absonderten, sondern, erstaunlich für die Napolitaner, sofort zuschlugen, und zwar mit ihren überaus gefürchteten Langschwertern. Die gemischte spanisch-italienische Armee Ferdinands wurde vernichtet, Karl VIII. zog in Neapel ein (1495). Er fühlte sich – ausdrücklich – als Friedensfürst und spielte den Erlöser, ritt nicht auf einem Streitroß ein, sondern auf einem Esel, so wie Jesus am Palmsonntag in Jerusalem. Seine Soldateska verhielt sich allerdings gar nicht friedensfürstlich, und der Erlöser Karl verspielte sehr rasch den Kredit, den er vielleicht bei der Bevölkerung gehabt hatte.

Ein um halb Italien vergrößertes Frankreich hätte das Gleichgewicht der Kräfte erheblich verschoben. Maximilian wurde diplomatisch aktiv und brachte in Venedig eine »Heilige Liga« zustande, in der er sich der Hilfe der Republik Venedig, des Papstes, Mailands und Spaniens versicherte, mit dem Ziel, die Franzosen wieder aus Italien zu vertreiben. Mit dem Herzog von Mailand war Maximilian durch seine zweite Frau verschwägert, mit dem König von Spanien (so hießen nun inoffiziell die vereinigten Königreiche Aragon, Kastilien und Leon) wurden dadurch enge Familienverbindungen geknüpft, daß Maximilian seine obenerwähnte, unglücklich heimgeschickte und nunmehr wieder freie Tochter Margarete mit dem einzigen Sohn der »Katholischen Könige«, Juan, verheiratete, seinen Sohn und Erben Philipp mit einer der vier Töchter des spanischen Königspaares: Johanna, die als »Johanna die Wahnsinnige« in die Geschichte einging und in der Tat wohl auch geistig behindert war. Welche dynastischen Auswirkungen von unvorstellbarer Tragweite diese Doppelhochzeit von 1496 haben sollte, ahnte damals noch niemand, hoffte aber Maximilian vielleicht. Immerhin verbreitete die so doppelt genähte Familienverbindung mit dem spanischen Königshaus Glanz, und zwar goldenen, der von den zunehmend häufiger eintreffenden Schiffsladungen von amerikanischen Edelmetallen ausging, die aus der ganz Neuen Welt in den spanischen Häfen einliefen.

Obwohl die schöne Heilige Liga nur kurze Zeit hielt, gelang es Maximilian mit ihrer Hilfe, König Karl VIII. den Heimweg zu verlegen; bei Fornovo wurden die Franzosen im Juli 1496 geschlagen, Karl entkam nur mit Mühe nach Hause, die italienischen Eroberungen waren schon wieder verloren. Karl überlebte es nicht lang. Als er, noch siegessicher, nach Italien gezogen und durch Florenz gekommen war, hatte ihn dort ein gewaltiger Prediger und (wenngleich von der Kirche bis heute ganz und gar nicht anerkannter) Heiliger begrüßt: Savonarola. Die Schilderung seines Lebens und Wirkens gehört nicht zur deutschen Geschichte, aber ich meine, wenn man übers ausgehende 15. Jahrhundert schreibt und den Namen Savonarola nicht mindestens erwähnt, bleibt man dem Leser etwas schuldig. Savonarola war Mönch, ein hochgelehrter Theologe und mächtiger Prediger und prangerte die Sittenlosigkeit der Amtskirche und namentlich das abstoßende Regime Papst Alexanders VI. an, was diesem, wie sich denken läßt, nicht gefiel.

Daß Savonarola ein besserer Christ war als alle Päpste des 15. und 16. Jahrhunderts zusammen, ist unbestreitbar, allerdings schnappte der Gute über, als er die Möglichkeit erhielt, für kurze Zeit, nach der Vertreibung der Medici, die Herrschaft über Florenz aufzurichten. Es wurde eine Gewaltherrschaft, der Terror der Moral, die Moral als Terror; ein Vorgang, die Perversion einer ursprünglich lobenswerten Geistesrichtung in weltliche Diktatur, der sich im Lauf der nächsten Jahrhunderte noch mehrmals wiederholen sollte. Papst Alexander VI. war hoch zufrieden, daß die Florentiner des übergeschnappten Moralisten überdrüssig wurden und ihn 1498 aufhängten. Als König Karl VIII. bei seinem Italienzug, wie erwähnt, durch Florenz kam, begrüßte ihn Savonarola und huldigte ihm als künftigem Vernichter des heiligen Schweinigel. Als sich der König dann mit ebenjenem Papst verbündete, verfluchte ihn Savonarola und prophezeite ihm einen baldigen Tod. Das traf ein. König Karl VIII. rannte gegen den Querbalken einer (angesichts der Zwergenhaftigkeit des Königs offenbar außergewöhnlich niedrigen) Tür, erlitt einen Schädelbruch und starb am 7. April 1498. (Savonarola wurde sechs Wochen später gehängt.) Mit Karls VIII. Tod endete die ältere Linie des Hauses Valois, da er keinen Sohn hinterließ. Es folgte ihm der aus ganz anderem Holz geschnitzte König Ludwig XII. aus dem Haus Orléans.

*

König Maximilian unternahm nach der Vertreibung Karls VIII. nun seinerseits einen Italienzug (Juli bis Dezember 1496), der aus Geldmangel kläglich scheiterte. Ebenso scheiterte der letzte habsburgische Versuch, die Schweizer wieder unter den Daumen zu kriegen. Noch Kaiser Friedrich III. hatte einen unter anderem gegen die Eidgenossenschaft gerichteten »Schwäbischen Bund« ins Leben gerufen, dem die gesamte schwäbische Ritterschaft und fast alle schwäbischen Städte angehörten; nur jene Städte, die mit der Eidgenossenschaft verbunden waren, zum Beispiel Konstanz, blieben dem Bund fern. Außerdem hatte sich die Eidgenossenschaft inzwischen deutlich vom Reich abgesetzt: Reichstage wurden nicht mehr beschickt, gerichtliche Appellation an kaiserliche Instanzen wurde nicht mehr geduldet, überhaupt regelten die Schweizer ihre Angelegenheiten selbst. Dazu kam, daß sie sich nicht um die in der Reichsreform Maximilians angeordnete neue »Kreiseinteilung« kümmerten (eine Verwaltungsreform, die auch sonst nicht viel bewirkte) und daß die Eidgenossenschaft mit König Karl VIII. von Frankreich nach dessen Niederlage in Italien ein Bündnis schloß. Frankreich war nämlich der Hauptabnehmer des wichtigsten »Exportes« der Schweizer geworden: nicht des Käses, sondern der Landsknechte, der Miet-Soldaten.

Als König Maximilian auch die Stadt Konstanz zwingen wollte, dem Bund beizutreten, kam es zum Krieg. Nach anfänglichen Mißerfolgen schlugen die Schweizer zurück, und in einigen Schlachten (am 11. März 1499 bei Bruderholz bei Basel, am 11. April 1499 bei Schaderloh am Bodensee und am 22. Mai 1499 in der Calvenschlacht im Oberen Vinschgau) mußten Maximilian und der Schwäbische Bund solche Schläge einstecken, daß sich der König auf Vermittlung des als Nachbarn der Schweizer an der Ruhe dort interessierten Herzogs von Mailand zum Frieden von Basel (22. September 1499) bequemen mußte, in dem der Eidgenossenschaft endgültig der Status quo zugestanden wurde. Zwar blieb sie nominell Bestandteil des Deutschen Reiches, wurde aber fortan in ihrer Eigenständigkeit in Ruhe gelassen.

Zum Erfolg der Eidgenossenschaft trug bei, daß zur Abwehr der Gefahr vor diesem »Schwabenkrieg« oder »Schweizerkrieg« der »Graue Bund« (Graubünden) und Chur der Eidgenossenschaft beigetreten waren. Die Schweiz hatte damit ungefähr bereits die Ausdehnung, die sie auch heute hat.

*

So ungünstig sich also die Lage im Südwesten des Reiches entwickelte, so günstig entfalteten sich die dynastischen Gegebenheiten für Habsburg.

König Ferdinand und Königin Isabella von Spanien, die »Reyes Católicos«, hatten, wie erwähnt, fünf Kinder: vier Töchter und einen Sohn. Der Sohn, Infant Juan, vermählt mit König Maximilians Tochter Margarete, starb ein halbes Jahr nach dieser Heirat (im Oktober 1497); aus der kurzen Ehe ging kein Kind hervor, auch kein »postumus«, und somit war die älteste der Töchter die nächste Erbin aller spanischen Kronen und vor allem des langsam sich abzeichnenden Weltreiches: Isabella. Sie war mit dem Kronprinzen Alfons von Portugal vermählt gewesen, der, ebenfalls ohne Erben zu hinterlassen, knapp ein Jahr nach der Hochzeit verstorben war. Daraufhin wurde Isabella mit einem Vetter ihres verstorbenen Mannes verheiratet, Manuel, inzwischen König von Portugal (der bedeutendste Herrscher Portugals, aber das gehört nun wirklich nicht zur deutschen Geschichte), starb aber nun selber 1498. Das einzige Kind, Infant Miguel, starb 1500. Nun war die nächste Tochter die präsumptive Erbin: Johanna, und die war mit Philipp, dem Sohn König Maximilians, verheiratet, hatte schon eine Tochter Eleonore und eben (am 24. Februar 1500) einen Sohn zur Welt gebracht: Karl, in dessen Reich infolge der oben geschilderten dynastischen Situation dereinst die Sonne nicht untergehen sollte.

SECHSTES KAPITEL

Im sechsten Kapitel stopft König Maximilian ein Loch mit einem Loch – zwei Kanonen machen eine Floßfahrt – der Papst wagt eine Fernkrönung – Geldmangel bestimmt den Handlungsspielraum in der Politik – Maximilian reist mit einer makabren Schatzkiste durch die Lande.

Die ständige Geldnot veranlaßte König Maximilian (er war immer noch »nur« Deutscher König, eine Kaiserkrönung war von ihm freilich ins Auge gefaßt, doch auch dazu fehlte das Geld) nach den gescheiterten kriegerischen Unternehmungen die gesamte Finanzverwaltung dem reichen Augsburger Bankier Jörg Gossembrat zu verpachten, außerdem gab er sich durch Verpfändung wichtiger und einträglicher Rechte für enorme Darlehen ganz in die Hände der Augsburger Fugger. Um schnell Geld zu bekommen, gab er Möglichkeiten hin, die ihm später viel mehr eingebracht hätten. Er verdrosch sozusagen Saatgut. Man hat den Eindruck, Maximilian war nur noch damit beschäftigt, ein Loch aufzureißen, um andere Löcher zu stopfen. Und die aufgerissenen Löcher wurden immer größer, denn um 1500 prasselte das Unheil auf Maximilian und seine Politik nur so nieder.

1499 drang der neue König von Frankreich, Ludwig XII., der weit tatkräftiger und realistischer denkend als sein Vorgänger war, wieder in Italien ein, und zwar bis Mailand, das er besetzte. Maximilian vermochte den dortigen Herzog, den

Onkel seiner Frau, nicht zu schützen, mußte sogar, um sich aus der Isolierung zu befreien, in die er sich hineinmanövriert hatte, den französischen König mit Mailand belehnen, d.h. zum Herzog von Mailand machen. Maximilian hoffte damit und mit einem Friedensvertrag (zu Hagenau im Elsaß 1505) sich mit Frankreich nicht nur zu versöhnen, sondern es sogar als Bündnispartner im bevorstehenden Kampf gegen die Türken zu gewinnen, denn diese drangen beängstigend in Ungarn vor und bedrohten das, was Habsburg einst im Osten zu erben hoffte, nämlich eben die Stephanskrone. Es war sogar die Rede von einer Heirat des eben fünfjährigen Erzherzogs Karl mit Claudia, der Tochter Ludwigs XII.

Die freundliche Luft zwischen dem französischen König und Maximilian wehte nicht lang, verschaffte ihm aber immerhin freien Rücken für eine ihm günstige Entscheidung im »Landshuter Erbfolgekrieg«. Dabei ging es darum, daß die vorletzte der alt-bairischen Linien des Hauses Wittelsbach, die von Landshut, mit dem Tod Herzog Georgs des Reichen 1503 ausgestorben war und sich die verbleibende Linie zu München, vertreten durch Herzog Albrecht IV., dem nächsten Verwandten männlicher Linie, und (der Testamentserbe) Kurfürst Philipp von der Pfalz, der Schwiegersohn Herzog Georgs, um das reiche Erbe stritten. Nachdem Kurfürst Philipp sehr schnell, um vollendete Tatsachen zu schaffen, die Stadt Landshut und die Inn-Linie besetzen ließ, kam es zum Krieg, der von beiden Seiten mit großer Härte geführt wurde und mit einer Niederlage des Pfälzers endete, der sich dem königlichen »Kölner Schied« von 1505 beugen mußte: Landshut und ganz Niederbaiern kam an die Münchener Linie, nur die Oberpfalz (»Junge Pfalz«, daher dann auch der Name) fiel an den Kurfürsten – das sogenannte bairische Sibirien. Für Maximilian fiel dabei eine wertvolle Maklergebühr ab: der Herzog von Baiern trat ihm die Ämter Rattenberg, Kitzbühel und Kufstein ab, die bis dahin bairisch gewesen waren, und die ans habsburgische Österreich grenzenden Ämter Mondsee und St. Wolfgang. Die neuen Erwerbungen in Tirol waren wegen der Silber- und Kupferbergwerke wertvoll – die Maximilian freilich alsbald verpfändete. Kufstein mußte er dann allerdings erst erobern, denn dessen Festung hielt ein pfälzertreuer Hauptmann namens Pienzenauer besetzt. Maximilian ließ in Innsbruck zwei große Kanonen gießen, als Wunderwerke der Waffentechnik damals bestaunt: »Burlebaus« und »Weckauf«. Auf Flößen wurden die beiden den Inn hinunter transportiert, und nach den erschütternden Schüssen gab Pienzenauer auf – und wurde auf Befehl Maximilians sofort geköpft.

Inzwischen war Maximilians »Gegenschwiegermutter«, d.h. die Mutter der Frau seines Sohnes Phillipp, Königin Isabella von Kastilien, gestorben. Zwar lebte noch der Schwiegervater, König Ferdinand »der Katholische« von Aragon (de jure waren beide Königreiche noch getrennt), Philipp nahm jedoch den Titel eines Königs von Spanien an – der erste spanische Habsburger: er zählt in der spanischen Königsliste als Philipp oder Felipe I. Dazu sollte er auch Deutscher König werden, das alles und die Kaiserkrönung wollte Maximilian mit einer Flottenunternehmung von Spanien aus gegen Italien bewerkstelligen, doch da starb »König« Philipp (1506), und das ganze schöne Gebäude der Erbschaftserwartung schien zusammenzubrechen, obwohl Philipp fünf Kinder hinterließ (das sechste war unterwegs), zwei Söhne und vier Töchter, also Maximilians Enkel. Die Mutter, Johanna, »Juana la Loca«, dämmerte in Tordesillas bei Valladolid in Nordspanien noch fast ein halbes Jahrhundert vor sich hin und starb 1555. Die Kinder kamen zu ihrer Tante, der schon erwähnten Erzherzogin Margarete, nach Mecheln in den Niederlanden, wo diese kluge Frau für eine sorgfältige Erziehung sorgte; wahrscheinlich ein Glück für die Kinder. Maximilian ernannte ungefähr zu dieser Zeit diese seine Tochter nun auch zur Regentin der Niederlande, welches Amt diese Frau vorzüglich und umsichtig ausübte.

Ferdinand der Katholische, nunmehr Witwer, überlegte sich die Sache dann allerdings anders und beschloß, zur späten Söhnezeugung sich wieder zu verheiraten, und zwar mit einer Französin. In gleicher Weise, wie somit Spanien und Frankreich zusammenrückten, rückte der französische König von Maximilian ab, der nun, in völliger Verkennung seiner momentanen Möglichkeiten, einen Italienzug in förmlich hohenstaufischer Romantik zu unternehmen gedachte. Der Mißerfolg dieses Zuges fing schon damit an, daß der Reichstag von Konstanz (1507) nur kärgliche Geldmittel bewilligte und das Reichsheer, mit dem König Maximilian nun nach Süden zog, alles andere als glänzend war. Es gelang nicht einmal, über Trient hinauszukommen, denn die Venezianer sperrten alles ab.

Da tat Maximilian etwas überraschend Vernünftiges, sofern von Vernunft in Zusammenhang mit einer gleißenden Eitelkeit überhaupt die Rede sein kann: Er erklärte im Dom von Trient, er brauche nicht gekrönt zu werden, er sei »Erwählter Römischer Kaiser« und damit basta (1508). Der Papst, es war Julius II., eine so abscheuliche wie großartige Figur, hatte nichts dagegen (er war mit anderem beschäftigt, wovon noch die Rede sein muß), stimmte dieser Kaiserkrönung auf Distanz zu, und dabei blieb es dann bis zum Ende des alten Reiches. Eine Kaiserkrönung im Petersdom gab es fortan nicht mehr.

*

Kaiser (also nunmehr) Maximilian war erbost über die Republik Venedig. Das brachte ihn wieder in die Nähe seines zeitweiligen Feindes und zeitweiligen Freundes König Ludwig XII. von Frankreich, der mit Venedig auch ein Hühnchen zu rupfen hatte. Ludwig war, wie sein Vorgänger, nun auch nach Neapel marschiert, hatte schöne, rasche Eroberungen in Italien gemacht, diese ebenso rasch wieder verloren, man schloß – nach dem mehrfach schon zitierten welthistorischen Grundsatz »Pack schlägt sich, Pack verträgt sich« – wieder einmal eine Liga, die von »Cambrai«: Das Reich, der Papst, Frankreich, Spanien und England taten sich gegen Venedig zusammen, und dieser Übermacht konnte die Republik trotz ihrer großen Ressourcen nicht trotzen: Maximilian konnte ihr Verona, Padua, Triest und Görz abjagen. Inzwischen hatte König Ferdinand »der Katholische«, er war an die sechzig Jahre alt, ein Greis für die damalige Zeit, eingesehen, daß es mit dem Kinderzeugen nichts mehr war, trotz der Ehe mit der Französin, die, wohl zum Mißvergnügen Ferdinands, keine französische Königstochter war, sondern nur eine Dame aus dem zwar altadeligen, aber politisch bedeutungslos gewordenen Hause Foix, vor allem aber gebar sie keine Kinder. So wandte sich Ferdinand wieder seinen habsburgischen Enkeln zu, nahm den kleinen Erzherzog Ferdinand zu sich nach Spanien und gedachte, ihm das spanische Erbe zukommen zu lassen. Seine Liebe zu Frankreich kühlte ab, und zwar so weit, daß er schon wieder eine neue Liga schloß, wieder eine »Heilige«, diesmal mit dem Papst und mit Venedig gegen Frankreich. Kaiser Maximilian konnte sich mit Rücksicht auf seine spanischen Erbabsichten nicht entziehen, mußte sich nolens volens mit Venedig aussöhnen und dieser Liga beitreten. Der erste Erfolg dieser Liga war, daß – mit Hilfe der Schweizer – die Franzosen aus Italien vertrieben wurden.

Dann rüstete Maximilian ein Heer in den Niederlanden aus und schlug die Franzosen in einer neuerlichen Schlacht bei Guinegate (1513), welcher Sieg allerdings hauptsächlich den mit dem Kaiser verbündeten Engländern zu danken war, die dann auch mit der Eroberung der strategisch wichtigen

Festung Thérouanne den Hauptgewinn daraus zogen. Aus dem von Maximilian geplanten Marsch auf Paris wurde es aus Geldmangel und weil die Engländer kein weiteres Interesse mehr zeigten nichts.

1515 starb König Ludwig XII., und sein Vetter und Schwiegersohn, der erst einundzwanzig Jahre alte Franz I., wurde sein Nachfolger. Er war einer der glänzendsten, aber auch zwielichtigsten Figuren unter den Fürsten seiner Zeit – brennend vor Ehrgeiz, so intelligent wie zügellos, dabei ganz unter der Fuchtel seiner grandios amoralischen Mutter Louise von Savoyen stehend, ein Schöngeist und Weiberheld, eleganter Kavalier und Zyniker. Er begann sofort einen furiosen Kriegszug gegen Italien, schlug die bis dahin siegesgewohnten Schweizer am 13./14. September 1515 bei Marignano, eine Schlacht, die die Italiener heute noch völlig zu Unrecht, denn kaum ein Italiener war daran beteiligt, als nationale Heldentat betrachten, im Gegenteil eigentlich, denn diese Niederlage, die auch eine der kaiserlichen Politik war, zwang den italienischen Herzog von Mailand, Massimiliano Sforza, sein Herzogtum gegen eine Leibrente von dreißigtausend Dukaten jährlich dem König von Frankreich zu verkaufen. Der Versuch des Kaisers, den Franzosen Mailand wieder abzunehmen, scheiterte kläglich, weil – die Wiederholung ermüdet, aber es ist nichts anderes zu berichten – Geldmangel in der kaiserlichen Kasse herrschte und weil die großartige »Liga« keine Unterstützung bot. Der müde gewordene Kaiser resignierte. In der Tat war er, obwohl noch keine sechzig Jahre alt, gesundheitlich schwer angeschlagen. Eine Wunde am Fuß wollte sich nicht schließen, bereitete ihm große Schmerzen und hinderte ihn am Reiten. Ganz zu schweigen von den ewigen Geldsorgen – um die Zeit pflegte der Kaiser schon immer seinen künftigen Sarg mit sich zu führen, er nannte ihn seine »Schatzkiste«.

Sein sechzehnjähriger, höchst ehrgeiziger Enkel Karl, der

nach dem Tod seines anderen Großvaters, des »katholischen« Ferdinand, nun als Carlos I. König von Spanien geworden war (und nicht, wie ursprünglich vorgesehen, sein jüngerer Bruder Ferdinand), sah die Aussichtslosigkeit und Sinnlosigkeit dieser Konfrontation und zwang förmlich seinen Großvater zu den beiden Verträgen von Noyen (ein Waffenstillstand und Vorfrieden, 13. August 1516) und Brüssel (3. Dezember 1516). (Ich halte es nicht für ausgeschlossen, daß die kluge Erzherzogin Margarete ihre Hand dabei im Spiel hatte.) Mailand mußte an König Franz abgetreten werden, Verona an Venedig zurückgegeben. Für den Kaiser wurde der Friede, den er als Niederlage empfinden mußte, durch eine Kriegsentschädigung von fünfhundertfünfzigtausend Kronen versüßt, mit denen er einige seiner dringendsten Schulden zurückzahlen konnte.

Sein jüngerer Enkel Ferdinand war deshalb nicht zum König von Spanien aufgerückt, weil sein Großvater mit ihm etwas ganz anderes vorhatte. 1516 wurde eine folgenreiche Doppelheirat beschlossen: Erzherzog Ferdinand sollte Anna, die Tochter, und seine Schwester, die Erzherzogin Maria, sollte Ludwig (ungarisch Lajos), den Sohn König Wladislaws von Böhmen und Ungarn heiraten. Dadurch sollten die seinerzeit ausgehandelten Erbansprüche des Hauses Habsburg, von denen oben gesprochen wurde, noch weiter gefestigt werden. Da Ferdinand und Anna zu dem Zeitpunkt erst dreizehn, Maria und Ludwig elf bzw. zehn Jahre alt waren, sollte die eigentliche Eheschließung erst später erfolgen, was dann auch zwei bzw. drei Jahre nach Kaiser Maximilians Tod tatsächlich geschah. Ein Wermutstropfen – nein, deutlich mehr als ein Wermutstropfen bei diesem dynastischen Handel war, daß das Königreich Ungarn de facto nur noch aus einem schmalen Streifen jenseits der Reichsgrenze bestand, der grad bis zum Plattensee reichte, alles andere war schon türkisch. 1526 eroberten die Türken sogar die Hauptstadt

Ofen(= Buda)-Pest und dachten nicht daran, ihren Vormarsch einzustellen.

Schwerkrank, tief depressiv kehrte Maximilian im Winter 1518 nach der obenerwähnten Auseinandersetzung mit den Wirten der Stadt seinem ehemals so geliebten Innsbruck den Rücken und zog – seine makabre »Schatzkiste« im Gepäck – nach Osten. Wohin er wollte, ist unklar, vielleicht wußte er es selbst nicht. In Wels, das eigentlich nur ein kurzer Aufenthaltsort auf der Durchreise sein sollte, starb er am 12. Januar 1519. Sein Leichnam wurde in die Residenz seines Vaters, nach Wiener Neustadt, gebracht und dort in der St.-Georgs-Kirche begraben. Das prächtige Grabmal mit den herrlichen Figuren von Peter Vischer (die die Innsbrucker »die schwarzen Mander« nennen) blieb leer, bis heute.

Von dem – ohnehin wahrscheinlich nicht historischen – Thesenanschlag im fernen Norden, in Wittenberg, hat der »Letzte Ritter«, der Maximilian in manchem Sinn vielleicht doch noch war, sicher nichts gehört, und wenn, hat er ihm (und konnte es auch nicht) keine Bedeutung beigemessen. Wenn ihm etwas zusätzlich in jenem Jahr 1517 Kummer gemacht hat, dann der Tod seines Hofkomponisten Heinrich Isaak.

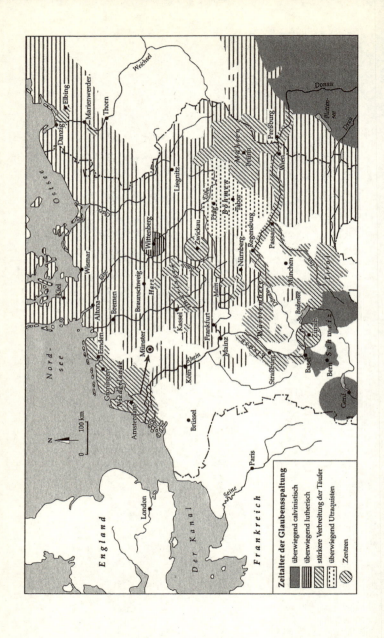

V. Teil

Zeitalter der Glaubensspaltung

Erstes Kapitel

Im ersten Kapitel bringen Hammerschläge in Wittenberg das Weltgefüge durcheinander – es wird die Frage aufgeworfen, ob Luther nicht heiliggesprochen werden sollte – die Kritik an der Kirche wird als Einladung verschickt – der Flügelschlag eines Schmetterlings verändert die Welt.

Ein Mönch in der Tracht der Augustiner-Eremiten (offiziell Ordo Eremitarum S. Augustini OESA – nicht zu verwechseln mit den feineren Augustiner-Chorherren), also im schwarzen Habit mit ledernem Gürtel und rückwärtiger, unten spitz zulaufender Kapuze, stieg an einem Herbsttag im Jahre des Herrn 1517, nämlich am Vortag des Allerheiligenfestes, also am 31. Oktober, einem Mittwoch (mit für die Jahreszeit etwas zu warmer Witterung? Oder bei kühlen Temperaturen infolge frühen Wintereinbruchs?), mit einem Hammer in der Hand und einigen Nägeln in der tiefen Tasche seiner wegen des spätherbstlichen Windes flatternden Kutte die wenigen Stufen zum Tor der Schloßkirche zu Wittenberg hinan, entrollte eine längere Papierbahn, die er unter dem Arm getragen hatte, und nagelte diese mit wenigen, kräftigen, in der Kirche lang nachhallenden Schlägen an das Holz des Schloßkirchentores.

Bei dem Mönch handelte es sich um den damals knapp vierunddreißigjährigen Professor, Prediger, Priester und Mönch Dr. Martin Luther. Auf der Rolle fanden sich die 95 Thesen Luthers gegen insbesondere den Ablaßhandel, aber auch gegen anderen kirchlichen Unfug, und die Hammerschläge brachten das Weltgefüge durcheinander und die katholische Kirche (fast) zum Einsturz.

So steht – oder stand es zumindest lange Zeit – in den Schulbüchern und in den evangelischen Erbauungstraktaten, und viele romantisch-historisierende Ölgemälde stellen die ergreifende Szene dar.

»... und ist alles net wahr! und ist alles net wahr!«, wie Johann Nestroy, freilich in ganz anderem Zusammenhang, schreibt. Wahr ist allerdings, daß diese 95 Thesen, ob sie nun am Schloßtor zu Wittenberg angenagelt worden sind (wenn ja, dann sicher nicht vom Professor selbst, sondern vom Pedell) oder nicht, die Weltgeschichte in einer Weise verändert haben, die Luther nicht geahnt und anfangs auch nicht gewollt hat, und daß sie die katholische Kirche fast zum Einsturz gebracht haben. Nach anderer Lesart könnte man auch sagen: ohne das reinigende Gewitter, das endlich, wenn auch mit Verzögerung, die wenigen positiven Kräfte in der alten Kirche aufgeweckt hat, wäre sie endgültig verfault und untergegangen, und so verdankt die katholische Kirche ihre heutige Existenz, so widersinnig das klingt, Luther. Ihn, vor allem, sollte sie heiligsprechen. (Er würde es sich verbitten.)

In Wirklichkeit war es vermutlich so, daß der Professor und Prediger Martin Luther, ein damals schon anerkannter Gelehrter und Theologe von Ruf, der auf einer, heute würde man sagen, Dienstreise nach Rom 1511 die sitten- und zügellosen Zustände am zutiefst verkommenen, zynisch verweltlichten, in den Augen des strengen Norddeutschen vollkommen heidnisch gewordenen Papsthofes mit eigenen Augen sehen mußte (Raffael hatte ja seine fröhlichen nackten Götter und Göttinnen in der »Farnesina« schon an die Decke gemalt), daß dieser Dr. Luther seine durchaus sachlich gehaltene und theologisch fundierte Kritik an Mißständen in der Kirche in 95 Thesen zusammenfaßte, dabei allerdings an einigen Grundüberzeugungen und Gewohnheiten (oder Unsitten) der Amtskirche rüttelte und diese Thesen mit je einem Brief am 31. Oktober 1517 an den Kurfürst-Erzbischof Albrecht von Mainz als den vom Papst zum Ober-Ablaß-Bevollmächtigten eingesetzten Kirchenfürsten und an den Bischof von Brandenburg, seinen Diözesanbischof, sandte. Der Brief kam am 17. November (schon damals war die Post langsam) in Mainz an. Das Original des Briefes ist sogar noch erhalten. Der Erzbischof beachtete Brief und Thesen nicht, würdigte sie keiner Antwort.

Es mag sein, daß Luther etwa um die gleiche Zeit, vielleicht nachdem er vom Erzbischof (und auch vom Bischof von Brandenburg) keine Antwort erhalten hatte, zu einer öffentlichen Diskussion über seine Thesen einlud, was damals durchaus üblich war, und daß er der Einladung, damit sich die eventuellen Diskutanten vorbereiten konnten und überhaupt wußten, worum es ging, seine Thesen beigab. Dies alles konnte tatsächlich angeschlagen worden sein, und zwar, wie gesagt, selbstredend nicht durch den Professor selbst, der ja wohl allenfalls verbal zum Hammer griff, sondern durch den Hausmeister, und zwar, so sah es die Universitätsordnung vor, an die Türen *aller* Kirchen in Wittenberg. Vielleicht ist dies der historische Kern der Legende vom Thesenanschlag. Einen solchen erwähnt übrigens der sonst rede- und schreibfleißige Luther in keiner Schrift, keinem Brief und keiner Tischrede. Erst im Jahr 1546, kurz nach Luthers Tod, taucht die Nachricht von diesem Thesenanschlag auf, und zwar stammte sie von Luthers Kampfgefährten Melanchthon – der 1517 noch gar nicht in Wittenberg war.

Es sei dem, wie ihm wolle. In der Tat, um dies zu wiederholen, bewirkten diese Thesen, wie der berühmte Flügelschlag eines Schmetterlings in der Chaos-Theorie, das Einstürzen eines ganzen Weltgebäudes und ungeahnte Folgen für alles und jedes in der politischen wie in der Kultur- und

Wirtschaftsgeschichte der ganzen bevölkerten Erde. Um alle Gründe ganz zu verstehen und darlegen zu können, muß weit, sehr weit ausgeholt werden, und ich scheue nicht, dies zu tun, auch wenn es nichts mit der deutschen Geschichte zu tun hat – scheinbar nicht.

Zweites Kapitel

Im zweiten Kapitel bezeichnet sich der Menschensohn nicht als gottähnlich – ein gewisser Paulus richtet durch seine Frauenfeindlichkeit großen Schaden an – Jesus hätte gestaunt über das, was aus ihm gemacht wurde – das hirnlose Befolgen von Riten gilt als Frömmigkeit – die Fegefeuer-Sauna wird zur unversiegbaren Geldquelle – ein besonders widerwärtiger Ablaßkrämer bringt das Faß zum Überlaufen.

Er ist eine historische Gestalt. Er hat gelebt, ist nicht nur eine Legendengestalt: Yehôsûa ben Yôsef, in der christlichen Überlieferung Jesus, Sohn des Joseph, eines Galiläers, der ein »tektón« war, ein Bauhandwerker, könnte sein: Zimmermann. Geboren ist dieser Jesus etwa 4 oder 5 »v. Chr.«, hingerichtet von der römischen Besatzung ca. 27 n. Chr., und zwar durch die schimpfliche, besonders schmerzhafte und grausame, für Sklaven und »niedriges Volk« vorgesehene Hinrichtungsart, die Kreuzigung.

Irgendwann, schon nicht mehr in ganz jungen Jahren, muß dieser Jesus einen Einschnitt in sein Seelenleben erfahren haben, denn von da an ist er durch Galiläa gewandert, später auch durch andere Gegenden Palästinas bis Jerusalem und hat gepredigt. Er scheint sich zunächst einer der vielen religiösen jüdischen Erneuerungsbewegungen angeschlossen zu haben, die von einem gewissen Johannes ausging, der am Rand der Wüste lebte und Leute »taufte«. Ob die Bewegung des Johannes mit der durch die Funde von Qumran bekannten Sekte der Essener zusammenhing, ist ungewiß, aber möglich.

Vielleicht war daher auch Jesus zunächst Essener. Später, so scheint es, hat sich Jesus von der Johannesbewegung getrennt und stand ihr dann – das ist ganz versteckt noch in den Evangelien zu lesen – sogar abwehrend gegenüber. Johannes hat sich nicht als Messias bezeichnet, wohl aber als Prophet und Vorläufer des Messias. Mag sein, dieser Johannes hat diesen jungen Menschen da, einen dahergelaufenen Handwerksburschen, noch dazu nur einen Galiläer, nicht als Messias anerkennen wollen, und das hat diesen Jesus erbost, weil er sich offenbar tatsächlich als Messias bezeichnete – jedoch niemals gottähnlich oder gar als Gott, auch nicht als Gottes-Sohn, höchstens in dem Sinn, daß seiner Meinung nach alle Menschen Gottes Kinder sind. Er hat von sich selbst, wenn das stimmt, was von ihm wörtlich in den Evangelien steht, immer nur und ausdrücklich als vom »Menschensohn« gesprochen. Das ist, scheint's, den Erfindern und Verfechtern der Drei-Gott-Trinitäts-Konstruktion nicht aufgefallen.

Es scheint mir (und nicht nur mir), daß Jesus auch eine gewisse Zeit Pharisäer war, d.h. derjenigen jüdischen Glaubensrichtung folgte, die an eine Auferstehung glaubte, an ein Weiterleben der Seelen der Gerechten nach dem Tod, die eine gewisse humanitäre Ethik (Nächstenliebe) vertrat, allerdings streng die oft bis ins Lächerliche und Groteske starren Ritual- und Lebensregeln des »Gesetzes« beachtete. Die rigorose und völlig ungerechte Verteufelung der Pharisäer durch Jesus – die nebenbei bemerkt im krassen Widerspruch zu seiner Forderung »Liebe deine Feinde!« steht – ist nicht anders zu erklären, meine ich, als durch die Reaktion eines vielleicht enttäuschten Abtrünnigen: »Die schärfsten Kritiker der Elche waren früher selber welche« (F. W. Bernstein). Die Enttäuschung mag damit zusammenhängen, daß sich die Pharisäer und mehr noch die aristokratischen Sadduzäer, eine andere religiöse Gruppierung, mit der römischen Besatzung arrangiert hatten.

Was Jesus gelehrt und gepredigt hat, ist aus den Evangelien nur schwer abzulesen. Die Evangelien sind, obwohl gewisse Bruchstücke sicher schon früher vorhanden waren, erst fünfzig bis siebzig Jahre nach Jesu Hinrichtung niedergeschrieben worden und waren sehr stark durch die Lehren eines gewissen Paulus, eines nicht-palästinensischen griechischen, also »heidnisch« beeinflußten Juden aus Kleinasien geprägt. Dieser Paulus, der Jesus nicht mehr gekannt hat, nur vielleicht einige seiner Anhänger und Verwandten, hat aus den Bruchstücken, die ihm überliefert wurden, etwa zwanzig, dreißig Jahre nach Jesu Tod eine »christliche« Ideologie herausgefiltert und diese in einer imponierenden Reihe von Sendbriefen in äußerst geschickter, zum Teil literarisch hochstehender Form unter die Leute gebracht.

Es mag sein, daß Paulus jene verlorengegangene Sammlung zur Verfügung stand, die ›Logienquelle‹ genannt wird und in der, wahrscheinlich recht unbeholfen, von den »Aposteln«, den Jüngern und Jüngerinnen Jesu, alles eher schlichte Gemüter, die Aussprüche und Gleichnisse Jesu aufgezeichnet worden waren. Daß diese Aufzeichnungen, wohl das einzig Authentische, das von Jesus auf uns gekommen ist, durch des braven Pauli Frauenfeindlichkeit und seine durch weiß der Teufel was bedingte sexuelle Verklemmtheit gefiltert in die Evangelien gelangten, ist ein Schaden, von dem sich die christliche Welt bis heute nicht erholt hat.

Wir wissen nicht, habe ich gesagt, was Jesus eigentlich und wirklich geglaubt und gelehrt hat, nur eins scheint klar zu sein: er hat an den unmittelbar bevorstehenden Weltuntergang geglaubt und hat seine Lehre dementsprechend ausgerichtet. Das geht aus einigen, bei der späteren »Bereinigung« der Lehre versehentlich stehengebliebenen Stellen der Evangelien deutlich hervor. Den Weltuntergang, das »Jüngste Gericht«, werden, so Jesus ausdrücklich, noch einige von den Jüngern erleben. Die Lehre hieß also: tut Buße, jetzt noch schnell, viel Zeit ist nicht mehr. Eine *Kirche* zu gründen lag Jesus unter diesen Umständen selbstverständlich völlig fern. Die Krise, in die das Ausbleiben des Weltuntergangs, also dieser offensichtliche Irrtum Jesu, seine übriggebliebenen Anhänger stürzte, kanalisierte der geschickte Paulus in spirituelle Überhöhung und eben in die Gründung einer Kirche um.

Die zum Teil aus Übernahmen von anderen Kulturen (Mithras-Religion, Isis-Osiris-Kult usw.) im Christentum nach und nach aufblühenden Legenden, die zu Dogmen wurden: die Gottähnlichkeit, dann Gottgleichheit Jesu, seine Geburt von einer Jungfrau, die Auferstehung, der gewaltsame, grausame Tod als Erlösung von der Sünde, sind alles Dinge, über die Jesus wohl nur gestaunt hätte – gestaunt hätte über das, was aus ihm geworden war. Er war einer der zahllosen Wanderrabbiner, die in jener religiös wirren Aufbruchszeit ihre Lehren verkündeten, in einem brodelnden Kessel politischer Unsicherheit und historischen Umbruchs. Jesus hatte das zweifelhafte Glück, für sein – um es flapsig auszudrükken, aber auch er hat ja oft flapsig genug geredet – loses Mundwerk (»ich werde den Tempel zerstören und in drei Tagen wieder aufbauen«) gekreuzigt zu werden. Dieser horrende Justizmord hat die Lehre Jesu, was eben so davon hängengeblieben ist, im Gedächtnis der Welt, in der er gelebt hatte, und später drüber hinaus fixiert.

Wunder hat er wohl keine getan. Wenn auch nur ein Zehntel der Wunder, die die Evangelisten erfunden haben, wirklich stattgefunden hätte, hätte die damalige Welt davon widergehallt. Hat sie aber nicht. Außerchristliche Quellen erwähnten Jesus nicht, nicht einmal der sonst so ermüdend ausführliche und minutiöse Josephus Flavius. (Die einzige

Stelle in dessen Werk, die man auf Jesus hin interpretieren kann, ist vermutlich eine spätere Fälschung.) In den Evangelien sind die Wunder Jesu als spirituelle Heldentaten dargestellt. Ich halte es nicht für ausgeschlossen, daß sie ursprünglich eine Erfindung seiner Feinde waren, also Extremisten der anderen religiösen Gruppierungen, gegen die Jesus so heftig schimpfte, die in ihm eine Konkurrenz witterten. Der Mechanismus ist nämlich sehr einfach und einleuchtend. Gegen nichts waren die Römer, und das hieß damals in Palästina die römische Besatzung, repräsentiert durch den auch in außerchristlichen Quellen historisch belegten Pontius Pilatus, allergischer als gegen alle Propheten, Wundertäter, Wahrsager, Geistheiler, Zauberer... Also gegen das, was man heute Esoteriker nennt. Die Römer ließen jeden allen Schwachsinn glauben, den er wollte, nur die auf Erden wirksame Mystik wollten sie, aus weiser Voraussicht, selbst verwalten, und das blieb »staatlich approbierten« Auguren usw. vorbehalten. Alle andern sollten das Zaubern gefälligst lassen. Darauf stand sogar die Todesstrafe.

Könnte es so gewesen sein, daß gewisse, an der Beseitigung Jesu interessierte Kreise die Wundertaten Jesu erfunden und ihn bei den Römern damit denunziert haben? Gekreuzigt haben ihn dann die römischen Behörden – nicht die Juden, und das ganze jüdische Volk schon gar nicht, wie noch Bach in der sonst so ergreifenden ›Matthäus-Passion‹ giftet und wie die Kirche noch vor wenigen Jahrzehnten gelehrt hat.

*

Die jüdische Religion war bis weit in die Jahrhunderte unserer Zeitrechnung hinein entgegen vielfacher, ja sogar wohl herrschender Meinung durchaus nicht monotheistisch. Zwar hatte das jüdische Volk nur *einen* Gott, den unaussprechlichen, unbeschreiblichen Gott des Volkes Israel, Jehova (so der Ersatzname für den geheiligten, geheimen wirklichen Namen), den meist griesgrämigen, opfergeilen Krämergott, der Verträge mit seinem Volk schloß und sie nicht immer hielt, der fast immer mit seinem »Auserwählten Volk« unzufrieden war, der Gott des Alten Testaments also.

Daneben wimmelt dieses Alte Testament (und daher auch die Glaubensvorstellung der alten Juden) von anderen Göttern und Göttinnen der *anderen* Völker, an welche Götter die Juden unter keinen Umständen glauben durften, ohne den Zorn ihres Jehova hervorzurufen. Die Rechnung des Gottes des Alten Testaments war einfach: je mehr Menschen an einen bestimmten Gott glauben, desto stärker wird dieser Gott, desto schwächer werden die anderen. Deshalb führt Jehova seinen Knecht Abraham aus Ur in Chaldäa herauf nach Kanaan und schenkt ihm das Land, in dem Milch und Honig fließen, damit sich sein Samen vermehre und zahlreich werde wie das Land am Meer. (Darzustellen, bis zu welch kindischer Groteske die anthropomorphe Gottesvorstellung der alten Juden ging, wie weit sie ihn vermenschlichten, etwa daß sie sogar eine Verdauung Jehovas annahmen, führte hier zu weit.)

Gott gab, so der jüdische Glaube, seinem Auserwählten Volk zahlreiche Vorschriften, Speise-, Arbeits-, Hygiene-Regelungen usf., die alle das Überleben und die kräftige Vermehrung des Volkes sichern sollten. In der Tat haben die meisten dieser Vorschriften einen durchaus vernünftigen Kern, von wem immer sie stammen. Doch mit der Zeit erstarrten diese Vorschriften zu starren Riten, und das ging – was ein zwangsläufiger Mechanismus zu sein scheint, der sich Jahrhunderte später im Christentum wiederholen sollte – mit dem Entstehen der Meinung Hand in Hand, daß das strenge, starre, selbst mechanische und hirnlose Befolgen dieser Riten genügt, um fromm und gerecht zu sein.

Freilich ist es schwer, an einen sozusagen abstrakten, körperlosen Gott zu glauben. Viel einfacher ist die schlichte Frömmigkeit, die sich in Erfüllung des »Gesetzes« erschöpft. Der wahre Glaube an Gott setzt *Denken* voraus, und das ist, wie man weiß, den meisten nicht gegeben. Jesus meinte und predigte, so kann der Kern seiner Lehre aus all den überlieferten Zutaten herausgeschält werden, daß es wirklich nur einen Gott gibt und daß es nicht reicht, die Riten stumpf und stur zu befolgen – so wie es wohl tatsächlich die frommen Pharisäer taten. Noch Paulus hat im Wesentlichen auf diese Punkte rekurriert. Einer, der sich auf Paulus berief, ohne freilich Schüler gewesen zu sein, Markion (er lebte um 100 n. Chr.), hat eine Lehre entwickelt, die darauf fußt, daß Jesus uns in erster Linie vom Gott des Alten Testament erlöst habe. Eine faszinierende Lehre. Die Amtskirche hat sie als Häresie verworfen. Dabei sind die heute noch vertretenen Dogmen der Kirche: die Trinitätslehre (von der Paulus, und der war ja viel näher dran, noch nichts gewußt hat), die gottähnliche Stellung Mariens und die jungfräuliche Empfängnis (von der Paulus auch noch nichts gewußt hat) und vieles andere, im eigentlichen Sinn häretisch. Die heutige Amtskirche ist eine Irrlehre.

Der obenerwähnte Mechanismus der Vermenschlichung Gottes, einhergehend mit Aufblühen und Wuchern der Riten, die Institutionalisierung der »Sakramente« und »Sakramentalien«, überhaupt die Bürokratisierung des Glaubens (an sich schon ein Widersinn, da *Glauben* etwas ganz Persönliches ist) nahmen von dem Moment an ihren galoppierenden Fortgang, als die christliche Kirche Staatskirche wurde. Die Anmaßung der Geistlichkeit, das Monopol der Sündenvergebung zu haben, zusammen mit der Erfindung, daß die Sexualität, grob gesprochen, eine Sünde sei, und die Trinitätslehre führten dorthin, wo Jesus seine Jünger gerade nicht haben wollte: zum Glauben an mehrere Götter und zur Rechtfertigung durch die »Werke« – auch ohne Glauben.

Eine schier unversiegbare Geldquelle eröffnete sich der Kirche durch die Erfindung des »Fegefeuers«: eine Art brutales Weichbraten der Seele nach dem körperlichen Tod, um dasjenige abzubüßen, was zwar nicht ausreicht, um in die Hölle fahren zu müssen, aber doch zu schlimm ist, um gleich in den Himmel eingelassen zu werden. Der Umfang der Fegefeuerstrafe, des heißen Sitzens in der Purgatoriums-Sauna, berechnete sich nach Tagen und Jahren. Dabei ist es der Ritenkongregation noch nie aufgefallen, daß eine Rechnung nach Tagen und Jahren angesichts der ja auch von der Kirche postulierten jenseitigen Ewigkeit logisch unhaltbar ist. Doch darum ging es nicht. Es war wiederum eine einfache Rechnung: ein ausgemachter Teufelsbraten, der weiß, daß er zur Hölle fahren wird, wird der Kirche nichts für einen Ablaß zahlen; eine reine Heiligenseele mit Aussicht auf unverzügliche Paradieses-Raketierung auch nicht – doch die vielen dazwischen. Denn die Kirche, das war der Trick, hat die Macht, die »zeitlichen Sündenstrafen«, d.h. die Zeit, die man dereinst im Fegefeuer sitzen muß, abzukürzen. (Es sei an dieser Stelle ausdrücklich darauf hingewiesen, daß dies auch heute noch unverändert die Lehrmeinung der katholischen Kirche ist.) Gebete, vor allem gute Werke wurden von der Sündvergebungs-Bürokratie nach genau festgelegten Maßstäben mit »Ablässen« von der künftigen Fegefeuerzeit bedacht. Und das beste aller guten Werke, und relativ einfach für den Sünder, ist die Spende für die Kirche. Die Geldspende. »Wenn das Geld im Kasten klingt, die Seele in den Himmel springt«, hieß ein ohne Zweifel schon kritisch gemeinter Spruch aus der Lutherzeit. Und die Päpste brauchten Geld, denn sie planten einen repräsentativen, im Sinn der aufkommenden Renaissance moderneren Bau der katholischen Zentralkirche: des Petersdomes. Die komplizierte, hochinteressante Planungs- und Baugeschichte des Petersdomes, an dessen Bau u. a. Michelangelo und Bernini, die größten Baumeister ihrer Zeit, beteiligt waren und der sich fast zweihundert Jahre hinzog, hier auszubreiten, würde zu weit führen. Daß die grandiose Peterskirche, sicher eins der bedeutendsten architektonischen Kunstwerke der Menschheit, mit dem Entstehen der Reformation verbunden ist, ist eine der feinsinnigsten Ironien, die sich der Weltgeist geleistet hat – sofern es einen solchen Weltgeist gibt.

Der Ablaß – mit Recht spricht man vom »Ablaßhandel« – überbordete, je mehr die Päpste für den Bau der Peterskirche, aber auch für ihre Hofhaltung, für ihre Mätressen und Bastarde und für ihre Kriege Geld brauchten. Um 1500 erreichte der Ablaßhandel ein schamloses Ausmaß, das es nicht mehr zweifelhaft machte, daß es der Kirche ausschließlich um Geld ging, daß die – ohnedies längst grotesk und lächerlich gewordene – Sache mit Glauben, Seelenheil und Religion nichts mehr zu tun hatte. Die Kirche förderte den Aberglauben und nützte ihn aus.

Ein besonders widerwärtiger Ablaßkrämer war der – typisch – Dominicaner Johann Tetzel. Er stammte aus Leipzig, war in Innsbruck, da bereits Mönch, wegen Ehebruchs, d. h. Unzucht mit einer verheirateten Frau, zum Tode verurteilt worden, wurde aber auf Intervention des obersten deutschen Ablaßbevollmächtigten, sozusagen des Ablaßhändlers en gros, des Cardinals Albrecht, Erzbischofs und Kurfürst von Mainz, begnadigt, fuhr nach Rom, wo er, um es salopp auszudrücken, eine Wagenladung preisgünstiger Ablässe kaufte, dabei sogar vom Papst zum Ablaßkommissar ernannt wurde und diese Ablässe dann namentlich in Sachsen vertrieb. Er tat das so marktschreierisch, daß für Luther das Faß damit zum Überlaufen kam und er seine 95 Thesen verfaßte.

Tetzel wurde daraufhin zurückgepfiffen; es passierte ihm aber nicht viel, im Gegenteil, er wurde Doktor der Theologie in Frankfurt an der Oder, starb allerdings schon 1519 in Leipzig. Es ist zu hoffen, daß er Restbestände seiner Ablässe, vielleicht unverkäufliche Remittendenexemplare, zurückbehalten hatte, die ihm nun das Fegefeuer ersparten, so daß er gleich ins Paradies gelangen konnte, wo er sitzet zur Rechten Papst Alexanders VI., der inzwischen ja auch das Zeitliche mittels der Syphilis gesegnet hatte. Der Papst, dies nebenbei, hinterließ eine sozusagen Witwe, Venozza di Catanei, die, das war ja leider nicht vorgesehen, keine Witwenrente erhielt. Sie betrieb dann in Rom ein Bordell. Das Haus gibt es noch: es steht in der Nähe des Campo dei Fiori, der Hinrichtungsstätte, wo auch, knapp hundert Jahre später, der Märtyrer Giordano Bruno verbrannt wurde, und wer Pikantes liebt, kann sich dort sogar einmieten, denn dort wird heute (kein Bordell mehr!) die Pension »Al Sole« betrieben.

Drittes Kapitel

Im dritten Kapitel wird die Rolle von Gottes Sekretärin in Frage gestellt – Luthers Thesen verbreiten sich mit dem Wind – ein Augustiner-Eremit pfeift nicht laut genug.

Zwar war der Auslöser für Luthers heiligen Zorn der Mißbrauch und überhaupt die Fragwürdigkeit des Ablasses, in seinen 95 Thesen stellte er jedoch auch zahlreiche andere Mißstände, abergläubische Lehrmeinungen und Praktiken der Kirche in Frage: den Unfug der Wallfahrten, die lächerlichen Reliquienkulte, das Weihwasserspritzen und die gotteslästerliche Heiligenanrufung und -verehrung – wenn Gott allmächtig und gütig ist, zudem allwissend, was braucht es da die Fürbitten irgendwelcher Heiliger? Freilich, es ist ein allgemeinmenschlicher Zug, Gott zu vermenschlichen, ihm menschliche Eigenschaften und sogar Schwächen anzudichten, und so ergibt es sich, daß man lieber den Heiligen angeht, er solle ein gutes Wort oben einlegen, daß man sich also an den Sekretär mit einem Trinkgeld wendet und nicht an den Boß direkt. Es gibt groteske Auswüchse der Heiligenverehrung, die auf die absolute Gedankenlosigkeit dieses Aberglaubens hinweisen: auf dem Gemälde ›Madonna mit dem Kanonikus van der Paele‹ von Jan van Eyck (im Musée des Beaux-Arts in Brüssel) ist der Stifter dargestellt, der den heiligen Georg, seinen Namenspatron, bittet, bei Maria um Fürbitte zu bitten, daß die bei Gott fürbittet – der fromme Stifter wagte sich also nicht einmal an den Sekretär (oder hier: Sekretärin) des Chefs heran, sondern schaltete noch den Hausmeister dazwischen.

Dies alles hat Luther – auf lateinisch – in seinen Thesen angeprangert, wobei er die theologischen Grundlagen, die wirklichen Heilslehren des Christentums, keineswegs antastete: die Auferstehung Christi, den Kreuzestod als Sühne, die Göttlichkeit Jesu usf., nicht einmal die jungfräuliche Empfängnis. Leider behielt er auch den katholischen Antisemitismus bei. Freilich leugnete er die Transsubstantiation, d. h. die *körperliche* Verwandlung von Wein und Brot in Blut und Leib Christi beim Abendmahl, bei Lichte besehen ja wirklich ein physikalisches Unding. Für Luther war das Abendmahl Symbol und Angedenken, wie Jesus nun ja wörtlich gefordert hat, und er leugnete, und das war natürlich ein für die Kirche entsetzlicher Sprengsatz, daß das Amt des Papstes und sein angemaßter Primat über die Kirche göttlichen Ursprungs sei.

Zu Luthers eigenem Erstaunen verbreiteten sich seine Thesen in Windeseile. Ohne Luthers Verdienst schmälern zu wollen: ein Teil seines, wenn man so sagen kann, »Erfolges« beruhte wohl darauf, daß die Zeit für diese Umwälzung reif, ja überreif war. Luthers Saat, die er fast ungewollt verstreute, fiel auf überaus fruchtbaren Boden, und manche Entwicklungen in den folgenden Jahren erwecken den Eindruck, daß Luther Geister rief, die er ganz gern wieder loshaben wollte, oder zumindest, daß er von dem Erdrutsch, den er losgetreten hatte, weiter mitgerissen wurde, als er ursprünglich wollte.

In vierzehn Tagen, meinte Luther, seien seine Thesen durch ganz Deutschland gelaufen. Bereits zu Anfang des Jahres 1518 wurden sie in Leipzig in deutscher Sprache gedruckt. Luther schickte die Thesen an Albrecht Dürer nach Nürnberg, der sich mit einem Geschenk von einer Serie von Kupferstichen bedankte. Zur gleichen Zeit reagierte Rom, überraschend schnell, immerhin ging es um viel Geld. Der päpstliche Zensor Sylvester Prierias erklärte die Thesen als nicht mit der päpstlichen Lehrmeinung vereinbar, Papst Leo X., der ohne Zweifel die Tragweite dieser Revolution nicht erkannte – er war mit seiner Familienpolitik mehr als ausreichend beschäftigt; er, ein Medici, wollte seinen Angehörigen ein erbliches Fürstentum in Italien verschaffen –, wies den Ordensgeneral der Augustiner-Eremiten an, den Mönch Luther zurückzupfeifen. Doch da war Luther schon, bildlich gesprochen, zu weit weg. Er rüstete sich bereits zum Kampf, der im Jahr 1518 voll entbrennen sollte.

Viertes Kapitel

*Im vierten Kapitel überstürzen sich Taten und
Untaten – der gelangweilte und unterbeschäftigte Franz von
Sickingen drangsaliert die Mächtigen – Luther flüchtet
zu einem Weisen, der Schweißfüße in Silbergefäßen aufbewahrt – Ulrich von Hutten schreibt wider
die Tyrannen-Willkür – Dunkelmänner decken
die sittenlosen Praktiken des Klerus auf.*

Die Jahre von 1518 bis 1531, nicht einmal eineinhalb Jahrzehnte, sind randvoll mit Ereignissen. Die Taten und Untaten überstürzten sich. Diese Jahre sind wie ein Mühlstein, der die deutsche Geschichte, das Reich zermahlt, um- und umwendet und zersplittert zurückläßt. Das bewirkte nicht nur die Reformation, mehrere Stränge von historischen Geschehnissen liefen nebeneinander her, und die Zeit kann man nur verstehen, meine ich, wenn man sich die verschiedenen, nebeneinander herlaufenden Stränge einigermaßen gleichzeitig, synoptisch vergegenwärtigt, auch wenn die jeweiligen Stränge – wenngleich manchmal nur scheinbar – nichts oder wenig miteinander zu tun haben. Es soll daher versucht werden, diese erregende Zeit Jahr für Jahr darzustellen.

Im Jahr 1518 fand ein Reichstag zu Augsburg statt, auf dem Kaiser Maximilian versuchte, seinen älteren Enkel Karl, Herzog von Burgund und König von Spanien, zum Deutschen König wählen zu lassen. Das Vorhaben scheiterte, die

Kurfürsten wollten nicht. Es war die letzte politische Enttäuschung des alten Kaisers.

Ungefähr gleichzeitig taucht in der deutschen Geschichte eine schillernde Gestalt auf, die im wahrsten Sinn des Wortes in den folgenden Jahren kräftig mitmischen wird: Franz von Sickingen. Er stammte aus der Gegend von Kreuznach an der Nahe, 1481 geboren, Sohn eines reichen Ritters und wie alle Ritter seiner Zeit gelangweilt und unterbeschäftigt. Franz von Sickingen nahm daher Kriegsdienste im kaiserlichen Heer an, focht im Krieg Maximilians gegen Venedig 1508, wurde nach Kriegsende ausgemustert und entwickelte sich nun sowohl zu einem Condottiere nach italienischem Muster als auch, seltsamerweise, zu einem Rächer und Fürsprecher der Entrechteten und Beleidigten – so fühlte er sich jedenfalls. Daß bei diesen gerechten Racheaktionen nicht selten auch für ihn selbst etwas abfiel, störte ihn nicht. Seine erste Fehde galt der Stadt Worms, die einen ihrer Bürger, der einen Aufstand gegen den Rat versucht hatte, vertrieben hatte. Sickingen überfiel einen Wormser Kaufmannszug, also einen Warentransport, und belagerte sogar, wenngleich vergeblich, die Stadt. Das ging – noch – über seine Kräfte. Dann stritt er sich mit dem Herzog von Lothringen herum, bevor er, um 1517, vom französischen König Franz als Feldmarschall in den Dienst genommen wurde. In dieser Eigenschaft drangsalierte er die (damals noch deutsche) Stadt Metz und erpreßte für sich zwanzigtausend Goldgulden für das Absehen von Brandschatzung. Dann quittierte er den französischen Dienst und führte wieder auf eigene Faust Kleinkriege. Um die kaiserliche Acht, die über ihn schon wegen der Sache mit Worms verhängt worden war, kümmerte er sich nicht.

Sein nächster Fehdebrief – denn er sah peinlich genau auf die Einhaltung der Formalitäten für derlei Raufereien, sofern die Formalitäten zu seinen Gunsten wirkten – schickte er an den Landgrafen von Hessen, das war 1518 im Sommer.

Auch dieser Landgraf, Philipp, der später mit dem Beinamen »der Großmütige« und als einer der ernsthaftesten, auch persönlich überzeugten Verfechter der Reformation in die Geschichte eingehen sollte, war vierzehnjährig schon 1509 – unter der Vormundschaft seiner Mutter Anna von Mecklenburg – regierender Landgraf geworden und in ebendiesem Jahr für volljährig erklärt worden. Auch die Landgrafschaft Hessen war in mehrere Linien aufgesplittert gewesen, aber Philipps Vater, Landgraf Wilhelm II., hatte nach und nach alle Linien beerbt, und so verfügte Philipp über das ganze, ungeteilte Hessen. (Leider teilte er später sein Erbe wieder auf.)

Der »Krieg« zwischen Sickingen und Hessen brach aus, weil Landgraf Philipp angeblich einen Freund oder Verwandten Sickingens benachteiligt hatte, was wahrscheinlich nur ein Vorwand war. Sickingen zog mit seinem Söldnerhaufen nach Darmstadt, vor die hessische Residenz, konnte jedoch keinen eindeutigen Sieg erringen, denn der junge Philipp hatte sich mit dem Kurfürsten von Trier verbündet, der inzwischen in Sickingens Rücken dessen Hauptfestung und Stützpunkt Landstuhl in der Pfalz geknackt hatte. Doch auch die hessisch-trierische Allianz war zu schwach, den Söldnerführer am Kopf zu nehmen, und so kam es zu einem Friedensvertrag, in dem sich Sickingen verpflichtete, gegen fünfunddreißigtausend Gulden Lösegeld mit seinem Haufen abzuziehen.

Es spricht für die jämmerliche Lage der Zentralgewalt im Reich, daß kein Machtwort des Kaisers vermochte, so einem Privat-Krieg ein Ende zu setzen. Ein sehr schwaches Machtwort des Kaisers bewirkte in dem Fall nur, daß nicht die ganzen fünfunddreißigtausend Gulden an Sickingen ausbezahlt wurden.

*

Im August 1518 wurde Luther von der päpstlichen Curie nach Rom zitiert. Luther war kein Selbstmörder und folgte diesem Befehl nicht. Er erklärte sich jedoch zu einem Streitgespräch mit einem Legaten des Papstes bereit. Dieses Streitgespräch fand am Rande des Reichstages in Augsburg von 13. bis 15. Oktober statt. Welche Bedeutung man Luther inzwischen in Rom beimaß, ist daran zu erkennen, wen die Curie zu dem Streitgespräch abstellte, nämlich niemand Geringeren als einen Cardinal und Erzbischof, Thomas Cajetan de Vio (nicht zu verwechseln mit seinem Zeitgenossen Cajetan, dem Mitbegründer des Theatiner- oder Kajetanerordens). Cardinal Cajetan war ein Humanist, durchaus kritisch, wenngleich papsttreu eingestellt, philosophisch gebildet und einer der wenigen Cardinäle, die sich untadeliger und nicht geldgieriger Lebensweise befleißigten. Obwohl Dominicaner und sogar deren Ordensgeneral, war er nicht engstirnig, und es ist zu vermuten, daß er einigen Thesen Luthers gar nicht so ablehnend gegenüberstand. Das sachlich, wenn auch hart geführte Streitgespräch endete freilich, wie nicht anders zu erwarten, ohne Ergebnis, d. h. ohne daß Luther seine Thesen widerrief oder von ihnen abrückte. Er berief sich »vom übel berichteten« (das bedeutet: unterrichteten) »auf einen besser berichteten Papst«. Dann zog er sich auf sicheren Boden zurück: nach Wittenberg.

Dort regierte ein so seltsamer wie sympathischer Mann (im seltenen Einvernehmen mit seinem Bruder Herzog Johann), Kurfürst Friedrich III. der Weise. Er war gebildet und an Künsten und Wissenschaften interessiert, einesteils aufgeschlossen und freisinnig, anderseits aber wiederum abergläubisch, so hatte er in seiner Jugend sogar eine Wallfahrt nach Jerusalem gemacht, sammelte Reliquien, hatte von solchem heiligen Krempel ein ganzes, wie es genannt wurde: »Heiltum«, d. h. getrocknete St. Schweißfüße und Knochen und alles mögliche, in kostbare Silbergefäße verschlossen. Er war redlich und hoch angesehen, vor allem bei Kaiser Maximilian (der ein Vetter seines Vaters war), der ihn 1500 zum Vorsitzenden des »Reichsregimentes« machte, d. h. des Fürstengremiums, das bei eventueller Abwesenheit des Königs und Kaisers vom Reich stellvertretend regieren, »das Regiment führen« sollte. Diese Maßnahme war vor allem für den Fall gedacht, daß nach dem Tod von Maximilian dessen unmündiger Enkel König werden sollte. Das war dann zwar tatsächlich der Fall, aber das »Reichsregiment« kam nicht so recht zum Tragen.

Kurfürst Friedrich gründete 1502 die Universität Wittenberg, ließ dazu jene Hof- und Universitätskirche erbauen, an deren Tor Luther dann angeblich die Thesen anschlug, vor allem aber berief er Luther zum Professor an diese Universität und – schon zuvor – Luthers fränkischen Studiengenossen aus dessen Erfurter Zeit, Georg Burkhardt, der sich in humanistischer Manier nach seinem Geburtsort Spalt bei Eichstätt »Spalatinus« nannte. Dieser Spalatin wurde bald der engste Vertraute und Ratgeber des Kurfürsten, sein Hofkaplan und Geheimschreiber und der Vermittler der Gedanken Luthers. Spalatin hatte nie den Kontakt zu Luther verloren und nahm von Anfang an lebhaften Anteil an Luthers reformatorischen Ideen, und es ist zu vermuten, daß Spalatin, der nüchterne Mann, sogar eher als der cholerische Luther die Tragweite dessen erkannte, was Luther da losgetreten hatte.

Die Universität Wittenberg lag dem Kurfürsten besonders am Herzen. Er, der unverheiratet blieb und keine Kinder hatte, nannte sie »meine Tochter«. In eben dem Jahr 1518, von dem hier speziell die Rede ist, berief der Kurfürst einen jungen schwäbischen Gelehrten namens Philipp Schwartzerdt auf Empfehlung von dessen Großonkel, des Humanisten Johannes Reuchlin, als Griechisch-Professor nach Wittenberg. Schwartzerdt sollte bald unter dem humanistischen Namen, in den er seinen deutschen übersetzte, nämlich Melanchthon, für die Reformation und als Schüler und Weggefährte Luthers große Bedeutung erlangen.

Kurfürst Friedrich, der sich erst – wenn es überhaupt wahr ist – am Totenbett zum lutherischen Glauben bekannte und zeitlebens beim Katholizismus und seinem »Heiltum« blieb, weigerte sich trotzdem standhaft, Luther der kaiserlichen oder gar päpstlichen Gewalt auszuliefern, und so also war Luther in Sachsen sicher.

Im gleichen Jahr 1518 begegnen uns nun auch erstmals zwei weitere historische Gestalten, die für die nachfolgenden Jahre für die deutsche Geschichte von Bedeutung werden sollten: Ulrich von Hutten und Albrecht, Kurfürst von Mainz, beide schillernd, beide faszinierend, beide zwielichtig.

Ritter Ulrich von Hutten, Sproß einer alten Familie im Fuldaischen, 1488 geboren, war zunächst von seinen Eltern zur geistlichen Laufbahn bestimmt, entsprang allerdings rechtzeitig dem Kloster und studierte an verschiedenen Universitäten, unter anderem in Wittenberg, die weltlichen Wissenschaften, schloß sich bedeutenden Humanisten an und schrieb seine ersten (lateinischen) Gedichte. Danach führte der kaum über zwanzigjährige Hutten das Leben eines Kraft-Genies, der seine Umwelt genauso entzückte wie erschreckte (auch und vielleicht besonders die Frauen). Er lebte von den Zuwendungen reicher Gönner, zum Beispiel einer Familie Lötz in Greifswald, denen er später jeweils mit bissigen literarischen Karikaturen ihrer Spießigkeit dankte. Außer nach Greifswald verschlug es ihn auch nach Rostock, dann nach Wien, endlich nach Padua, wo er 1512 in die Mühlen des italienischen Krieges geriet und von päpstlichen Landsknechten ausgeplündert wurde. Viel, was ihm geraubt werden konnte, hatte er allerdings nicht, vielleicht jedoch war dieses Ereignis der Auslöser für seine spätere Wut auf den Papst und das Papsttum, vielleicht auch der Auslöser dafür, daß er, nun fünfundzwanzig Jahre alt, selbst Landsknecht wurde, und zwar in kaiserlichen Diensten. Als er vom Mord an einem Vetter, Hans von Hutten, erfuhr, der auf Befehl des brutalen und wohl blödsinnigen, aber gefährlichen Herzogs Ulrich von Württemberg umgebracht worden war (davon in anderem Zusammenhang Näheres), verfaßte er seine ›Phalarimus‹, ein (im sokratischen Sinn) Gespräch gegen Tyrannenwillkür, das ihn in ganz Deutschland und auch dem an Literatur interessierten Kaiser Maximilian bekannt machte.

Oben wurde schon kurz einmal der Name Reuchlin erwähnt, Großonkel Melanchthons: Johannes Reuchlin (1455– 1522), der sich gelegentlich in humanistischer Manier Kapnion oder Capnion nannte (von griechisch kapnós = Rauch), war einer der bedeutendsten Gelehrten seiner Zeit, ein aufgeklärter, freisinniger Mann, der beginnenden Reformation aufgeschlossen, zu der er sich allerdings nicht öffentlich bekannte. Reuchlin geriet in Streit mit den – typisch – Dominicanern in Köln. Ein von dieser Mönchsbande zur Taufe überredeter Jude namens Pfefferkorn, der offenbar nach seiner Konversion päpstlicher als der Papst geworden war, verlangte öffentlich, daß seinen ihrem Glauben treu gebliebenen ehemaligen Glaubensgenossen, den Juden also, ihre religiösen Schriften weggenommen und verbrannt werden müßten. Die Dominicaner applaudierten dieser horrenden Barbarei, Reuchlin trat ihr in einem vom Kaiser (1510) in Auftrag gegebenen Gutachten entgegen. Das brachte wiederum Reuchlin in Schwierigkeiten, ein kirchlicher Prozeß wurde angesagt, der ihn bis fast zu seinem Tod quälte.

Die Affaire bewegte die gelehrte Welt nicht nur im Reich, sondern darüber hinaus. Schriften und Gegenschriften flogen den Kontrahenten nur so um die Ohren. Auch Reuchlin selbst griff zur Feder, und der Ton wurde immer bissiger. Am bekanntesten wurden die anonym erschienenen ›Epistolae obscurorum virorum‹ (›Briefe der Dunkelmänner‹), deren

Autor oder Autoren man auch heute noch nicht kennt, eine Sammlung von Werken sogenannter indirekter Ironie, d. h., die ›Briefe‹ waren in übertriebener Weise in dem Sinn geschrieben, den sie als verwerflich bloßstellen wollten. Es waren angebliche Briefe (im schlechtesten Kirchenlatein abgefaßt) von Mönchen und andern Geistlichen, also eben »Dunkelmännern«, in denen offen die zynischen, schändlichen, verlogenen und sittenlosen Praktiken des Klerus und dessen Lebensweise angeprangert wurden. Die Briefe wirkten so echt, daß sie ungeheures Echo fanden und geglaubt wurde, daß hier die verrottete Pfaffenschaft sich unversehens und unfreiwillig verriet. Nicht zuletzt diese ›Dunkelmännerbriefe‹ waren es, die der raschen Ausbreitung der Reformation den Boden bereiteten. Wie gesagt, man kennt die Autoren nicht – nicht alle, denn ein Teil davon stammt von Ulrich von Hutten, den diese Sache ebenfalls fürchterlich erregt hatte. Offen bekannte sich Hutten in einer anderen Schrift: ›Triumphus Capnionis‹ zu Reuchlin. Das war um die Zeit, als Hutten aus Italien (wo er sich im Übrigen die Syphilis geholt hatte) zurückkehrte. Er nahm kurzzeitig Dienste – nicht als Landsknecht, sondern als Sekretär – beim Erzbischof von Mainz an, dem er 1518 auf dessen Reise zum Reichstag nach Augsburg folgte.

Albrecht von Brandenburg, der jüngste Sohn des oben erwähnten Kurfürsten Johann »Cicero« und, über seine Mutter, Vettersvetter des Kurfürsten Friedrich des Weisen von Sachsen, war im Alter von dreiundzwanzig Jahren Erzbischof von Magdeburg und Bischof von Halberstadt geworden. Er bekam im folgenden Jahr das Erzbistum Mainz und damit die Kurwürde dazu und wurde 1518 Cardinal. Ein durchaus nicht ungebildeter Herr, ein Renaissancefürst auf deutschem Boden, völlig verweltlicht, ein Weiberheld sondersgleichen, war er infolge seines aufwendigen Lebensstiles und seiner fürstlichen Hofhaltung ständig in Geldnot. Um die Erzbischofswürde von Mainz bezahlen zu können – dergleichen mußte man damals beim Papst kaufen, ganz offen –, übernahm er den Vertrieb des Ablasses für Deutschland, stellte den schon geschilderten Dominicaner Tetzel in seine Dienste, von dessen Ablaßverdiensten der neue Kurfürst-Erzbischof Prozente erhielt, mit denen er wiederum seinen Erzbischofshut in Rom bezahlte. Daß er Ulrich von Hutten trotz dessen inzwischen offenkundig gewordener antipäpstlicher Gesinnung in seine Dienste nahm, zeigt, daß er durchaus, wenngleich quasi hinter seinem eigenen Rücken, auch Sinn für Witz und Kritik hatte.

*

Ein bewegtes Jahr, dieses 1518 »post Christi mortem«, das erste Jahr einer Zeit des großen Aufbruchs, einer neuen Zeit, zweier deutscher Jahrhunderte mit, politisch gesehen, stark wechselhafter Bewölkung.

FÜNFTES KAPITEL

Im fünften Kapitel löst ein politischer Aberglaube Beunruhigung aus – ein welscher Königskandidat läßt den Nationalismus keimen – Friedrich der Weise lehnt eine Kopfdekoration ab – das aufkommende Nationalgefühl beschleunigt die Reformation – der schwäbische Streithahn von Eck disputiert mit dem sächsischen Streithahn.

Das herausragendste Ereignis des Jahres 1519 fiel gleich in den ersten Tagen vor: der Tod Kaiser Maximilians am 12. Januar. Dies und auch, daß der alte Kaiser vergeblich versucht hatte, 1518 seinen Enkel zum Nachfolger wählen zu lassen, wurde oben erwähnt. Nun stand jedoch eine Neuwahl an. Das politische Beharrungsvermögen des Mittelalters war groß, und das wirkte noch lang in die Neuzeit hinein. Die fast schon unverrückbar gewordene Ansicht von der Erblichkeit der Macht war stark und bewirkte in allen Wahlkönigreichen, nicht nur in Deutschland, daß fast immer der Sohn eines Monarchen, sofern er einen hatte, oft auch der nächste Agnat oder sogar Cognat (also Verwandter in weiblicher Linie) gewählt wurde. Offenbar löste das Befriedigung aus, ein politischer Aberglaube, beruhigte wie jeder befriedigte Aberglaube.

Auf Kaiser Heinrich IV. war sein Sohn Karl IV. gefolgt, auf ihn sein Sohn Wenzel, auf ihn, der keine legitimen Kinder hatte, sein Bruder Sigismund, auf ihn, nach dem mißglückten Interregnum Ruprechts, sein Schwiegersohn Albrecht II., auf ihn sein nächster erwachsener Agnat Friedrich III., auf ihn sein Sohn Maximilian. Es scheint wie ein natürliches Empfinden gewesen zu sein, daß nun Maximilians ältester Enkel, da sein einziger Sohn Philipp vor ihm gestorben war, zum König und Kaiser berufen und also zu wählen sei. So kam es dann zwar auch, allerdings nicht so ohne weiteres, denn es meldete sich ein anderer Kandidat, nämlich König Franz I. von Frankreich. Er war offensichtlich der – staatsrechtlich korrekten – Meinung, es stehe nirgendwo geschrieben, daß die Kaiserkrone mit der Deutschen Königskrone untrennbar verbunden sei, und im frühen Mittelalter hätten mehrere Potentaten die Kaiserkrone getragen, die nicht Deutsche Könige gewesen seien, und zweitens, daß eigentlich immer noch sowohl das deutsche Königtum als auch das französische aus dem alten-fränkischen Königtum Karls des Großen, ja noch früher: der Merowinger, hervorgegangen und damit eigentlich eins sei, nur in westfränkisch (also französisch) und ostfränkisch (also deutsch) vorübergehend geteilt.

Diese Kandidatur, die im Grunde genommen nicht ernsthaft gewertet wurde, ist historisch ohne Belang und bräuchte nicht erwähnt zu werden, wenn sie nicht eine Reaktion hervorgerufen hätte, die hochinteressant ist. Es scheint nämlich so, daß in der zweiten Hälfte des 15. Jahrhunderts so etwas wie ein deutsches Nationalbewußtsein hervorgetreten ist. Man muß sich dabei vergegenwärtigen, daß die Nationalität, die Volkszugehörigkeit bis dahin keine Rolle gespielt hat. Ein kollektives Zusammengehörigkeitsgefühl hat es nur in ganz kleinem Rahmen gegeben: Dorf, Talschaft, Stadt ... Ob das Volk, das das Herzogtum Baiern bewohnt hat, sich als quasi-patriotisch bairisch gefühlt hat, erscheint mir schon äußerst zweifelhaft. Zusammenschlüsse erfolgten nur aus rein politischen Erwägungen, ohne Rücksicht auf Sprache und Volk, die dynastischen Mechanismen arbeiteten ohnedies über alle Grenzen hinweg. Daß im Reich Tschechen, Sorben, andere Slawen, Friesen, Franzosen lebten, war niemandem auch nur einen Gedanken wert. In welcher Sprache die Untertanen redeten, war den Fürsten völlig gleichgültig. Außerdem überwölbte alles das Latein als Amts- und Gelehrtensprache, und das und darüber hinaus einzig entscheidende Bewußtseinskriterium war die Zugehörigkeit zur christlichen Welt.

Als 1474 Herzog Karl der Kühne von Burgund Anstalten machte, über den Rhein vorzurücken, appellierte Kaiser Friedrich III., und das war, soweit wir sehen, das erste Mal, daß das geschah, ans deutsche Nationalbewußtsein der Reichsfürsten, diese »welsche« Gefahr abzuwenden, und es half sogar. (Wobei »welsch« oder »wälsch« ursprünglich in ganz neutralem Sinn alles Romanische im Gegensatz zum Germanischen bedeutete: also italienisch, französisch, rätoromanisch usw. Einen schimpflichen Beigeschmack erhielt das Wort bezeichnenderweise erst in späterer Zeit, unter anderem in Huttens deutschen Gedichten.)

Die Kandidatur des »welschen« Königs von Frankreich rief eine laute Reaktion im national-deutschen Sinn hervor. Franz von Sickingen, der offenbar vergessen hatte, daß er kurz zuvor noch in eben diesen »wälischen« Diensten gestanden hatte, zog mit seiner Söldnerbande vor Frankfurt und drohte den dort im Juni versammelten Bevollmächtigten der Kurfürsten mit Gewalt, wenn nicht ein *deutscher* Deutscher König gewählt würde. Daraufhin boten die Bevollmächtigten dem Kurfürsten Friedrich von Sachsen die Königskrone an, der lehnte jedoch ab. Allein dadurch verdiente er sich seinen historischen Beinamen »der Weise«, daß er nicht Geld und Kräfte vergeuden wollte, um diese wertlos gewordene Kopfdekoration zu gewinnen. So wurde denn doch (am 28. Juni) der Habsburger Karl von Burgund und Spanien zum Deutschen König und »erwählten Römischen

Kaiser« gewählt: Karl V. (Er ließ sich einige Jahre später dann doch noch vom Papst zum Kaiser krönen, allerdings nicht in Rom, sondern nur in Bologna. Die allerletzte diesbezügliche Handlung eines Papstes.)

Wodurch dieses nationale Bewußtsein entstanden ist, wird man wohl kaum ergründen können. Es mag sein, daß die im Kern national-tschechische religiöse Hussitenbewegung auslösende Wirkung hatte, es mag sein, daß das vielbesprochene, vielgerühmte neue Ideal der Individualität, das als Wesensausdruck der Renaissance und des humanistischen Geistes gesehen wird, auch einen gewissermaßen völkischen Individualismus mit sich gebracht hat, vielleicht hat die durch die explosionsartig ausgeweiteten Verkehrswege, das Öffnen neuer Welten zur Bildung eines Identitätsbewußtseins auch der Völker geführt, was mit der Aufwertung der einzelnen Sprachen, der beginnenden Emanzipation vom Latein einherging, allerdings ausgerechnet zu der Zeit, als die alten römischen und griechischen Kulturen und damit deren Sprachen ins künstlerische und wissenschaftliche Bewußtsein rückten und in der ganzen Kultur wirksam wurden.

Ich sehe auch die Reformation als im Ausgangspunkt national-deutsche Sache. Die Opposition Luthers und der Reformatoren richtete sich (bewußt? oder nur unbewußt?) auch gegen die »welsche« Dominanz in Kirche und Glauben. Schließlich gab es seit Jahrhunderten nur italienische, allenfalls französische oder spanische (also auch »welsche«) Päpste; die Zahl der nicht-italienischen Cardinäle war immer eine Minderheit. In Luthers Schriften und Tischreden taucht das Wort »deutsch« sehr oft und an prominenten Stellen auf, die Reformation hat das Deutsche als Sprache der Liturgie der neuen Kirche eingeführt, und es war bekanntlich nicht seine geringste Leistung, daß er die Bibel ins Deutsche übersetzte.

Es ist dies vielleicht die Stelle – auch um nicht Beifall von falscher Seite zu bekommen –, über den Stellenwert und auch den Wert überhaupt des Nationalismus, des Nationalbewußtseins, des Patriotismus zu reflektieren.

Den Stellenwert des meines Erachtens also um 1500 aufkommenden Nationalismus der Deutschen sehe ich lediglich als historisches Faktum, das man im Auge behalten muß, um gewisse historische Vorgänge zu verstehen. Wenn es nicht so war, daß die zunächst überdeutlich von Deutschland ausgehende Reformation hier ein deutsches Nationalbewußtsein hervorgerufen oder, wenn schon latent vorhanden, endgültig befestigt hat, sondern wenn es so war, daß dieses mehr oder weniger latent seit einigen Jahrzehnten entwickelte Nationalgefühl zur Reformation geführt, also Luther unbewußt geleitet hat, so ist dieses Nationalgefühl ohne Zweifel als begrüßenswert zu betrachten – als begrüßenswert zu betrachten *gewesen*?

Nationalismus, Patriotismus, »völkisches Denken« hat die Menschheit von da an nicht mehr verlassen. Aber sowenig wie es fast nichts gibt, was nur gut oder nur schlecht ist, sowenig ist (relativ) Gutes oder (relativ) Schlechtes *immer* gut respektive schlecht gewesen.

Panta rhei – alles fließt, Schlechtes wird zum Guten oder umgekehrt, die Farben changieren, und auch – »so wunderbar ist das Leben gemischt« – was für den einen gut ist, ist für den andern schlecht. Historische Prozesse haben dies oft genug gezeigt. Die Französische Revolution, ein ohne jeden Zweifel erfrischender Ausbruch des Freiheitswillens, ist in diktatorischen Terror pervertiert, die sozialistisch-gewerkschaftlichen Bewegungen des 19. Jahrhunderts, ohne Einschränkung begrüßenswerte Bewegungen im Sinn menschlicher Gerechtigkeit, sind (zum Teil) in ökologische und ökonomische Behinderungen entartet.

Den Deutschen – nein: denen unter den Deutschen, die für das verantwortlich sind, was sich in der Geschichte ereignete, blieb es vorbehalten, den Nationalismus sozusagen zu perfektionieren. Wenn es mir beschieden sein soll, meine historische Erzählung bis in jene Zeiten, heißt ins 19. und 20. Jahrhundert fortzuführen, werde ich nicht umhinkommen, näher darauf einzugehen, wie der preußische Perfektmilitarismus, der ausgefeilte Stechschritt, der Liberalismus des Hambacher Festes und der lawinenartig überrollende, sich selbst immer mehr übertreffende Patriotismus, gepaart mit Antisemitismus, in Rassenwahn mündeten, in einen große Teile des deutschen (und österreichischen) Volkes ergreifenden zerstörerischen Größenwahn, der in einem selbstverschuldeten, wohlverdienten Zusammenbruch endete, der – die unbedeutendste ... oder doch nicht so unbedeutende Auswirkung? – mit sich brachte, daß die Begriffe »Nation«, »Volk«, gar »Vaterlandsliebe« und »Patriot« von Vernünftigen nur noch mit Vorsicht, von den Unvernünftigen, also den meisten anderen, nur noch hinter vorgehaltener Hand benutzt werden konnten, jedenfalls einige Jahrzehnte lang. Dieser Größenwahn mit Rassenwahn und nachfolgendem Zusammenbruch bewirkten, und das mit einigem Recht, daß »deutsch«, sagen wir's milde: negativ besetzt war und zum Teil immer noch ist. Bedauerlich? Die Deutschen haben davon nicht nur verloren, daß ein größerer Teil ihres Patriotismus amputiert worden ist.

Reicht das, um keinen Beifall von der falschen Seite zu bekommen, wenn man das aufkommende Nationalgefühl vom Jahr 1500 begrüßt? Nun gibt es mehrere falsche Seiten, von denen Beifall kommen könnte, weshalb ich dazufüge: die *anderen* (man möge sich darunter vorstellen, was man mag) sind auch nicht besser, hatten vielleicht nur (noch?) nicht Gelegenheit, sich so widerwärtig zu zeigen. »Das wahre Vieh ist der Mensch«, sagt ein nicht unbedeutender deutscher Schriftsteller des 20. Jahrhunderts, wobei er vielleicht das Vieh diskriminiert.

*

Der neue Kaiser Karl V. setzte, verpflichtet durch eine Wahlkapitulation, ein »Reichsregiment« ein und hob sich sofort eilig hinweg in die Niederlande, wo es schon wieder kriselte, und überließ das Reich im Wesentlichen sich selbst, wobei es dann während seiner ganzen Regierung mit wenigen Ausnahmen blieb.

*

Wie stark das Faß des Unmuts über die römische Kirche am Überlaufen war, zeigt, wie schnell sich die Reformation verbreitete. Schon 1519, noch keine zwei Jahre nach dem »Thesenanschlag«, bekannte sich Ostfriesland zum neuen Glauben – zu einer Zeit, in der noch nicht einmal Luther selbst daran glaubte, eine neue Kirche, eine neue »Konfession« ins Leben gerufen zu haben. In der Schweiz hatte bereits 1518 ein Mann namens Huldreich (oder Ulrich) Zwingli, ein kerniger Eidgenosse aus dem Toggenburg, gegen Wallfahrten, die besonders im schweizerischen Einsiedeln grassierten, gegen Ablaßkrämerei und anderen Aberglauben zu predigen begonnen. (Der Schweizer »Tetzel« war ein Franziskaner namens Bernardin Samson.) Am 1. Januar 1519 trat Zwingli sein Amt als Pfarrer am Großmünster zu Zürich an und begann sofort so scharfe wie erhellende Predigten gegen das Papsttum und die Mißstände in der Kirche zu führen, aber auch, was nicht von allen Eidgenossen gern gehört wurde, gegen die Unsitte, daß sich die jungen Schweizer als »Reisläufer«, Landsknechte, Söldner in päpstlichen, französischen und anderen Diensten verdingten. Das Grauen des Landsknechtskrieges hatte Zwingli selbst in frühen Jahren als Art »Feldprediger« bei den Schweizern im päpstlichen Dienst kennengelernt.

Im Januar 1519 kam es im thüringischen Altenburg zu einem Gespräch zwischen Luther und einem deutschen päpstlichen Geheimkämmerer, Karl von Miltitz, der Curienjurist in Rom war, nun jedoch wieder auf seinen Pfründen in Deutschland lebte. Das Gespräch endete deswegen fast versöhnlich, weil Miltitz die Begründetheit zumindest einiger Thesen Luthers anerkennen mußte. Er verfaßte sogar selbst in diesem Sinn ein »Sendschreiben an Leo X.«, das dieser jedoch vermutlich nicht einmal las. Luther freilich blieb unbeugsam bei seiner Haltung ebenso wie im folgenden Sommer dieses Jahres in dem großen Streitgespräch mit Eck, das – unter Beteiligung Karlstadts – vom 27. Juni bis 16. Juli in Leipzig stattfand.

Karlstadt, eigentlich Andreas Rudolf Bodenstein (er nannte sich Karlstadt nach seinem fränkischen Geburtsort), war wie Luther Professor in Wittenberg und war einer der ersten, der sich sofort Luther anschloß und sehr bald in seinem Reformeifer weit über Luther hinausging, sogar einer der extremsten Reformatoren wurde. Seine Disputation mit Eck betraf theologisches Gezänk (es ging um den längst obsolet gewordenen Pelagianismus, d. h. um Erbsünde und dergleichen) und hatte mit der Reformation eigentlich nichts zu tun.

Eck, der eigentlich Johann Mayer hieß und sich nach seinem Geburtsort »von Eck« nannte, war ein beachtlicher Universalgelehrter, Philosoph, Philologe, Theologe, Jurist, aber auch ein engstirniger Verteidiger des Papsttums, und von Anfang an sah er den göttlichen Auftrag über seinem Leben schweben, die Reformation zu verhindern. Er war ein gefürchteter Vielredner, und das auf schwäbisch. Nun war auch Luther in der Hinsicht nicht von schlechten Eltern – auf sächsisch. Das Gespräch zwischen dem sächsischen und dem schwäbischen Streithahn dürfte auch kabarettistische Dimensionen gehabt haben; schade, daß es noch keine Tonbandaufzeichnungen gegeben hat.

Luther beharrte auf seinem Standpunkt, mehr noch, durch dieses Gespräch und dessen Vorbereitung scheint er gezwungen gewesen zu sein, seine Glaubenslinien nun mit aller Schärfe zu präzisieren, und es ist zu vermuten, daß von diesem Zeitpunkt an für Luther die Tragweite seines Handelns klar und daß für ihn die Trennung von der römischen Kirche vollzogen war. Eck blieb nichts anderes übrig, als eine anbiedernde Schrift ›De primatu Papae‹ zu verfassen, die er dem Papst schickte. Die dürfte der sogar gelesen haben – geholfen hat es nichts mehr.

Im November 1519 appellierte Luther dann von Wittenberg aus in aller Form an ein Konzil, obwohl er noch im Streitgespräch die Meinung vertreten hatte, nicht nur der Papst, sondern selbst ein großes Konzil wie das von Konstanz könne irren.

Sechstes Kapitel

*Im sechsten Kapitel wird gezeigt, daß das Alter
den Fortschritt für die Menschheit mit sich bringt – das Herzogtum Württemberg kommt vom Regen in die Traufe –
Herzog Ulrich ist derweil mit Weiberjagd beschäftigt –
das Gras wächst nicht so schnell, wie Herzöge sich das
wünschen – Luther wird als Ketzer verstoßen, was ihn nicht
hindert, der Kirche eine zweite Ohrfeige zu verpassen.*

Es gibt eine Theorie, wonach die Geschwindigkeit des Fortschritts und überhaupt der kulturhistorischen Entwicklung mit dem durchschnittlichen Alter zusammenhängt, das die jeweils lebenden Menschen erreichen. Bei einem Durchschnittsalter von – wie im Mittelalter – dreißig Jahren ereignet sich in der betreffenden Lebensspanne großräumig nicht viel oder gar nichts. Dem Menschen entgeht die mögliche kontinuierliche Veränderung. Bei zunehmendem Durchschnittsalter ist auch eine zunehmende Wahrnehmung von Veränderungen möglich, und damit steigt der Wunsch nach Veränderungen, die ja in der Regel als Verbesserungen gelten. Erst die Beobachtung der Möglichkeiten der Veränderung haben den Wunsch danach hervorgebracht. Diese Theorie vermag einzuleuchten und erklärt die Eigengesetzlichkeit der kulturhistorischen Entwicklung: Je mehr Veränderung erzielt wird (was möglicherweise Verbesserung mit sich bringt), desto mehr dringt, noch dazu bei steigender Lebenserwartung und also weiterer zeitlicher Perspektive, der Wunsch auf weitere Veränderung hervor und so fort – und in der Tat ist der Fortschritt, wie immer man ihn werten will, immer schneller geworden, bis heute.

Es mag sein, daß damals um 1500 mit Erreichen eines gewissen Grenzwertes an Lebensaltererwartung der Zeitpunkt gekommen war, der im allgemeinen Bewußtsein die Machbarkeit von Veränderungen hat aufleuchten lassen. Es muß nicht alles so (d. h. so schlecht) bleiben, wie es bisher war. Das dachten z. B. schwäbische Bauern im Jahr 1514, und das kam so: Es wurde oben schon berichtet, daß sich auf dem Gebiet des alten Stammesherzogtums Schwaben eine große Anzahl von Territorien gebildet hatte, im Süden die Schweiz, im Westen die zähringische Markgrafschaft Baden, im Zentrum die Grafschaft Württemberg, die, als sie zum Herzogtum erhoben wurde, das Herzogtum Schwaben förmlich aufsog. 1495 folgte auf den kinderlosen ersten Herzog Eberhard I. sein Vetter Eberhard II., ein Geisteskranker, vor allem aber ein Verschwender, der eine derartige Mißwirtschaft betrieb, daß Kaiser Maximilian eingriff und ihn 1498 zur Abdankung zwang. Das Land kam allerdings vom Regen in die Traufe, denn der nächste Herzog, wiederum ein Vetter aus einer weiteren Nebenlinie, Ulrich, der zunächst unter Vormundschaft und ab 1503 selbständig regierte, schaffte es durch sinnlosen Aufwand des Hofes, Mätressenwirtschaft, hemmungsloses Freudenleben und dergleichen und vor allem, weil er die Finanzen seines Herzogtums korrupten Räten überließ, die ohnedies hohe ererbte Schuldenlast auf die bereits astronomische Summe von einer Million Gulden anwachsen zu lassen. Um seinen Aufwand bezahlen zu können, preßte er seinen Untertanen unerhört hohe Steuern ab, die so unerträglich wurden, daß 1514 der erste große Bauernaufstand ausbrach: die Revolution des »Armen Konrad«, so genannt nach einem der Anführer.

Da war es so weit, daß die Stände Württembergs, die Städte vor allem, den Herzog praktisch entmündigten. Er ließ es sich gefallen, denn dem Bauernaufstand konnte er nichts entgegensetzen, und die Entmündigung wurde ihm dadurch versüßt, daß die Stände seine Schulden übernahmen. Gleichzeitig beruhigten sie die Bauern, indem sie ihnen Steuererleichterungen und Freiheiten einräumten.

Ulrich war indessen mit Weiberjagd beschäftigt. Seine unglückliche Frau, Prinzessin Sabine von Baiern, war ihm davongelaufen und zu ihrem Vater nach München geflohen. Ulrich hatte sein gieriges Auge auf eine verheiratete Dame geworfen, Frau von Hutten, Gemahlin eines Verwandten Franz von Huttens. Als Hans von Hutten, so hieß der Mann, die Nachstellungen des Herzogs nicht dulden wollte, ermordete ihn der Herzog eigenhändig im Böblinger Wald. Das brachte Franz von Hutten und endlich den Kaiser auf, der über ihn 1516 die Acht und 1518 die Aberacht verhängte. Da begann Ulrich erst recht zu wüten, die Greueltaten, die er beging, waren Legion. Das Maß war voll, als er zunächst die Reichsstadt Reutlingen und dann Tübingen überfiel und plündern ließ (1519). Da trat der »Schwäbische Bund«, eine Selbstschutzvereinigung des schwäbischen Adels und der Städte, endlich energisch gegen ihn auf und vertrieb den wahnsinnigen Unhold. Er floh nach Mömpelgard, d. i. Montbéliard, eine Grafschaft in Burgund, die als weit abgelegenes Besitztum den Württembergern erblich zugefallen war. Dort, außerhalb der Reichsgrenzen, hielt sich Ulrich bedeckt und wartete ab, bis, so hoffte er, Gras über die Sache gewachsen war.

Aber das Gras wuchs nicht so schnell. Der neue Kaiser Karl V. erklärte Herzog Ulrich für abgesetzt. Die Stände verkauften sodann das Land an den Kaiser um die Summe (zweihundertzwanzigtausend Gulden), die sie für die Kriegskosten und für die Vertreibung des Ulrich aufgewendet hatten (1520). Der Kaiser belehnte dann später seinen Bruder Ferdinand mit dem Herzogtum Württemberg.

*

Die Reformation verbreitete sich in Deutschland wie ein Flächenbrand bei starkem Wind. Luther hatte, nach der Diskussion in Leipzig, seine Schrift ›Von dem Papsttum zu Rom‹ herausgegeben, in der er jetzt nicht mehr nur die bloß weltliche (und nicht göttliche) Bedeutung des Papsttums bestritt, sondern überhaupt leugnete, daß ein allgemeines Oberhaupt der Kirche nötig sei. Die Curie antwortete darauf mit der Bannbulle: Luther wurde als Ketzer aus der Kirche ausgestoßen. Luther verbrannte öffentlich – und dies ist historisch und keine Legende – die Bannbulle am 10. Dezember vor dem Elstertor in Wittenberg. Im gleichen Jahr erschienen auch seine großen Streitschriften: ›An den christlichen Adel deutscher Nation‹ (also wieder ein national gefärbter Aufruf), ›Von der Freiheit des Christenmenschen‹ und ›Von der babylonischen Gefangenschaft der Kirche‹. In dem Traktat ›Wider die Bulle des Endchrists‹ (= Antichrist) schlug er noch schärfere polemische Töne gegen den Papst an. Sie wurden, ist anzunehmen, in Rom verstanden, auch die – nach dem von Luther verfochtenen Grundsatz der »Rechtfertigung durch den Glauben allein« – zweite Ohrfeige für die römische Kirche: daß die »Freiheit des Christenmenschen« darin bestehe, seinen eigenen, individuellen Weg zu Gott zu finden, daß es keiner geistlichen Anleitung oder gar Vorschriften bedürfe.

Vorreiter der sozusagen offiziellen Reformation war die Stadt Zürich, in der Huldreich Zwingli eine Tätigkeit entfaltete, die bald über das hinausging, was Luther wollte. Bereits 1520 wurde die Ablaßkrämerei in Zürich verboten, sämtliche Prediger in Stadt und Kanton wurden angewiesen, ab sofort das Evangelium im reformierten Sinn zu verkünden.

Siebentes Kapitel

Im siebenten Kapitel wird im Reichstag zu Worms eine stolze Entscheidung kundgetan – der vogelfreie Luther wird zu seinem Wohle entführt – radikale Schwärmer schmarotzen sich hervor – der Papst bangt nicht zu Unrecht um die Einnahmen des Heiligen Stuhls – von anderweitig verpulvertem Geld kann kein Pulver gekauft werden – Kaiser Karl ist zwar jung, aber borniert.

Das Jahr 1521 brachte für die deutsche Geschichte und für das Deutsche Reich zweierlei: einen weiteren Krieg gegen Frankreich und ein Überborden der Reformation, die fast zum Chaos geführt hätte.

Luther wurde, auf päpstliches Geheiß, vor den Reichstag zu Worms geladen. Kaiser Karl V. gewährte dem unter Bann stehenden »Ketzer« freies Geleit, was der Kirche schon nicht paßte; ohne diese Zusicherung wäre Luther jedoch nicht gekommen. Das Beispiel des Jan Hus vor Augen, zögerte Luther, vertraute aber dann doch dem kaiserlichen Wort, reiste am 2. April von Wittenberg ab und kam am 16. April nach Worms. Seine Reise war ein Triumphzug – ein Zug des Kaisers hätte vom Volk nicht stürmischer begrüßt werden können. Am 17. April trat Luther, noch immer in Mönchskutte, vor den Reichstag. Es wurde ihm nicht gestattet, seine Lehre zu verteidigen, er »dürfe« nur, hieß es, widerrufen. Luther erbat sich Bedenkzeit. Der Kaiser bewilligte ihm, gegen Protest der päpstlichen Vertreter, einen Tag. Am 18. April erklärte

Luther, nicht widerrufen zu wollen. Das stolze, schöne Wort: »Hier steh ich und kann nicht anders, Gott helfe mir, Amen« ist leider Legende, wohl aber scheint das Wort: »Ich bin hindurch, Gott helf' mir«, das er sagte, als er den Reichstag verließ, authentisch zu sein. Am 26. April verließ er Worms – unbehelligt, der Kaiser hielt also Wort, nicht wie sein Vorgänger Sigismund – und zog gen Heimat, da überfielen ihn am 4. Mai verkappte Reiter und schleppten ihn fort: zu seiner eigenen Sicherheit, denn Kurfürst Friedrich von Sachsen, der trotz seines Beharrens im alten Glauben entschlossen war, die schützende Hand über den Reformator zu halten, war sich nicht sicher, wie lang und wie weit die kaiserliche Zusicherung des »freien Geleits« galt, und die Curie bohrte schon beim Kaiser auf Beseitigung des Ketzers (als ob damit noch im Sinn des Papstes irgend etwas zu retten gewesen wäre). Der Kurfürst ließ diese Entführung inszenieren und Luther in Sicherheit auf die Wartburg bringen. Am 26. Mai erging gegen Luther die Reichsacht. Das war für ihn gefährlich, da er nicht wie Ex-Herzog Ulrich von Württemberg eine Mörderbande zur Verfügung hatte, es war auch gefährlicher als der Kirchenbann, denn durch die Acht war Luther rechtlos und vogelfrei ... zum Abschuß freigegeben – deshalb wurde der Aufenthalt Luthers vom Kurfürsten geheimgehalten. Luther war von der Bildfläche verschwunden. Er legte nun den Mönchshabit ab und lebte als »Junker Jörg« auf der Wartburg. Noch im selben Jahr begann er mit der Bibelübersetzung.

Um den Aufenthalt Luthers auf der Wartburg rankt sich die Legende von der Erscheinung eines Teufels in Luthers Studierstube und daß Luther ein Tintenfaß nach dem Teufel geworfen habe. Der Tintenfleck an der Wand wird heute noch gezeigt. Er wird vom Hausmeister nach Bedarf von Zeit zu Zeit aufgefrischt.

*

Während Luthers Abwesenheit und Verschwinden trat Karlstadt in Wittenberg stärker hervor. Wie mehrere der nun ehemaligen Mönche trat er aus dem Augustiner-Kloster aus, predigte gegen den Zölibat und das Meßopfer, zu Weihnachten 1521 feierte er öffentlich den Gottesdienst in lutherischem Sinn und verteilte das Abendmahl in beiderlei Gestalt. Einer der ehemaligen Mönche, Gabriel Zwilling aus Annaberg, der sich griechisch Didymus nannte, predigte noch schärfer als Karlstadt, eiferte in schon schwärmerisch-sektiererischer Weise vor allem gegen die Bilderverehrung in der Kirche.

Hinzu kam, daß Karlstadt mit den sogenannten »Zwikkauer Propheten« in Verbindung trat. Schon zu Anfang des Jahrhunderts oder sogar früher hatten sich namentlich in Holland reformatorische Bewegungen gebildet, völlig unabhängig von Luther und längst nicht so geistig hochstehend und theologisch untermauert wie Luthers Bestrebungen. Die Reformation Luthers ließ nun diese eher verstreuten Bewegungen aufkeimen. Sie richteten sich auch und vor allem gegen die Taufe im Kindesalter und gegen die Bilderverehrung. Insgesamt waren diese Bewegungen emotionaler gefärbt, eben schwärmerisch. Aus unerfindlichen Gründen, vielleicht nur, weil sich dort in der Person des ehrsamen Tuchmachers Niklas Storch ein besonderer Eiferer fand, verbreitete sich in Zwickau in Sachsen diese später »Wiedertäufer« oder »Anabaptisten« genannte Sekte, deren Name eigentlich falsch ist, sie müßten »Spättäufer« heißen, denn sie lehnten, wie gesagt, die im Grunde zwangsweise Taufe des noch willenlosen Säuglings ab und ließen nur die Taufe des der heiligen Handlung voll bewußten Erwachsenen gelten. Welche außerreligiösen Ziele diese »Wiedertäufer«, die sich auch »himmlische Propheten« nannten, verfolgten, davon wird später in anderem Zusammenhang (im nächsten Band dieser historischen Erzählung) die Rede sein.

In Zwickau fanden Niklas Storch und seine Glaubensgenossen in einem jungen Geistlichen, der bisher die pikante Stelle eines Kaplans in einem Nonnenkloster gehabt hatte, einen feurigen Anführer: Thomas Münzer. Die Zwickauer Propheten hängten sich dann an die inzwischen mächtige Reformation an, und es schien so, als durchsetzten sie Luthers Bewegung, zu dessen Mißvergnügen, mit ihren extremen, zum Teil gewalttätigen Gedanken. Besonders Karlstadt war anfällig dafür, Melanchthon schwankte, stellte sich zumindest nicht dagegen. Im Februar 1522 kam es zum ersten Bildersturm. Der Rat der Stadt Zwickau ließ auf Drängen der Reformatoren die Heiligenbilder und Statuen aus den Kirchen entfernen. Unbezahlbare Kunstschätze gingen dabei zugrunde. Sowohl Luther als auch der Kurfürst sahen die Reformation in sektiererisches Chaos verschwinden und untergehen. Luther tobte.

*

Indessen bewegten den Kaiser andere Dinge. Die Machtverhältnisse hatten sich schon wieder einmal verschoben. Der Papst, Leo X. aus dem Hause Medici, brauchte nun die Unterstützung des Kaisers, um die Bewegung Luthers in Deutschland zu unterdrücken, und so mußte er ihm politisch wieder näher rücken. Daß nun, wie die Lage in Deutschland war, dies als eines der dringendsten Probleme der römischen Kirche erschien, ist klar: wenn, wie es drohte, ganz Nordeuropa vom päpstlich verordneten Glauben abfiel, würden die Einnahmen des Heiligen Stuhles um die Hälfte sinken, und gerade jetzt, wo das Rom der Renaissance neu zu strahlen beginnen sollte und die Hofhaltung der Päpste und ihr Nepotismus Unsummen verschlangen, war man auf die Gelder aus Deutschland angewiesen. Daß der Papst um das Seelenheil der »Ketzer« besorgt war, glaube ich eher nicht.

So schwenkte also der Papst ins kaiserliche Lager, was König Franz von Frankreich als Bedrohung seiner italienischen Interessen betrachtete, weshalb er einen Krieg vom Zaun brach – der, muß allerdings gesagt werden, Kaiser Karl nicht ungelegen kam, denn er, der burgundische Erbe, hoffte, das Kernland, eben das französische Herzogtum Burgund, doch noch zu erobern.

Es ließ sich nicht ungünstig an. Der Angriff des französischen Königs auf die Niederlande mißglückte, aus Mailand vertrieb noch 1521 der Kaiser die Franzosen wieder. Überhaupt tat sich König Franz schwer mit dem Kriegführen, denn er hatte das Geld, das in der Kriegskasse war, anderweitig verpulvert – eigentlich viel vernünftiger, unter anderem für die Honorare, die er Leonardo da Vinci zahlte, den er 1519 an seinen Hof geholt hatte, für Schlösser, die er bauen ließ, für die Gründung von Bibliotheken – und für den Unterhalt seiner Mätressen, was immerhin auch noch gescheiter ist als Kriegführen. Alles in allem kostete die Hofhaltung eineinhalb Millionen Goldtaler (vorsichtig umgerechnet zwanzig bis dreißig Milliarden Euro) im Jahr, und die fehlten eben fürs Militär. Zwar hatte auch Kaiser Karl, der, zumindest in seiner Jugend, kein Kind von Traurigkeit war, seine Mätressen (der später berühmte Don Juan d'Austria war sein illegitimer Sohn aus der Verbindung mit der Bürgerstochter Barbara Blomberg aus Regensburg), aber er gab nicht so viel Geld dafür aus, und außerdem traten nicht nur alle italienischen Staaten an seine Seite, sondern auch König Heinrich VIII. von England. Dieser im populären Geschichtsverständnis etwas zu einseitig nur als Blaubart berüchtigte König (in der Tat war er sechsmal verheiratet und ließ zwei seiner Ehefrauen köpfen) war zunächst ein entschiedener Gegner der Reformation und schrieb sogar höchstselbst ein Traktat gegen Luther ›Adsertia septem sacramentorum‹ zur Verteidigung des römischen Standpunktes der sieben Sakramente. Der Papst war so gerührt, daß er dem König am 11. Oktober

1521 den erblichen Titel »Defensor fidei« = Verteidiger des Glaubens verlieh. (Die Königin von England führt ihn noch heute.)

Den Feldzug Kaiser Karls gegen Frankreich in den Niederlanden unterstützte auch Sickingen mit einem Heerbann von fünfzehntausend Mann, war allerdings damit nicht sehr erfolgreich. Nach der Eroberung Sedans – welche Stadt in der deutschen Geschichte noch eine Rolle spielen sollte – mußte er sich wieder zurückziehen. Die Kosten des Feldzuges streckte Sickingen dem Kaiser vor und bekam sie nie erstattet.

Sickingens Freund Hutten hatte gehofft, wie wohl viele, daß der junge Kaiser den reformatorischen Ideen aufgeschlossen gegenüberstände. 1520 hatte Hutten – erstmals in deutscher Sprache – ein Sendschreiben verfaßt: ›Klag und vermanung gegen den übermässigen gewalt des Bapsts‹; nach der Verurteilung Luthers auf dem Wormser Reichstag tobte er sich dann in einer Flut von Flugschriften gegen die »Römlinge« aus, leitete alle diese Schriften dem Kaiser zu und warnte ihn vor den verderblichen Ratgebern. Wie nicht anders zu erwarten, hörte der Kaiser nicht darauf.

Achtes Kapitel

Im achten Kapitel hat ein gebildeter rechtschaffener Mann keine Chance als Papst – vielerorts entledigt man sich schmarotzender Pfaffen – Sickingen verscherzt sich die Sympathie des Volkes – die Reichsritter verschwinden aus der Weltgeschichte – der Frontwechsel eines Connétable bringt dem Kaiser unverhoffte Vorteile – die Türken bleiben nicht stehen.

Die nächsten beiden Jahre, 1522 und 1523, waren einesteils von der Festigung der Lehre Luthers geprägt, andernteils von einer beginnenden Aufspaltung der Reformation und von einem kaum merklichen Anfang einer katholischen Gegenreformation.

Letzteres war darauf zurückzuführen, daß nach dem Tod Papst Leos X. am 1. Dezember 1521 zumindest einige Cardinäle die Zeichen der Zeit erkannten und in Adrian Florensz Dedel (den letzten Nichtitaliener für Jahrhunderte) einen tadelfreien Kandidaten wählten. Er nahm den Namen Hadrian VI. an. Er war der Lehrer Kaiser Karls V. gewesen, später Bischof von Utrecht, ein gebildeter, vorsichtiger Mann, weder macht- noch geldgierig und nicht korrupt – also denkbar ungeeignet für den päpstlichen Thron. Deshalb scheiterte er auch kläglich bei seinem Versuch, die Kirche von innen heraus zu reformieren und den Augiasstall namens Vatican auszumisten. Nach nur zwanzig Monaten starb er erschöpft und enttäuscht – mit mehr guten Vorsätzen als Ergebnissen. Den

Reichstag von Nürnberg von 1522 hatte er mit dem Cardinallegaten Chieregati beschickt, dem er die Weisung mitgab zu verkünden: der Papst sehe ein, daß die Hauptursache für die religiösen Unruhen der Zeit in den Fehlern der Curie zu suchen sei. Das war Wasser auf die Mühlen der Reichsstände, die auf ebendiesem Reichstag einhundert »Gravamina« (d. h. Beschwerdepunkte) gegen die päpstliche Gelderpressung vorbrachten und dem Kaiser drohten, zur Selbsthilfe zu greifen, wenn nicht Abhilfe geschaffen werde. Der Kaiser reagierte nicht, und so begann, wenn auch langsam, diese Selbsthilfe der der Reformation nahestehenden Fürsten und Reichsstände, die letzten Endes zum Dreißigjährigen Krieg führen sollte und das Reich spaltete.

Luther, auf der Wartburg zwar in Sicherheit, allerdings so gut wie aus dem Verkehr gezogen, wurde alarmiert durch das, was sich inzwischen in Wittenberg getan hatte: der obenerwähnte »Bildersturm«, die Annäherung seiner Anhänger an die Wiedertäufer. Luther war auch, das muß man klar sehen, so etwas wie ein Pazifist, ein Gegner jeder Gewalt und auch ein Gegner jedes Extremismus, den er als Unvernunft betrachtete. Er war, und das ist festzuhalten, zutiefst Christ in dem von ihm als wahr erkannten Sinn.

Er verließ heimlich die Wartburg, eilte nach Wittenberg, betrat die Kanzel und predigte acht Tage hintereinander mit solcher Deutlichkeit, daß dank seiner Autorität wieder Ruhe eintrat. Luther brachte das Kunststück fertig, ein radikaler Gemäßigter zu sein. Er widmete sich dann speziell in diesen Jahren, wobei ihm vor allem Melanchthon zur Seite stand, der Festigung und Festlegung der Grundlagen der Reformation. Von diesem Zeitpunkt an wollte er nun wirklich eine andere, neue Kirche. Er entwickelte die neue, gereinigte Liturgie, Sakramentsfeier, eine Kirchenverfassung, den religiösen Unterricht und nicht zuletzt das neue evangelische Kirchenlied. In diesen und den darauffolgenden Jahren erschienen seine Schriften ›Von Ordnung des Gottesdienstes in der Gemeinde‹, ›Formula missae‹ und das ›Deutsche Gesangbuch‹. Es waren auch die Jahre, in denen, dem Beispiel Zürichs folgend, Städte oder ganze Länder offiziell zum neuen Glauben übertraten: z. B Pommern, Frankfurt am Main, Magdeburg u. a. Das ging immer mit Enteignung von Kirchengut vor sich, mit Aufhebung der Klöster, der Aufkündigung des Gehorsams gegen Rom. Welchen Segen das für die jeweiligen Gemeinwesen bedeutete, kann man sich vergegenwärtigen, wenn man bedenkt, daß vor der Reformation in manchen Städten bis zu dreißig Prozent der Bevölkerung aus schmarotzenden Pfaffen, Mönchen und Nonnen bestanden hatten. Die wenigsten waren sozial oder caritativ tätig, die meisten lebten nur gut und wurden fett auf Kosten der anderen.

Eine nicht im Sinn Luthers verlaufende Entwicklung nahm die Reformation in der Schweiz. Dort überstürzte sich der reformatorische Eifer Huldreich Zwinglis, der sich im Lauf dieser Jahre zu einem, würde man heute sagen, fundamentalistischen Diktator aufschwang und die Stadt auch politisch beherrschte. Er war der erste der Reformatoren, der heiratete. Er ließ alle Bilder aus den Kirchen entfernen, humorlos und streng schwang er die moralische Zuchtrute über Stadt und Kanton und sah es höchst ungern, wenn einer anderer Meinung war als er. Es war nicht verwunderlich, daß er dadurch Widerstand sogar seitens kritisch eingestellter Katholiken hervorrief.

*

1523 starben sowohl Franz von Sickingen als auch Ulrich von Hutten. Sickingen hatte nach dem nur mäßig erfolgreichen Feldzug gegen Frankreich einen Bund oberrheinischer Ritter gegründet, die ihn zu ihrem Hauptmann wählten und mit denen er sich gegen die Fürsten wenden wollte, angeblich, um die Reformation zu verteidigen, wohl aber hauptsächlich aus Standesinteressen der längst arbeitslos gewordenen und ihrer Existenzberechtigung verlustig gegangenen Ritter. Der erste Schlag sollte gegen den Kurfürsten von Trier geführt werden, den Erzbischof Greiffenklau, einen stark bornierten Gegner der Reformation. Mit siebentausend Mann brach Sickingen in trierisches Gebiet ein, eroberte die Stadt St. Wendel, stieß aber dann auf so erbitterten Widerstand des Kurfürsten, daß er abziehen mußte. Er hatte sich mit seiner Mordbrennerei – denn etwas anderes war sein Feldzug nicht – nicht nur die Sympathie des Volkes verscherzt, sondern auch die der Reformatoren. Luther stellte sich gegen ihn, selbst Philipp von Hessen, der nun wirklich fortschrittlichste Fürst des Reiches, trat einer Koalition gegen Sickingen bei. Am 7. Mai 1523 starb Sickingen auf seiner Burg Landstuhl, wo ihn bei der Belagerung eine tödliche Kugel getroffen hatte.

Hutten hatte sich Sickingen angeschlossen, war aber nach dem unglücklichen Marsch auf Trier in die Schweiz geflohen, zunächst nach Basel, dann zu Zwingli nach Zürich, der ihn freundlich aufnahm und auf der Insel Ufnau im Zürichsee unterbrachte. Aber Huttens Gesundheit war von der Syphilis angefressen. Er starb wenige Monate danach im Herbst 1523.

*

Im Krieg Kaiser Karls V. gegen Frankreich, der sich nun nach Beruhigung in den Niederlanden in Italien abspielte, errangen die Kaiserlichen in der Schlacht von Bicocca (1522) einen Sieg über den französischen Feldherrn Lautrec, der daraufhin ganz Italien räumen mußte. Ein unerwarteter Vorteil erwuchs dem Kaiser durch den Frontenwechsel des Connétable de Bourbon. Dieser Connétable, Karl, Herzog von Bourbon, aus einer Nebenlinie des französischen Königshauses, war einer der reichsten Herren des Landes, weil er nach und nach alle Besitztümer des Hauses Bourbon-Montpensier geerbt hatte. Jung, ehrgeizig und tapfer schlug sich der Prinz im ersten Krieg König Franz' bei Marignano und wurde daraufhin vom König zum Statthalter Mailands und Burgunds ernannt, außerdem zum Connétable de France, also zum obersten Feldmarschall. Das war Bourbon nicht genug. Er trat in Geheimverhandlungen mit dem Feind, d. h. mit Kaiser Karl und mit König Heinrich VIII. von England. Sein Ziel war die Errichtung oder besser Wiedererrichtung des alten Königreichs Burgund vom Genfer See bis zum Mittelmeer zu seinen Gunsten. Die verräterischen Verhandlungen wurden aufgedeckt, Bourbon konnte fliehen und lief zum Kaiser über, der ihm zusammen mit dem berüchtigten Condottiere Pescara das Kommando über die spanisch-kaiserliche Armee in Italien übertrug. Der so ungestüme wie talentierte Bourbon kämpfte nun gegen seine eigenen Landsleute und fiel tief nach Südfrankreich ein, wo er sogar, allerdings vergeblich, Marseille belagerte.

Alles in allem erschien es 1524 so, als sei der Krieg nun endgültig für Karl, also für Kaiser, Reich, Habsburg und Spanien entschieden. Da kamen allerdings aus dem Osten bedrohliche Nachrichten: die Türken hatten Belgrad erobert, sozusagen die Pforte nach Mitteleuropa, und es war jedem, der auch nur einigen Weitblick hatte, klar, daß sie dort nicht stehenbleiben würden.

Neuntes Kapitel

Im neunten Kapitel entsteht einiger Tumult ums Abendmahl – König Franz wird in Madrid weichgekocht – die Bauern kündigen ihren Gehorsam auf – was die Reichsstände in Jahrzehnten nicht zustande brachten, schaffen die Bauern in einigen Tagen – wenn's ans Eingemachte geht, ist lutherisch so gut wie katholisch – Seine Gnaden Bischof Konrad erweisen sich als gnadenlos – Götz von Berlichingen beschönigt sein zwielichtiges Dasein – die Hochzeit von Mönch und Nonne ist ein gefundenes Fressen für die papistischen Propagandaagenturen.

Im Jahr 1525, am 5. Mai, starb Luthers Gönner und Beschützer, Kurfürst Friedrich III. der Weise. Daß er auf dem Totenbett das Abendmahl in beiderlei Gestalt nahm, ist vielleicht Legende nach dem Beispiel jener anderen Legende, wonach Kaiser Konstantin sich auf dem Totenbett taufen habe lassen, wobei letzteres vielleicht wirklich wahr ist, weil durchaus im Charakter des nüchternen, zynisch realistischen Konstantin die Überlegung gelegen hätte, »nützt es nicht, dann schadet's nichts«. Für Luther bedeutete der Tod Friedrichs zwar vielleicht einen menschlichen, jedoch keinen politischen Verlust, im Gegenteil. Auf den kinderlosen Friedrich folgte sein Bruder Johann, der sich öffentlich zum neuen Glauben bekannte und die Reformation vorbehaltlos unterstützte, und zwar im Sinne Luthers. Jetzt, kaum zehn Jahre nach ihrem Beginn, hatte sich die Bewegung gespalten, so gründlich, daß sich später manchmal Lutheraner und Reformierte – so die Bezeichnung für die abgespaltene neue Lehre – feindlicher gegenüberstanden als beide jeweils gegen die Katholiken. Grund für die Spaltung war der »Abendmahlstreit«. Für Luther und Melanchthon, die zwar die »Transsubstantiation« verwarfen, also die nun in der Tat etwas absurde physisch-reale Verwandlung von Brot und Wein in Leib und Blut Christi, galt die »Konsubstantiation«: Wein und Brot bleiben, was sie sind, auch nach der Wandlung, werden aber »mit Christi Leib und Blut *Ein* sakramentlich Ding«, d. h., Luther nahm trotz Ablehnung der Transsubstantiation eine Art unio mystica der durch den und im Gottesdienst geheiligten Dinge Brot und Wein mit der Gegenwart Christi an. Dem gegenüber leugneten die rigoroseren Reformatoren, allen voran Zwingli, jegliche Transzendenz beim Abendmahl und betrachteten es lediglich als Geste des Gedächtnisses an seine Einsetzung und an das Leben und Leiden Christi. Es wurde mehrfach versucht, vor allem 1529 im »Marburger Religionsgespräch«, eine Einigung oder einen Kompromiß zu erzielen, das scheiterte jedoch immer vor allem an der Hitzigkeit Luthers, der offenbar zunehmend starrköpfiger wurde – nicht verwunderlich bei allem, was er durchleben und durchleiden mußte.

Viel Kritik, auch in neuerer Zeit, hat ihm seine auf den ersten Blick schwer verständliche Haltung im Bauernkrieg eingetragen, der die politische Geschichte Deutschlands in diesem wahrhaft unseligen Jahr 1525 dominierte. Vorweg ein Ereignis, das mit den Vorgängen im Reich nichts oder wenig zu tun hat, wohl aber ein Triumph Kaiser Karls V. war, vielleicht der größte seines Lebens, wenngleich die von ihm erhofften Folgen nicht eintraten. Gegen Ende des Jahres 1524 plante König Franz von Frankreich, den die Schlappen der vergangenen Jahre nicht ruhen ließen, einen neuen Feldzug, um Mailand, wenn nicht vielleicht sogar ganz Italien zu erobern bzw. zurückzuerobern. Es gelang ihm, bis in die Lombardei vorzudringen, wobei er, da sein Hauptfeldherr Bourbon ja zum Feind übergelaufen war, sein Heer selbst befehligte, was zur Katastrophe führte. Er verlor nicht nur am 24. Februar bei Pavia die Schlacht, er wurde sogar von den kaiserlich-spanischen Truppen gefangengenommen. Eine Sensation, die die ganze Welt durchdröhnte – und die reichte damals schon bis Amerika. Kaiser Karl ließ den König Franz nach Madrid bringen, wo er ihn zwar gut behandelte, weit besser als alle sonstigen Gefangenen damals behandelt wurden, aber er kochte ihn weich, bis er zum Frieden einwilligte – davon später.

Um die gleiche Zeit etwa brachen die ersten Unruhen unter den deutschen Bauern aus, und zwar im Allgäu. Kempten im Allgäu war der Hauptort eines kleinen geistlichen Fürstentums, der Reichsabtei Kempten, der allerdings nur die halbe Stadt gehörte, die andere Hälfte war, so klein sie war, Reichsstadt seit 1289 und lag mit der fürstäbtlichen Stadt ständig im Streit. »Unterm Krummstab ist gut leben«, hieß ein Spruch, d. h., die weltliche Herrschaft geistlicher Fürsten wurde nicht so schwer erträglich empfunden wie die weltlicher Fürsten, und das mochte wohl stimmen, weil die Geistlichkeit zwar auch ausbeutete, aber lieber – durch Ablässe etwa – anderswo kassierte und die eigenen Untertanen schonte, aus eigenem Interesse, denn ungeschundene Steuerzahler zahlen lieber. Im Zeitalter der Reformation allerdings verschärfte sich die Situation, denn selbstverständlich erwarteten gerade geistliche Fürsten von ihren Untertanen besonders schlackenlose Katholizität.

Schon zu Anfang des Jahrhunderts hatte es, wie erwähnt, Bauernunruhen gegeben, so etwa die Revolte des »Armen Konrad«. Die frische Luft, die nun mit der Reformation durch Deutschland wehte, gaukelte den geknechteten, mißhandelten, halbversklavten und ausgesogenen Bauern eine

Morgendämmerung vor, die ihnen, wie die folgenden Ereignisse zeigten, noch lange nicht beschieden sein sollte.

Der Aufstand breitete sich aus dem Allgäu sehr rasch bis an den Bodensee und an den Oberrhein aus, war aber nicht eigentlich eine gewaltsame Revolution – noch nicht –, sondern eher das kollektive Aufkündigen des Gehorsams gegen die bisherige Obrigkeit ohne Gewalttaten, ein Steuerstreik und das Bekenntnis zur neuen Glaubenslehre. »Die gründlichen und rechten Hauptartikel aller Bawrenschaften und Hintersassen der geistlichen und weltlichen Obrigkeit, von welchen sie sich beschwert vermeinen« hieß es in den sogenannten »Zwölf Artikeln«, dem Programm der Bauernbewegung, das wahrscheinlich (zumindest teilweise) von einem St. Galler Theologen, Christoph Schappeler (lateinisch Sartorius), verfaßt wurde, einem ehemaligen Prädikanten zu St. Martin in Memmingen, der sich früh zu Luthers Lehre bekannt hatte, 1524 exkommuniziert wurde und es zuwege brachte, daß die Stadt Memmingen schon 1524/25 die Reformation annahm.

Die »Zwölf Artikel« begehrten auf religiösem Gebiet freie Pfarrerwahl durch die Gemeinde und Predigt des wahren, unverfälschten Evangeliums, auf politischem Gebiet: Steuererleichterung, Abschaffung des adeligen Jagdrechts und der Frondienste – alles nur gerechte Forderungen, nicht allerdings in den Augen der geistlichen und weltlichen Herren, auch nicht, und das mag besonders bedauerlich klingen, in den Augen der Herren, die dem neuen Glauben anhingen.

Die »Zwölf Artikel« wurden vielfach gedruckt und fanden Verbreitung in Windeseile. Die Bauernbewegung griff auf das Elsaß, die Gegenden am Mittelrhein, nach Österreich, nach Tirol über. Dort stand ein Bauernführer namens Michael Gaismair auf, der eine Versammlung der Bauern- und auch Bürgervertreter einberief und die »Meraner Artikel« beschließen ließ und so die sich vorher durch die Plünderung von Adelssitzen und Klöstern austobende Revolte in friedliche Bahnen lenkte, vorübergehend freilich. Die »Meraner Artikel« gingen noch über die »Zwölf Artikel« hinaus, sie forderten u. a. die gänzliche Aufhebung der weltlichen Herrschaften der Bischöfe von Brixen und Trient und die Vereinigung von deren Territorien mit dem Land Tirol. Einige wenige dieser »Meraner Artikel«, freilich nicht die Aufhebung der Fürstbistümer, blieben sogar über eine dann erlassene Landesordnung nach dem Zusammenbruch des Bauernaufstandes in Tirol erhalten, eine der wenigen Erleichterungen für den Stand. Gaismair ging das – später – nicht weit genug, er floh außer Landes, erst ins Salzburgische, dann in die Schweiz, versuchte von dort aus vergeblich den Aufstand in Tirol wieder anzufachen und wurde 1530 von zwei gedungenen Mördern im Auftrag Erzherzog Ferdinands, des Bruders des Kaisers, umgebracht.

In Mitteldeutschland griff der Aufstand weiter um sich. Viele kleinere weltliche und geistliche Herrschaften, auch Städte mußten zähneknirschend die Forderungen der Bauern anerkennen. In Rothenburg ob der Tauber übernahmen die Bauern förmlich die Macht in der Stadt. Dort wählten die aufständischen Haufen einen Wirt, Georg Metzler aus dem Odenwald, zum »Obrist-Hauptmann des evangelischen Heeres«. Im Hohenloher Land wählten die Bauern einen ehemaligen Beamten des Grafen, Wendel Hippeler, in Heilbronn andere Aufständische Jäcklein Rohrbach zum Anführer. Wären die Bauern einig geblieben, hätten sie vielleicht eine ganz große Wende in der deutschen Geschichte herbeiführen können. Aber sie zersplitterten ihre Kräfte, und freilich leisteten sie sich, einmal in Fahrt gekommen, Übergriffe: Plünderungen, Sauf- und Freßgelage (nun ja, sie und ihre Ahnen hatten jahrhundertelang gehungert), auch fröhliches Aufschlitzen der fetten Mönchsbäuche, und auch manche adelige Dame erfuhr zwangsweise Zuwendung; sinnlose Zerstörungen und nur noch reine Raubzüge fielen vor.

In Weinsberg im Schwäbischen belagerten achttausend

Bauern die Burg Weibertreu, die Graf Ludwig von Helfenstein verteidigte. Den Bauern gelang es, die Burg zu nehmen, und dann wurden unter Geschrei und Gelächter sowie unter Trommelbegleitung der Graf und seine Soldaten durch die Spieße gejagt. Die Gräfin – eine uneheliche Tochter Kaiser Maximilians – wurde mit ihren Kindern auf einem Mistkarren nach Heilbronn gebracht, dessen Rat völlig verschreckt einen Bund mit den Bauern einging. Angesichts dessen, wie die Grafen und Herren die Bauern durch Jahrhunderte behandelt hatten, erweckt das Geschick des aufgespießten Herrn von Helfenstein und seiner feinen Gräfin auf dem Mistkarren nur begrenztes Mitleid.

Binnen weniger Wochen hatte der Aufstand ganz Deutschland ergriffen, und beteiligt waren nicht nur Bauern (obwohl sie das sozusagen militärische Potential stellten), sondern auch Städte wie Mainz und Trier, in denen die Räte die Herstellung der alten städtischen Freiheiten und die Befreiung von der geistlichen Herrschaft forderten. Im Mai 1525 versammelten der oben erwähnte Wendel Hippeler und ein gewisser Friedrich Weigand in Heilbronn ein Bauernparlament, auf dem nicht weniger als der Entwurf einer Reichsverfassung verabschiedet wurde. Was die hohen Reichsstände in Jahrzehnten zerredeter »Reichsreform« nicht zustande brachten, nämlich eine brauchbare Reichsverfassung, schafften die Bauern in einigen Tagen.

Wäre Kaiser Karl V. ein Mann von Weitsicht, ein wirklicher Deutscher König und nicht befangen in seiner kleinlichen Familienpolitik und in seinem spanischen Weltmachtstreben gewesen und hätte er sich an die Spitze dieser Bewegung gestellt, hätte sie in geordnete Bahnen gelenkt, hätte er mit einem Schlag das gesamte Bischofs- und Fürstengesindel verjagen und ein einheitliches Reich unter seinem Zepter errichten können. Dazu war er jedoch nicht der Mann.

Die Bewegung entartete dann namentlich in Thüringen

und Sachsen, wohin der Aufstand auch übergriff. Dort übernahm der oben schon erwähnte Thomas Münzer, ein religiöser Fanatiker, die Führung, und er verbreitete nur noch den reinen Terror. Das und auch die schon frühere theoretische Kontroverse mit diesem Münzer war einer der Gründe, daß Luther, in dessen Namen sozusagen die Bewegung ausgebrochen war, sich von ihr nicht nur distanzierte, sondern sich sogar in rüdester Weise gegen sie wandte. In seiner Schrift: ›Wider die mörderischen und räuberischen Rotten der Bauern‹ forderte er die Fürsten zu brutalstem Vorgehen gegen die Aufständischen auf.

Luther war kein Sozialrevolutionär. Freilich war er durchdrungen vom Gefühl für Gerechtigkeit, aber er gehörte doch, zumindest in dieser Zeit schon, zu denen, »denen die Stühle gerichtet sind bei den Sybillen, den Königinnen« (Hofmannsthal), und er glaubte nicht an einen Sieg seiner Reformation durch eine Revolution. Seinen Weg sah er im Durchdringen der staatlichen Ordnungen mit reformatorischen Ideen, also durch eine Erneuerung von oben. Er setzte nicht auf die Absetzung, sondern auf die Aufklärung der Fürsten. So galt er, nicht ganz zu Unrecht, manchem als Fürstenknecht, etwa eben Thomas Münzer, der ein Traktat ›Wider das geistlose, sanftlebende Fleisch zu Wittenberg‹ schrieb, worauf ihn Luther einen »Mordpropheten« nannte.

Es zeigte sich nun auch, daß die Standesinteressen und der Herrschaftserhalt alle religiösen und politischen Ideen in den Hintergrund drängten, selbst bei so – cum grano salis – fortschrittlichen Fürsten wie Landgraf Philipp von Hessen und Kurfürst Friedrich von Sachsen. Wenn es ans Eingemachte ging, war lutherisch so gut wie katholisch. Philipp und Friedrich verbündeten sich mit anderen Fürsten gegen die Bauern und rüsteten ein Heer, das am 15. Mai 1525 bei Frankenhausen in Thüringen auf Thomas Münzers Bauernarmee traf, die schlecht ausgerüstet und ungeordnet angriff und von den Söldnern der Fürsten geschlagen wurde. Fünftausend Bauern wurden getötet, Münzer wurde gefangen und im nahen Mühlhausen hingerichtet.

Wenige Tage später, am 19. Mai, schloß Herzog Anton von Lothringen eine Bauernarmee in Zabern ein. Die Bauern kapitulierten, ohne eine Schlacht zu wagen, nachdem ihnen freier Abzug vom Herzog zugesichert wurde. Danach, als sie waffenlos abziehen wollten, wurden sie von des Herzogs Landsknechten abgeschlachtet: achtzehntausend. Daraufhin zog auch der Hauptmann des Schwäbischen Bundes (d. h. der Ritter und Städte), Georg Truchseß von Waldburg, mit einem Heer gegen die Bauern, die immer noch in Würzburg die Festung belagerten, in der sich der Fürstbischof Konrad IV. aus dem hochedlen Hause derer von Thüngen verkrochen hatte. Ein Teil der Bauern zog dem Waldburg entgegen und erlitt bei Königshofen am 2. Juni eine vernichtende Niederlage. Damit war der Bauernkrieg so gut wie erledigt, und es trat wieder das ein, was den Fürsten am liebsten war: Ruhe und Ordnung. Friedhofsruhe, denn die Herren nahmen blutige Rache. In Würzburg ließen Seine Gnaden, der Bischof, sechzig Bürger, die ihm nach Einmarsch der Bauern den Gehorsam aufgekündigt hatten, hinrichten. Den Meister Tilman Riemenschneider, den größten deutschen Bildhauer seiner Zeit, der auch mit der Freiheitsbewegung und außerdem mit Luthers Lehre sympathisiert hatte, ließ er »nur« foltern, wobei der so schwer an den Armen verletzt wurde, daß er fortan nicht mehr richtig arbeiten konnte. Ein wahrer christlicher Friedensfürst, dieser Bischof Konrad.

In Ansbach hatten siebenundfünfzig Männer gejubelt, als die Bauern einmarschierten, sie seien froh, den Markgrafen nicht mehr zu sehen. Jetzt, nach der glorreichen Rückkehr Markgraf Kasimirs, erfüllte er ihnen den Wunsch. Er ließ ihnen die Augen ausstechen.

*

In der Geschichte des Bauernkrieges spielen zwei Namen eine Rolle, die erwähnt werden müssen, wenn die Erzählung dieses hoffnungsvoll begonnenen und grausig endenden Ereignisses vollständig sein soll: Florian Geier und Götz von Berlichingen.

Florian Geyer (oder Geier), der in Gerhart Hauptmanns Tragödie als Bauernheld geschildert wird, war in Wirklichkeit ein fränkischer Ritter, der aus Überzeugung Lutheraner war, in seinem christlichen Glauben das Ideal auch der weltlichen Gerechtigkeit suchte und der die Forderungen der Bauern als berechtigt erkannte. Er schloß sich daher der Bauernbewegung an und wurde Mitglied des Bauernrates. Entgegen der geschichtsklitternden Darstellung seiner Person in einem Machwerk eines württembergischen Pfarrers Zimmermann im 19. Jahrhundert (auf welcher »Quelle« Hauptmanns Drama beruht) war Geyer kein Anführer der Bauern, auch kein Scharfmacher, im Gegenteil, er suchte, vergeblich und aussichtslos freilich, einen Ausgleich mit den Fürsten und verhandelte, als die letzten Gefechte stattfanden, noch mit Markgraf Kasimir von Ansbach, auch einem der Verbündeten gegen die Bauern. Geyer fiel auch nicht im Kampf, er wurde, die genaueren Umstände wurden nie geklärt, hinterrücks ermordet.

Die Rolle des Ritters Götz (= Gottfried) von Berlichingen »mit der eisernen Hand« im Bauernkrieg war zwielichtig. Berlichingen diente vorher wechselnden Herren in verschiedenen Kriegen, unter anderem Herzog Albrecht IV. von Baiern im »Landshuter Erbfolgekrieg«, und bei der Belagerung von Landshut wurde ihm die rechte Hand abgeschossen. Er ließ sie – das älteste Zeugnis einer Prothese – durch eine selbstentworfene, eiserne Hand ersetzen, daher sein Name. Die Verwundung hinderte ihn nicht daran, weiter kräftig Krieg und Händel zu führen, und zwar keineswegs um, wie ein neuer Robin Hood, den Unterdrückten und Witwen und

Waisen beizustehen, sondern um Gewinn an Beute und Lösegeld zu erzielen – ein Raubritter übelster Sorte. Als er am 18. Mai 1512 bei Forchheim nicht weniger als fünfundneunzig meist Nürnberger Kaufleute mit seiner Mordbande überfiel, tat ihn Kaiser Maximilian in die Acht, von der er durch eine Buße von vierzehntausend Gulden losgesprochen wurde. Er schlug sich dann an Sickingens Seite, nahm gelegentlich den Grafen von Waldeck gefangen und erpreßte ein Lösegeld von achttausend Dukaten, kam wieder in die Acht, prügelte sich dann auf seiten des auch geächteten Ex-Herzogs Ulrich von Württemberg, wurde gefangen und kam für zwei Jahre in Heilbronn in den Knast. Ein fröhliches Ritterleben also alles in allem. Auf Sickingens Intervention kam er frei, mußte allerdings »Urfehde« schwören, d. h. schwören, in Zukunft Ruhe zu geben.

1525, so scheint es, wurde er, der sich seit seinem Urfehde-Schwur tatsächlich auf seine Burg Hornberg zurückgezogen hatte, wie alle andern Herren von den Bauern bedroht. Er trat die Flucht nach vorn an und übernahm die Führung eines Bauernhaufens, nahm an der obengenannten Belagerung von Würzburg teil, und als ein Teil der Belagerungsarmee abzog, um dem Truchseß von Waldburg entgegenzumarschieren, verdrückte sich Berlichingen seitwärts in die Büsche, wohl weil er erkannte, daß das Glück sich gewendet hatte.

In seinen berühmten, holprig geschriebenen Memoiren stellt er die Sache natürlich anders dar: daß die Bauern ihn, den berühmten Heerführer, gezwungen hätten, das Kommando zu übernehmen usw. Das glaubte ihm später nicht nur das Kammergericht, das ihn von Schuld freisprach, sondern auch Goethe, der sein zugegebenermaßen großartiges, allerdings historisch unhaltbares Jugenddrama, auf den Lügen in den Memoiren fußend, drechselte.

Götz wurde übrigens dann trotzdem nochmals von Leuten, die, wohl mit Recht, ein Hühnchen mit ihm zu rupfen hatten, gefangen, saß nochmals zwei Jahre, kam wieder frei, trat, da war er schon sechzig, in kaiserliche Dienste und machte Feldzüge in Ungarn gegen die Türken und gegen die Franzosen mit. Ein beachtlicher Raufbold. Es hielt ihn, scheint's, jung. Er starb im für damalige Verhältnisse biblischen Alter von 82 Jahren, und zwar friedlich in seinem Bett.

*

In den Tagen, in denen die letzten aufmüpfigen Bauern abgeschlachtet wurden, fand am 13. Juni 1525 in Wittenberg ein friedliches, freudiges Ereignis statt. Eine junge Dame aus kleinadeliger Familie, Katharina von Bora, war von ihren Eltern in früher Jugend ins Kloster Nimptschen gesteckt worden. Dort lernte sie, heimlich lesend, die Schriften Luthers kennen und fand darin die Gewißheit, daß niemand gegen seinen Willen Nonne sein müsse. Sie entfloh daher am 4. April 1523 – sie war vierundzwanzig Jahre alt – mit acht Leidensgenossinnen aus dem Kloster und ging nach Wittenberg, wo sie im Haus des Stadtschreibers Reichenbach, der Lutheraner war, Aufnahme und Sicherheit fand. Dort lernte Luther sie kennen, und an dem obengenannten Tag heirateten sie. Wie nicht anders zu erwarten, war diese »Hochzeit von Mönch und Nonne« ein gefundenes Fressen für die papistischen Propagandaagenturen. Aber diese Ehe war glücklich ... die erste der vielen meist in jeder Hinsicht fruchtbaren deutschen evangelischen Pfarrersfamilien.

Katharina gebar Luther vier Kinder, eine Tochter Margarete und drei Söhne: Johann, Martin und Paul. Der letzte männliche Nachkomme des Reformators, der Advokat Martin Gottlob Luther, starb 1759 in Dresden.

Nachwort

Nicht einmal eine so nüchterne (wie nützliche) Faktensammlung wie der ›Ploetz‹ oder Steins ›Kulturfahrplan‹ sind vollkommen objektiv, neutral, unparteiisch, denn allein schon die Auswahl der Fakten und vor allem der Umfang dessen, was ausgelassen wird – denn aussortiert werden muß –, beruhen auf bewußten oder unbewußten Wertungen.

Daß selbst so distanzierte und um Sachlichkeit bemühte Historiker wie Theodor Mommsen oder Ferdinand Gregorovius, die einander nicht leiden konnten, die der Verfasser dieses Buches jedoch gleichermaßen hoch achtet, ja, als unerreichbare Leitsterne seiner eigenen Bemühungen schätzt, ihre persönlichen Vorlieben und Abneigungen in ihre historische Erzählung einfließen haben lassen, ist unübersehbar. Hierher gehört Mommsens unbegründbare Abneigung gegen Etrusker und seine ungerechte Abqualifizierung Ciceros. Und Gregorovius' Bemühen um Ausgewogenheit seines Urteils wird doch überdeutlich geprägt durch einen dezidiert deutsch-protestantischen Standpunkt; und daß er die Türken nicht mag, geht aus fast jeder Seite seiner ›Geschichte der Stadt Athen im Mittelalter‹ hervor.

Dem Leser dieser hier vorliegenden historischen Erzählung wird es nicht entgangen sein, daß bei aller Bemühung um Sachlichkeit (und der mühevollen und vielleicht vergeblichen Suche nach der historischen Wahrheit) der Verfasser die Reformation nicht nur als bahnbrechendes, sondern auch als begrüßenswertes Ereignis in der deutschen und darüber hinaus in der Welt-Geschichte betrachtet.

Nun ist es in der Tat für jeden, der sich auch nur einigermaßen den Sinn für geistesgeschichtliche Proportionen bewahrt hat, klar, daß die römische Kirche, milde, sehr milde ausgedrückt, um 1500 erneuerungsbedürftig war. Ob sie im theologischen Sinn, wie der Verfasser meint, im Grunde häretisch war (und ist), d. h., daß die Trinitäts-Dogmen, der Marien- und Heiligenkult, die jungfräuliche Empfängnis, die Unfehlbarkeit des Papstes Irrlehren sind, mag als private Meinung des Verfassers dahingestellt bleiben. Geleugnet kann jedoch wohl, außer von ganz borniterten Geistern, nicht werden, daß die evangelische, lutherische Lehre dem überlieferten, wörtlich genommenen Evangelium eher entspricht als die katholische Lehre. Ist das vorsichtig genug ausgedrückt?

Dennoch und trotz aller Kritik an der römischen Kirche auf den hier vorangegangenen fast dreihundert Seiten ein Wort zu ihren Gunsten. Es wäre ein Verlust für die Kultur der Welt, wenn es die katholische Kirche nicht gäbe und nicht gegeben hätte, es wäre eine traurige, graue Welt, wenn es nur die freudlose reformierte Kirche gäbe, humorlos und im Grunde menschenfeindlich wie jeder Rigorismus in der Politik und in der Religion. Die Kultur der Welt verdankt der römischen Kirche, und selbst (und gerade) der verrotteten des 15. und 16. Jahrhunderts, Schätze von unsterblichem Wert. Man mag kein Freund der Peterskirche sein, deren Architektur vielleicht zu stark von dem edel-klassischen ursprünglichen Entwurf Michelangelos abweicht, aber wer die glühende Geometrie von Borrominis weißer St.-Ivo-Kirche nicht bewundern kann oder Berninis ›Verzückung der heiligen Theresia‹ in S. Maria della Vittoria, der hat kein Herz, auch eine Welt ohne Beethovens ›Missa solemnis‹, Gounods ›Cäcilien-Messe‹, Mozarts ›Exsultate‹ oder Verdis ›Requiem‹ wäre arm. So hat die Cattolica trotz allem ihre unsterblichen Verdienste. (Sie hat nur den Nachteil, daß sie sich auch um Religion kümmert.)

*

Ich lege hier in frecher Unbekümmertheit nun schon den dritten Band dieses Versuches einer deutschen Geschichte vor und drohe weitere Bände an. Mich hindert nicht bösartiges Wegschauen seitens der Zunft (da ist es dem weit größeren Gregorovius nicht anders ergangen zu Lebzeiten), mich ermuntert allerdings der freundliche Zuspruch manches Fachgelehrten, und ich nenne wiederum dankbar Prof. Friedrich Prinz.

Vom Fach bin ich (nur) Jurist – wenngleich auch auf diesem Gebiet mein hauptsächliches Interesse der Rechts*geschichte* gehört hat, von allem Anfang meines Studiums an, und ich mich mit Stolz ein Schüler des großen Römischrechtlers Wolfgang Kunkel nennen darf. Auf allen anderen Gebieten bin ich das, was man »Seiteneinsteiger« nennt. Das war so bei der Literatur, die ich nie »zünftig« betrieben habe, bei meinen Bemühungen in der bildenden Kunst und in der Musik, wo ich nur, seitlich einsteigend, ohne Rücksicht auf den Zeitgeist das tue, was mir selbst Vergnügen macht, und meine mich ehrende Honorarprofessur in einer Fakultät, an der ich nie studiert habe, verdanke ich einer seitlich von Dietz-Rüdiger Moser geöffneten Tür... und nun auch mein seitliches Hineindrängen in die Historikerzunft.

Ich meine, daß ab und zu ein unbekümmerter, durch keine fachliche Betriebsblindheit behinderter Blick, den – im guten Sinn – dilettantische Phantasie eröffnet, zur Blutauffrischung der Zunft notwendig oder wenigstens wünschenswert ist, auch wenn es die Zunft erst mit Verzögerung bemerkt.

Eppan, am 1040. Jahrestag
der Kaiserkrönung Ottos I.

I. LUXEMBURG-HABSBURG

Albrecht II.
Herzog v. Österreich

Sigismund
1410 Deutscher König
1433 Römischer Kaiser
* 1368 † 1437
∞ (2.) Barbara v. Cilly
|
Elisabeth
* vor 1409 † 1442
∞

Albrecht III.
Herzog v. Österreich
* 1348 † 1395
∞ (2.) Beatrix
v. Nürnberg
|
Albrecht IV.
Herzog v. Österreich
* 1377 † 1404
∞ Johanna Pr. v. Baiern
|
Albrecht II.
Herzog v. Österreich
(als Albrecht V.)
1438 Deutscher König
* 1397 † 1439
| (u. a.)
Ladislaus Postumus
1450 König v. Ungarn
1453 König v. Böhmen
* 1440 † 1457

Ernst
Herzog v. Österreich
* 1377 † 1424
∞ (2.) Zimburgis
v. Masowien
|
Friedrich III.
Erzherzog v. Österreich
(als Friedrich V.)
1440 Deutscher König
1452 Römischer Kaiser
* 1415 †1493
∞ Eleonore
Infantin v. Portugal
|
Maximilian I.
1486 Deutscher König
1493 Römischer Kaiser
* 1459 †1519
∞ 1. Maria v. Burgund
† 1482
∞ 2. Bianca Sforza

Leopold III.
Herzog v. Österreich
* 1351 † (Sempach) 1368
∞ Viridis Visconti

Friedrich IV.
»mit der leeren Tasche«
Herzog v. Österreich
in Tirol
* 1382 † 1439
∞ (2.) Anna
v. Braunschweig
|
Sigismund
»Der Münzreiche«
Erzherzog v. Österreich
in Tirol
* 1427 †1496

1. Ehe

Philipp
1504 König v. Kastilien
∞ Johanna »die Wahn-
sinnige«, Infantin und
Erbin v. Kastilien und
Aragon (= Spanien)

Margarete
Regentin der Nieder-
lande
* 1480 † 1530
∞ 1. Juan, Infant
v. Aragon † 1479
∞ 2. Herzog Philibert II.
v. Savoyen † 1504

Karl V.
1516 König v. Spanien
1519 Deutscher König
1530 Römischer König
dankt 1556 ab
* 1500 †1558
∞ Isabella, Infantin
v. Portugal
↓

Ferdinand I.
Erzherzog v. Österreich
1531 Deutscher König
1558 Römischer Kaiser
* 1503 † 1564
∞ Anna v. Böhmen
↓

II. Spanien

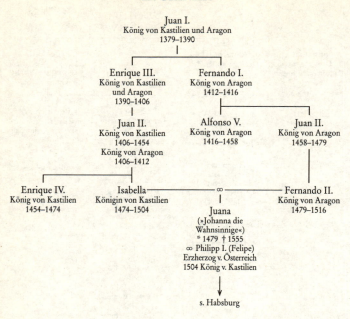

III. BÖHMEN UND UNGARN

Kaiser Karl IV. (s. Band II)

Wenzel »der Faule«
1373 als Wenzel IV.
König von Böhmen bis 1419
1376 Deutscher König
abgesetzt 1400
* 1361 † 1419

Sigismund
* 1368 † 1437
∞ (1.) Maria v. Ungarn
1387 König von Ungarn
1410 Deutscher König
1419 König von Böhmen
1433 Römischer Kaiser
∞ (2.) Barbara v. Cilly

Elisabeth
* 1409 † 1442
∞ **Albrecht II.**
(Deutscher König, s. Habsburg)
1437 König v. Ungarn
1438 Deutscher König
und König von Böhmen

Elisabeth
* 1438 † 1505
∞ Kasimir IV.
König von Polen

Ladislaus V. (Wladislaw)
* 1456 † 1516
1471 König von Böhmen
1490 König von Ungarn
(László III.)
∞ Anna von Foix

Ladislaus »Postumus«
* 1440 † 1457
1453 König von Böhmen
und Ungarn
(als Wladislaw IV. bzw. László II.)

Anna
* 1503 † 1547
∞
Ferdinand I.
(s. Habsburg)
1526 bzw. 1527 König
von Böhmen und Ungarn

Ludwig II. (Lajos)
* 1506 † 1526
1516 König von Böhmen
und Ungarn

Georg Podiebrad
* 1420 † 1471
1458 König von Böhmen

Matthias Hunyádi
»Corvinus«
* 1443 † 1490
1458 König von Ungarn
1469 (Gegen-)König
von Böhmen

IV. WITTELSBACH (BAIERN UND PFALZ)

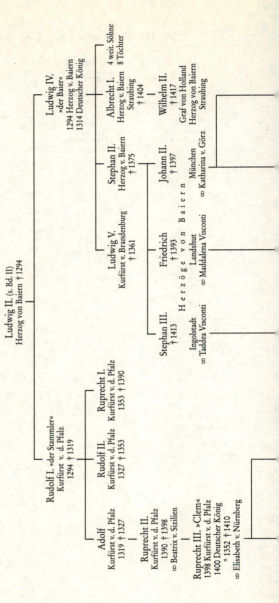

Ludwig II. (s. Bd. II)
Herzog von Baiern † 1294

Rudolf I. »der Stammler«
Kurfürst v. d. Pfalz
1294 † 1319

Adolf
Kurfürst v. d. Pfalz
1319 † 1327

Rudolf II.
Kurfürst v. d. Pfalz
1327 † 1353

Ruprecht I.
Kurfürst v. d. Pfalz
1353 † 1390

Ruprecht II.
Kurfürst v. d. Pfalz
1390 † 1398
∞ Beatrix v. Sizilien

Ruprecht III. »Clem«
1398 Kurfürst v. d. Pfalz
1400 Deutscher König
*1352 † 1410
∞ Elisabeth v. Nürnberg

Ludwig IV. »der Baier«
1294 Herzog v. Baiern
1314 Deutscher König

Ludwig V.
Kurfürst v. Brandenburg
† 1361

Stephan II.
Herzog v. Baiern
† 1375

Albrecht I.
Herzog v. Baiern
Straubing
† 1404

4 weit. Söhne
8 Töchter

Wilhelm II.
† 1417
Graf von Holland
Herzog von Baiern
Straubing

Herzöge von Baiern

Stephan III.
† 1413
Ingolstadt
∞ Taddea Visconti

Friedrich
† 1393
Landshut
∞ Maddalena Visconti

Johann II.
† 1397
München
∞ Katharina v. Görz

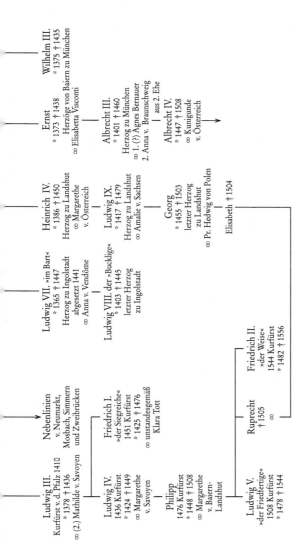

V. SACHSEN

Friedrich I. »der Streitbare«
* 1370 † 1428
1423 erster Kurfürst von Sachsen aus dem Hause Wettin
∞ Katharina v. Braunschweig

Friedrich II. »Der Sanftmütige«
* 1412 † 1464
1428 Kurfürst v. Sachsen
∞ Margarethe v. Österreich

Wilhelm
* 1425 † 1428
Herzog von Sachsen zu Thüringen

Ernst
* 1441 † 1486
1464 Kurfürst v. Sachsen
∞ Elisabeth v. Baiern

Albrecht »der Beherzte«
* 1443 † 1500
Herzog v. Sachsen u. Markgraf v. Meissen
∞ Sidonie Podiebrad

Friedrich III. »Der Weise«
* 1463 † 1525
1486 Kurfürst v. Sachsen

Ernst
* 1464 † 1513
Erzbischof v. Magdeburg

Albrecht
* 1467 † 1484
Kurfürst und Erzbischof v. Mainz

Johann »der Beständige«
* 1468 † 1532
1525 Kurfürst v. Sachsen
∞ 1. Sophie v. Mecklenburg
∞ 2. Margarethe v. Anhalt

→ »Ernestinische Linie« des Hauses Wettin

Georg
* 1471 † 1500
Herzog v. Sachsen
∞ Pr. Barbara v. Polen

Heinrich »der Fromme«
* 1473 † 1541
Herzog v. Sachsen
∞ Katharina v. Mecklenburg

→ »Albertinische Linie« des Hauses Wettin

VI. Brandenburg (Hohenzollern)

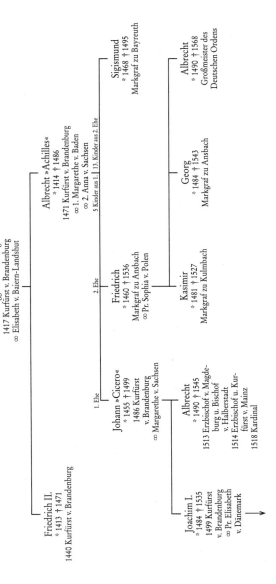

Personenregister

Adolf I., Herzog v. Kleve 155f.
Agnes, Gräfin v. Meran 68
Albertus de Curia 70
Albrecht Achilles, Markgraf v. Brandenburg 148–151, 204, 206, 210
Albrecht der Beherzte, Kurfürst v. Sachsen 201f.
Albrecht III., Herzog v. Baiern-München 65–70, 130, 182, 206
Albrecht III., Herzog v. Sachsen 64
Albrecht IV., Herzog 50
Albrecht IV., Herzog v. Baiern 196, 206, 220, 289
Albrecht V., Herzog v. Österreich = Albrecht II., Deutscher König 50, 61, 71, 125f., 129, 131, 133, 135, 140, 148, 257
Albrecht VI., Herzog v. Steiermark u. Kärnten, Herzog v. Ober- u. Niederösterreich 125, 129, 132, 143, 158, 161f.
Albrecht, Kurfürst u. Erzbischof v. Mainz 233, 243, 253, 255

Alexander V., Papst 37ff., 44, 52
Alexander VI., Papst 39, 214, 216, 244
Alexander VII., Papst 39
Alexander VIII., Papst 39
Alfons X., Deutscher König 100
Alfons, Kronprinz v. Portugal 218
Anna v. Mecklenburg 250
Anna v. Bretagne 198f.
Anna, Tochter v. Albrecht II. 133
Anna, Tochter v. Wladislaw v. Böhmen u. Ungarn 225
Anton, Herzog v. Lothringen 288
Aunpeck, Georg 101
Aurhaym, Heinrich 87, 89

Bajazet, Sultan 45
Barbara v. Cilly 51, 125
Bastard v. Orléans 67
Baumkirchner, Andreas 164f.
Behaim, Martin 173
Benedict (XIII.), Papst 31, 37f., 40, 52, 54f.
Bernauer, Agnes 65–71, 206

Bernhard I., Markgraf v.
  Baden 207
Bernhard II., Herzog v.
  Sachsen-Lauenburg 130
Bernhard v. Clairvaux 102
Bernini 242
Bernstein, F. W. 236
Bianca Maria Sforza 199
Bischof v. Brandenburg 233
Bischöfe v. Bamberg 131
Bischöfe v. Würzburg 131
Blomberg, Barbara 274
Boabdil 213
Böhmische Barone 23 f.
Bonifatius IX., Papst 31, 53
Bout, Dieric, Maler 184
Brunelleschi, Filippo 182
Bruno, Giordano 244
Burgkmair, Hans 193
Burkhardt, Georg, »Spalatin« 252
Busch, Wilhelm 192

Cabral, portugiesischer Seefahrer 172
Cajetan de Vio, Thomas 251
Cesarini, Cardinallegat 77
Chieregati, Cardinallegat 277
Christoph, Herzog 206
Claudia, Tochter v. Ludwig XII. v. Frankreich 220
Clemens (VII.), Papst 30 f.
Columbus 101, 171, 180, 213
Cossa, Baldassare siehe Johannes (XXIII.)

Dietrich, Erzbischof v. Köln 117, 155 f.
Donatello 54
Dürer, Albrecht 173, 185, 246

Eberhard I., Herzog v.
  Württemberg 267
Eberhard II., Herzog v.
  Württemberg 267
Eberhard V., Graf v.
  Württemberg 207
Eck, von (Johann Mayer) 264 f.
Eleonora, Infantin v. Portugal 143
Eleonore, Kaiserin, Frau v. Friedrich III. 160
Eleonore, Tochter v. Johanna der Wahnsinnigen 218
Elisabeth, Frau v.
  Albrecht II. 133 f.
Elisabeth, Gräfin v. Nassau-Saarbrücken 88
Elisabeth, Tochter v. Kaiser Sigismund 50 f., 125
Elisabeth, Tochter v.
  Albrecht II. 133
Elken von Wolfhaben, Tielemann 176
Ernst der Eiserne, Erzherzog 71 f.
Ernst, Herzog v. Baiern-München 65 f., 68–71, 130
Ernst, Herzog, Bruder v. Friedrich mit der leeren Tasche 84, 133
Ernst, Kurfürst v. Sachsen 201 ff.

Erzbischöfe v. Salzburg 131
Eugen IV., Papst 77, 137, 139, 142 f.
Eyck, van, Brüder 90, 180, 184, 188, 245

Felix V., Papst = Amadeus v. Savoyen 138 f., 141 ff.
Ferdinand, Erzherzog, Enkel v. Kaiser Maximilian, Herzog v. Württemberg 223 ff., 268, 285
Ferdinand, König v. Aragon, König v. Spanien 213 f., 218, 221, 223
Fibonacci, Leonardo 99 f.
Fra Angelico 144
Fracastoro, ital. Dichter 180
Franz I., König v. Frankreich 224 f., 249, 258, 274, 280, 282 f.
Franz, Erzherzog, Sohn v. Kaiser Maximilian 195
Fridericus Gerhard, Mönch 176
Friedell, Egon 97 f.
Friedrich I., Kurfürst v. Sachsen 64, 200
Friedrich I., Kurfürst v. der Pfalz 150 f.
Friedrich II. der Große 49
Friedrich II. der Sanftmütige, Kurfürst v. Sachsen 130, 200 ff.
Friedrich II., Kurfürst v. Brandenburg 63, 204
Friedrich III. der Weise, Kurfürst v. Sachsen 251 ff., 255, 259, 271, 281, 287

Friedrich III., Deutscher König, Kaiser 125, 129, 132 f., 139–145, 150 f., 157–164, 186, 189 ff., 194 f., 200, 216, 258 f.
Friedrich IV., mit der leeren Tasche, Herzog v. Tirol 72 f., 84, 125, 129, 133
Friedrich V., Herzog d. Steiermark siehe Friedrich III.
Friedrich VI., Burggraf v. Nürnberg = Friedrich I., Kurfürst v. Brandenburg 21, 48 ff., 63, 130, 148, 203 f.

Gaismair, Michael, Bauernführer 284
Georg der Reiche 66, 196, 206, 220
Georg Podiebrad, König v. Böhmen 135, 148, 158 ff., 162 f., 200
Georg, Bischof v. Metz 151
Georg, Truchseß v. Waldburg 288, 290
Geyer, Florian, Ritter 289
Glaser, R. 106
Gmunden, Johannes v. 100 f.
Goethe, Johann Wolfgang v. 290
Gossembrat, Jörg, Augsburger Bankier 219
Gottfried v. Straßburg 87
Götz v. Berlichingen 289 ff.
Grafen u. Fürsten v. Löwenstein-Wertheim 150
Grafen v. Hessen 130
Grafen v. Nassau 130

Grafen v. Oldenburg 130
Grafen v. Württemberg 39f., 130
Gregor XI., Papst 30
Gregor XII., Papst 37f., 40, 43, 52
Gregorovius 144
Greiffenklau, Kurfürst u. Erzbischof v. Trier 279
Gutenberg, Johannes 171

Hadrian VI., Papst 276
Hagenbach, Peter von 190f.
Hartlieb, Dr. Johannes 68
Hasenburg, Zbynek Zajíc v., Erzbischof v. Prag 35
Hauptmann, Gerhart 289
Hebbel, Friedrich 70
Hedwig, polnische Prinzessin 206
Heinrich der Löwe, Herzog 65, 130
Heinrich der Seefahrer 173
Heinrich IV. der Reiche, Herzog v. Baiern-Landshut 130
Heinrich IV., Kaiser 167, 257
Heinrich VIII., König v. England, »Blaubart« 274, 280
Heinrich XVI., Herzog v. München 66
Herzmanovsky-Orlando, Fritz Ritter v. 164
Herzöge v. Burgund 113
Herzöge v. Mecklenburg 131
Herzöge v. Pommern 131
Herzöge v. Schleswig 131
Hieronymus, Magister v. Prag 58

Hildegard v. Bingen 205
Hippeler, Wendel 285f.
Hofhaymer, Paulus 182
Hofmannswaldau, Hofmann v. 70
Holbein, Hans, d. Ä. 185
Holzer, Bürgermeister v. Wien 161
Hübner, Johann 166
Hugo XII., Graf v. Montfort 86f., 89
Huizinga, Johan 188
Hunyádi, János 158f.
Hus, Jan 22, 27, 29, 33–36, 41, 49, 53, 55–59, 77, 270
Hussinetz, Niklas v. 60
Hutten, Franz v. 268
Hutten, Hans v. 255, 268
Hutten, Ulrich v. 253ff., 275, 278f.

Innozenz VII., Papst 37
Isaak, Heinrich 196, 226
Isabella v. Kastilien 213, 218, 221
Isabella, Tochter der »Katholischen Könige« 218
Isenburg/Freytag-Loringhoven 68

Jagiello, Wladislaw, König v. Polen 47, 165, 197
Jeanne d'Arc 50, 65, 67
Jesus Christus 71, 235–239, 246
Jetzenstein, Johannes v., Erzbischof v. Prag 25
Joachim, Sohn v. Johann »Cicero« 205

Jodocus, Markgraf v. Mähren 21, 23f., 26, 44, 48
Johann »Cicero« 204f., 210, 255
Johann der Blinde, König v. Böhmen 85
Johann II., Erzbischof v. Mainz 39, 41, 43f., 64
Johann, Kurfürst v. Sachsen 281
Johanna die Wahnsinnige 214, 218, 221
Johanna v. Baiern-Straubing 25
Johannes (der Täufer) 235f.
Johannes (XXIII.) 52ff., 72
Johannes de Lineriis 100
Johannes de Saxonia 100
Johannes III., Erzbischof v. Salzburg 33
Johannes VIII. Palaeologos, byzant. Kaiser 137f.
Johannes XXI., Papst 103
Josephus Flavius 238
Juan d'Austria, Don 274
Juan, Sohn der »Katholischen Könige« 214, 218
Julius II., Papst 180, 222

Kant, Immanuel 97f.
Karl der Große 258
Karl der Kühne, Herzog v. Burgund 189–192, 194, 259, 280
Karl I., König v. Spanien = Karl V., Deutscher König 218, 220, 224f., 248, 259f., 268, 270, 273ff., 279f., 282f., 286

Karl IV., Kaiser 21, 24, 28, 41, 89ff., 257
Karl VI., König v. Frankreich 65
Karl VII., König v. Frankreich 153
Karl VIII., König v. Frankreich 195, 198f., 212–216
Karl, Herzog v. Bourbon 279f., 283
Karl, Markgraf v. Baden 151
Karlstadt (Andreas Rudolf Bodenstein) 264
Kasimir, Markgraf v. Ansbach 288f.
Konrad IV., Fürstbischof v. Würzburg 288
Konstantin IX., Palaeologos 145
Konstantin, Kaiser 281
Kottannerin, Helene 134
Kraft, Adam 183, 196
Kräzl, Anna 68
Kühn, Dieter 84
Kunigunde, Schwester Kaiser Maximilians 206
Kunz v. Kaufungen, Ritter 202

Ladislaus »Postumus«, König v. Ungarn u. Böhmen 134f., 143, 158, 160, 165, 167
Ladislaus, König v. Neapel 52
Landgrafen v. Hessen 40
Leo X., Papst 247, 264, 273f.
Leonardo da Vinci 145, 274

Leopold IV., Herzog v.
  Österreich 26
Lochner, Stephan, Maler 184
Lothar II., König v. Loth-
  ringen 68
Louis, Dauphin 153
Louise v. Savoyen 224
Luder oder Luther, Hans u.
  Margarethe 167
Ludwig der Baier, Kaiser 48,
  65, 94
Ludwig III. der Bärtige, Kur-
  fürst v. der Pfalz 43, 53,
  64, 130, 150
Ludwig IV., Kurfürst v. der
  Pfalz 130, 150
Ludwig VII. der Bärtige, Her-
  zog v. Ingolstadt 65, 129
Ludwig VIII. der Bucklige,
  Herzog v. Baiern-Ingol-
  stadt 130
Ludwig IX., Herzog zu
  Landshut 206
Ludwig IX., König v. Frank-
  reich 67
Ludwig XI., König v. Frank-
  reich 194f.
Ludwig XII., König v. Frank-
  reich 216, 219
Ludwig, Graf v. Helfenstein
  286
Ludwig, Herzog v. Anjou 52
Ludwig, Otto 70
Ludwig, Sohn v. Wladislaw
  v. Böhmen u. Ungarn 225
Luther, Dr. Martin 36, 55, 94,
  167, 231–234, 243, 245 ff.,
  251 ff., 260 f., 263 ff.,
  269–273, 277 f., 281 f., 287

Luther, Johann 291
Luther, Katharina, geb. v.
  Bora 291
Luther, Margarete 291
Luther, Martin 291
Luther, Martin Gottlob 291
Luther, Paul 291

Machiavelli, Niccolò 209
Malatesta, Carlo 52
Mangold, Burkart 87
Manuel, König v. Portugal
  218
Margarete, Erzherzogin,
  Tochter v. Kaiser Maxi-
  milian 195, 198, 214, 218,
  221
Margarete, Herzogin 198
Maria, Prinzessin v. Burgund,
  Frau v. Kaiser Maximilian
  189, 193 ff.
Maria, Prinzessin v. Ungarn
  u. Polen 51
Markgrafen v. Baden 39 f.,
  130, 207
Martin V., Papst 54 f., 77,
  136 f.
Massimiliano Sforza, Herzog
  v. Mailand 224
Matthias Corvinus, König v.
  Ungarn 159 f., 162 f.,
  165 ff., 187, 197, 200, 203
Maximilian, der »Letzte Ritter«, Deutscher König,
  Kaiser 160, 167, 182,
  186 f., 189 f., 193–199,
  202 f., 210 f., 214–218,
  248 f., 252, 254, 258, 267,
  290

Meister Wilhelm 90
Meisterlin, Sigismund 55
Melanchthon 233, 252 ff., 277, 282
Memling, Hans, Maler 184
Metzler, Georg, Wirt 285
Michelangelo 242
Miguel, Infant v. Portugal 218
Milíc, Jan 34
Miltitz, Karl v. 264
Milutin, Borek v., General 78
Mönch v. Salzburg 85
Münzer, Thomas 273, 287 f.
Murad II., Sultan 131

Nepomuk (Pomuk), Dr. Johannes 25
Nestroy, Johann 232
Neuhauser, Johannes 70
Newfarnerin, Sybilla 68
Nikolaus Cusanus (von Kues) 33, 95 f., 101, 128, 142, 157
Nikolaus IV., Papst 103
Nikolaus v. Pilgram, Bischof 78
Nikolaus V., Papst 143 f.

Orff, Carl 70
Oswald v. Wolkenstein, »der letzte Minnesänger« 84–87, 175
Otto aus Passau, Mönch 175
Otto zu Mosbach, Pfalzgraf 130

Parisiensis, Matthias 34
Paul II., Papst 163

Paulus 237 f.
Paumann, Konrad, Organist 182
Pescara, Condottiere 280
Peter II., König v. Cypern 26
Pfefferkorn, ein Jude 254
Pfinzing, Melchior 193
Philipp der Großmütige, Landgraf v. Hessen 250, 279, 287
Philipp der Gute, Herzog v. Burgund 188
Philipp II. »Augustus«, König 68
Philipp, Graf v. Clermont 68
Philipp, Pfalzgraf 150, 220 f.
Philipp, Sohn v. Kaiser Maximilian, König v. Spanien 195, 214, 218, 221, 258
Piccolomini, Enea Silvio 141–144, 148, 157, 160, 162, 204
Pinturicchio 143
Pius II., Papst = Piccolomini, Enea Silvio
Pontius Pilatus 239
Prierias, Sylvester, päpstl. Zensor 247
Prokop der Kahle, »der Große« 61, 78
Prokop »der Kleine« 78

Raffael 232
Regiomontanus, Johannes 101
Reichartinger, Leonhard, bair. Ritter 45
Reichenbach, Stadtschreiber v. Wittenberg 291

René II., Herzog v. Lothringen 191
Reuchlin, Johannes 252, 254
Richental, Ulrich v. 56
Riemenschneider, Tilman 183f., 288
Rohrbach, Jäcklein 285
Rokytzau, Johann 78
Rosenpluet, Hans, Meistersinger 182
Rothe, Johannes 176
Rudolf IV., Herzog v. Österreich 86
Rudolf v. Ems 89
Rudolf, Erzbischof v. Magdeburg 33
Ruprecht II., Kurfürst v. der Pfalz 28
Ruprecht III., Kurfürst v. der Pfalz, Deutscher König, »Clem« 26–29, 38–43, 205, 257

Sabine, Prinzessin v. Baiern 268
Sachs, Hans, Meistersinger 175
Sartorius, Christoph, Theologe 284
Savonarola 215f.
Schiller, Friedrich 67, 141
Schiltberger, Johann 45f.
Schlick, Arnolt, Organist 182
Schlick, Kaspar 140ff.
Schongauer, Martin, Maler 185
Schwartzerdt, Philipp 252
Sickingen, Franz v. 249f., 259, 275, 278f., 290

Sienkiewicz, Henryk 47
Sigismund der Münzreiche, Erzherzog v. Tirol 73, 95, 133, 143, 158, 190, 196f., 206
Sigismund, König v. Ungarn, Deutscher König, Kaiser 21, 23f., 27, 41, 44ff., 48–51, 56–61, 63f., 71ff., 75f., 118, 125, 140, 203, 257, 271
Skanderbeg 163
Sophie v. Baiern-München 25
Stephan III., Herzog v. Baiern 26
Syrlin, Jörg 183

Tetzel, Johann 243, 256
Tott, Clara 150
Treitzsauerwein, Marx 193

Ulrich, Herzog v. Württemberg 254, 267f., 271, 290
Urban VI., Papst 30f.
Ursula, Tochter Friedrichs III. 148

Verena v. Stuben, Äbtissin v. Sonnenburg 95f.
Vergil 160
Victorin, Prinz 160
Vischer, Hans 183f.
Vischer, Hermann, d. J. 184
Vischer, Peter, d. Ä. 184, 196
Vischer, Peter, d. J. 184
Visconti, Bernabò 26, 66
Visconti, Gian Galeazzo 26

Wagner, Richard 175
Waldrade 68
Walram, Graf v. Moers 155
Weigand, Friedrich 286
Wenzel der Faule, Deutscher König 22–27, 35, 41, 44, 46, 49f., 59, 89
Weyden, Rogier van der 184
Widmann, Johannes 176
Wilhelm II., Kaiser 49
Wilhelm II., Landgraf v. Hessen 250
Wilhelm v. Ockham 94
Wladoniowitz, Peter v. 56

Wolfram v. Eschenbach 87
Wolgemut, Michael 185
Wyclif, John 22, 29, 34

Zedena, böhmische Prinzessin 202
Zimburgis, Prinzessin v. Masowien 133
Zimmermann, württembergischer Pfarrer 289
Ziska v. Trocnow, Jan, Ritter 58, 61, 135
Zwingli, Ulrich 263, 269, 278f., 282

Sachregister

Abendmahlstreit 282
Ablaß, -handel 231, 242 f.,
  256, 263, 269, 283
Ablaßbriefe 172
Adamiten, die 59, 61
Alfonsinische Tafeln 100
Algebra 176
Alphabetisierung 88
Anatomie 79
Antisemitismus 246, 262
Antwerpen 113, 173, 188
Architektur 182
Armagnaken, die 152 f.
Artois, Grafschaft 194
Askanier, die 64
Astronomie 98 f.
Augsburg 173, 175, 185
Avignon 30 f., 34

Baden, Markgrafschaft 267
Baiern, Herzogtum 65 f., 69,
  71, 129, 205 f., 258
Balkan 211
Bannbulle 269
Basel 104, 120, 137, 139, 173,
  279
Bastarde 67 f., 199
Bastardenzeugung 67
Bauern 73, 113, 267,
  283–291

Bauernaufstand, der erste
  große siehe Revolte des
  »Armen Konrad«
Bauernbewegung 284 f.,
  288 f.
Bauernkrieg, -aufstand 282,
  285 ff.
Bauernparlament 286
Beamte 111
Belgrad 280
Berlin 173, 204
Besançon 195
Bettler 107, 110
Bier 116, 205
Bierakzise 205
Bildersturm, der erste 273,
  277
Bildhauerkunst 91, 183
Bildungswesen 174
Blutwunder v. Wilsnack 35
Böhmen, Königreich 32, 35,
  49 f., 58–61, 126, 131,
  158 f., 163, 165 f., 187, 210
Bologna 260
Börse 178
Brandenburg, Markgrafschaft, Kurfürstentum 21,
  44 f., 48, 50, 63, 71, 200,
  203 f.
Breisgau 190

Breslau 60, 173
Bretagne, Herzogtum 198 f.
Brügge 178, 188, 195, 203
Brünn 60
Brüssel 173, 179, 188, 225
Buchdruck 171 f., 201
Buchmalerei 89
Bürger, -tum 32, 88, 111, 114, 195, 201, 209, 249
Burgund, Herzogtum 187 ff., 194 f., 199, 202, 274, 280
Byzanz 95, 119

Calixtiner, die 58–62, 78
Chansons de geste 88
Chur 217
Curie 29, 36 f., 60 f., 96, 172, 251, 269, 271, 277

Darmstadt 250
Deutsch 32 f., 174 f., 260, 262
Deutscher König 23, 26 28, 46, 75, 132, 157, 186, 198, 221, 248, 259, 286
Deutscher Orden 21, 46 f.
Dispositio Achillea 149, 204
Dramatische Dichtung 89
Dresden 173

Egerer Landfrieden 25
Eidgenossen, -schaft 72 f., 137, 152 ff., 190 ff., 216 f.
Eisenguß-Kanone 178
Eiserne Krone 75
Elsaß 153, 190, 284
England 113, 176, 223 f.
Erbfolgekrieg, bairischer 65

Ernährungs-, Eßgewohnheiten 115 ff.
Essener, die 236
Evangelium 35, 236 ff., 269

Fastengebote 115
Fegefeuer 242, 244
Fehde 72 f., 164, 249
Fibonacci-Zahlen 100
Flandern 114, 188
Florenz 31, 38, 137, 139, 145, 215 f.
Frankenhausen 287
Frankfurt 76, 107, 113, 173
Frankreich 68, 100, 104, 113, 176, 178 f., 187, 198, 217, 222 ff., 278 f.
Frieden v. Arras 195
Frieden v. Basel 217
Frieden v. Enzisheim 153
Frieden v. Senlis 198
Fugger, die Kaufmannsfamilie aus Augsburg 196, 219

Gaeta 52
Galiläa 235
Gegenkönig 131
Gegenpapst 30 f., 37 ff., 55, 139
Gegenreformation 276
Gent 188
Gesetz 109 ff.
Gewohnheitsrecht, altdeutsches 109 f.
Glasmalerei 90
Glaube, der neue 281, 284
Goldene Bulle 40, 108, 202
Granada, Königreich 213

Grauer Bund (Graubünden) 217
Graz 125, 164
Greifswald 253
Gußeisen 177

Haec sancta, Dekret 54
Hamburg 173
Handwerk 113
Hansestädte, Hanse 110 ff., 174
Häresie, Häretiker siehe Ketzer
Haus Anjou 212 f.
Haus Aragon 212 f.
Haus Capet 88, 113, 198, 212
Haus Foix 223
Haus Habsburg, Habsburger 22, 50, 71 f., 126, 129, 133 ff., 148, 152 ff., 158 ff., 179, 187, 192, 197 f., 201 ff., 212, 217, 225, 280
Haus Hohenzollern 49, 63
Haus Luxemburg, Luxemburger 41, 44, 46, 79, 126, 135, 204
Haus Orléans 216
Haus Valois 216
Haus Wettin 200, 203
Haus Wittelsbach, Wittelsbacher (s. a. Wittelsbacher, bair. und Pfälzer) 21, 28, 64 f.
Hausmachtpolitik 210
Heilbronn 285 f., 290
Heilige Liga 214 f.
Heilige Liga II 223 f.
Heiliges Röm. Reich Deutscher Nation 96, 132, 164

Herrenbund 24
Herzöge v. Montfort 198
Hildesheim 119
Hochgotik 91
Humanismus, Humanisten 94, 141, 143, 151, 162, 176, 251 ff., 260
Hundertjähriger Krieg 67, 187
Hungersnot 105
Hussiten 58–64, 76–79, 148, 162, 187, 200

Ingolstadt 64, 206
Innerösterreichische Lande 125 f., 134, 158, 160
Innsbruck 196 f., 221, 226, 243
Islam, islamische Welt 99, 103, 146, 163, 179
Italien 95, 99, 101, 104, 109, 138, 176, 179–182, 213–216, 219, 221, 255, 282
Italienzug 31, 143, 216, 222

Jagiellonen, die 197
Jehova 239 f.
Juden 29, 103, 117 f., 240, 254
Judenverfolgungen 117
Jüdische Religion 239

Kaiserkrone 75, 142, 144, 258
Kaiserkrönung 140, 143 ff., 157, 219, 221 f., 260
Kärnten 71, 166
Kempten, Reichsstadt 283
Ketzer, Ketzerei 55–60, 93, 98, 269, 271, 273

Kirchenbann 30f., 65, 129, 160, 162, 271
Kleidung 114f.
Klimaveränderung 105
Knopf 114
Kochbücher 115ff.
Köln 50, 107, 117, 156, 254
Kölner Bistumsstreit 189
Kölner Schied 220
Königswahlen 26, 41, 44, 48, 126, 129f., 133, 159, 248, 257, 259f.
Konstantinische Schenkung 98
Konstantinopel 45f., 137, 145, 176
Konstanz 53, 72, 113, 216f.
Konzil v. Basel 76ff., 84, 95, 128, 136, 140ff.
Konzil v. Ferrara 138
Konzil v. Konstanz 36, 52–57, 77, 83f., 87, 95, 136
Konzil v. Pisa 40f., 52
Konzil v. Trient 36
Kramar/Stuiber 197
Kreuzzug 60, 64, 77, 162
Kupferstich 185
Kurfürsten 26, 126–129, 133, 139, 142, 165, 249, 259
Kurpräzipuum 29
Kurwürde, -stimme 21, 44, 49f., 63, 148, 150, 202–205, 255
Kuttenberger Dekret 27, 40f.

Laienkelch 35f.
Lambertiaufruhr 155
Landshut 64, 66, 206, 220, 289

Landshuter Erbfolgekrieg 220, 289
Landshuter Hochzeit 66, 206
Landsknechte 96, 154, 180f., 217, 253f., 263, 288
Landstuhl in der Pfalz 250, 279
Landtag zu Leipzig 201
Latein 32, 93, 174, 259f.
Legenden 71, 141f., 238, 281
Lehre Luthers 276, 284
Lehre v. Hus 55f.
Leipzig 41, 140, 201, 243, 269
Liga v. Cambrai 223
Linz 166, 187
Literatur 84, 174ff., 254
Lothringen 153, 191
Lyrik 86

Madrid 283
Magdeburg 119, 178, 278
Mähren, Markgrafschaft 32, 58f., 126, 163
Mailand 26, 214, 219f., 224f., 274, 280, 282
Mainz 173, 175, 233, 286
Manessische Liederhandschrift 89f.
Marbacher Bund 39, 41, 43
Marburger Religionsgespräch 282
Markgrafenkrieg 149
Marseille 280
Mathematik 99ff., 176
Matrikel, die 76
Medici 215, 247, 273
Medizin 102ff., 179f.
Meißen 201
Meistersang 86, 175

Memmingen 284
Meraner Artikel, die 284f.
Merowinger, die 258
Messias 236
Metz 249
Minnegesang 85
Mode 180
Moldau 23, 25
Mühlhausen 154
München 64–67, 94, 173, 182
Münstersche Stiftsfehde 155
Musik 84ff., 181f., 196

Nancy 191
Nationalismus, Nationalbewußtsein 61, 190, 258–262
Nationalität 32, 258
Naturrecht 110
Naturwissenschaften 93, 100, 102, 176f.
Naumburg 173
Neapel 145, 212, 214, 223
Nepotismus 273
Neuenburg 154
Neuss am Rhein 189
Niedere Vereinigung 190f.
Niederlage v. Grandson 191
Niederlage v. Königshofen 288
Niederlage v. Murten 191
Niederlage v. Nikopolis 45
Niederlande 112, 179, 195f., 198, 202, 212, 221f., 263, 274f.
Niederösterreich 187
Nominalisten, die 94
Norditalien 26

Nürnberg, Reichsstadt 91, 104, 107, 149, 173, 182f., 246

Ober- u. Niederösterreich 160
Oberpfalz 220
Öl- und Tafelmalerei 99, 184f.
Orgelbaukunst 181
Orgelmusik, -kunst 86, 181f.
Österreich, Herzogtum 71, 196f., 284f.
Österreichische Vorlande 72, 125f., 190

Padua 253
Palästina 235, 239
Papsttum 29ff., 38, 253, 263, 269
Paris 95, 100
Passionsspiele 89
Perpignan 38, 52
Pest 104, 112, 117, 134, 159
Petersdom 242f.
Pfalz, Kurfürstentum 28, 42, 50, 71, 205
Pharisäer, die 236f., 241
Pharmazie 103f.
Physik 177
Pisa 38, 100
Polen 47, 61
Pommern 278
Postverkehr 179
Prag 23, 31, 34f., 60, 78f., 85, 89–92, 163, 179
Prager Fenstersturz 59
Prager Kompaktaten 78f., 126

Preßburg 134
Primogenitur 203f.
Prosaerzählung 87
Pruzzen, die 46ff.

Realisten, die 94
Recht 108–111
Reformation 36, 158, 172, 243, 248, 250, 253f., 260f., 263f., 269–273, 276f., 281, 283f., 287
Regensburg, Reichsstadt 206
Reichsacht 65, 130, 151, 249, 268, 271, 290
Reichsfürsten 50, 53, 139, 148, 166, 259
Reichsreform 128f., 141, 210f., 217, 286
Reichsstadt, -städte 24, 39
Reichstag zu Augsburg 248, 255
Reichstag zu Konstanz 222
Reichstag zu Nürnberg 129, 141, 277
Reichstag zu Worms 210, 270f., 275
Reichsverfassung 128, 286
Reichsvikar 23, 26
Reutlingen, Reichsstadt 268
Revolte des »Armen Konrad« 267, 283
Reyes Católicos 213, 218
Rimini 52
Ritter 144, 159, 249, 288
Rom 30, 34, 38, 52f., 95, 137, 140, 144, 162, 172f., 232, 244, 256, 260, 264, 269, 273
Römer, die 239

Römischer Kaiser 43, 75, 132, 187
Rostock 173, 253
Rottweil 154

Sachsen, Herzogtum, Kurfürstentum 64, 71, 200, 253
Sachsen-Lauenburg 202
Sachsenspiegel 108
Sachsen-Wittenberg 64
Sächsischer Prinzenraub 202
Sadduzäer, die 237
Schaffhausen 154
Schedelsche Weltchronik 173, 176, 185
Schisma, Großes 29, 31, 37f., 43, 50, 52, 72, 137
Schlacht am Berge Vitkov 60
Schlacht bei Aussig 61, 64
Schlacht bei Döffingen 25
Schlacht bei Fürstenfeld 164
Schlacht bei Guinegate 194
Schlacht bei Guinegate II 223
Schlacht bei Marignano 224, 280
Schlacht bei Pavia 283
Schlacht bei Taus 76
Schlacht v. Bicocca 279
Schlacht v. Hrib 78
Schlacht v. Lipau 78
Schlacht v. Marino 31
Schlacht v. Morgarten 22
Schlacht v. Sempach 22, 71, 152
Schlacht v. Tannenberg 47
Schlacht v. Varlar 156
Schlesien 163

Scholastik 94, 179
Schule v. Köln 90
Schule v. Montpellier 103, 179
Schule v. Notre-Dame 85
Schule v. Salerno 103, 179
Schutzbrief für Juden 118
Schwäbischer Bund 206, 216, 268, 288
Schweiz 72, 153, 191, 210, 216, 263, 278, 285
Schwyz, Kanton 152
Sedan 275
Siena 141, 143
Silberbergbau 73, 201
Sizilien 212f.
Slovakei 61
Soest 155
Soester Fehde 155
Söldner 60, 144, 155, 191, 250, 259, 263, 287
Spanien 54f., 102f., 213f., 221ff., 280
Spätgotik 91, 182f.
Speyer 113
Sprache 94, 258ff.
St. Gallen 154
Städtebund, Rheinischer 24f.
Städtebund, Schwäbischer 24f.
Stände 73, 267f., 277, 286
Ständevertretung 201
Steiermark 71, 87, 166, 187
Steinkohleabbau 177
Stephanskrone 134, 159, 220
Steuern 42, 119, 161, 201, 205, 267f.
Straßburg 113, 173, 175
Strauchrittertum 105

Streik 113
Süddeutscher Städtekrieg 24
Syphilis 180, 244, 255, 279

Taboriten, die 59, 61, 78f.
Technik 201
Teilung, Aufsplitterung von Territorien 71f., 125, 130f., 147f., 201ff., 205ff., 210, 250
Thesen Luthers 231ff., 243, 246f., 251f.
Thesenanschlag 233, 263
Thessaloniki 131
Thurgau 154
Thüringen 201, 286
Tirol, Grafschaft 72f., 196, 221, 284f.
Trient 222
Trier 189, 286
Tübingen 179, 268
Türken, die 45f., 75, 126, 131, 137, 144ff., 162f., 187, 208, 211, 220, 225, 280, 291

Uhren 177f.
Ulm 173
Ungarn, Königreich 46, 50, 61, 75, 126, 131, 158f., 163, 197, 220, 225, 291
Universität Heidelberg 29, 40, 151, 174
Universität Prag 40f., 174
Universität Tübingen 207
Universität Wien 40, 101, 174
Universität Wittenberg 252f.
Universitäten 174, 176, 179, 253

Venedig 26, 143, 173, 214, 222f., 225, 249
Verona 225
Vertrag v. Brüssel 225
Vertrag v. Noyen 225
Vertrag v. Wiener Neustadt 159
Volk, niedriges 32, 58, 73, 113ff., 209, 258f., 270

Waffenstillstand v. Breslau 165
Wahlkapitulationen 28, 263
Wallis 154
Wandmalerei 90
Wartburg 271, 277
Wasserradantrieb 177
Welfen, die 130
Welsch 259f.
Welser, die Kaufmannsfamilie aus Augsburg 196
Wenzelskrone 79, 135, 165
Wiedertäufer, die 272, 277
Wien 24, 71, 86, 89, 91, 129, 145, 160f., 166f., 173, 179, 187, 197, 253
Wiener Konkordat 157f.
Wiener Neustadt 145, 151, 166, 226
Wissenschaften 93, 99
Wittelsbacher, bairische 64f., 205, 220
Wittelsbacher, Pfälzer 205
Wittenberg 64, 226, 231ff., 251f., 265, 272, 277, 291
Worms 25, 249
Wormser Konkordat 157
Württemberg, Grafschaft 207, 267
Würzburg 288, 290

Xanten 155

Zeitmessung 177f.
Zürich 152f., 173, 269, 279
Zürichkrieg, der Alte 152
Zwanzigster Pfennig 42
Zwickau 272f.
Zwölf Artikel, die 284f.